常谦和 著

论语诠释

复旦大学出版社

诠释因缘

我从小慧浅,五岁时幸遇儒家经典以起愚蒙,甚得欢喜。四书五经确实是做人立人之根:修身、齐家、治国、平天下之必吃食粮,如日之早晚不能无也,如人之心脏不能缺也,是生命之源泉真不为过也!是超脱生死苦海之秘方也!

吾今翻阅三国至清所有《论语》注解甚好:但文言多,人难明大意,也不能透视全貌用于当下生活;清后至建国初期:解释者还死在依文解字上,所以评论夫子为官不为民等误解,致使《弟子规》《论语》等遭受误解延误学习,部分原文意思还是迷糊,不知重在义理真实为民上。今者名利之人出书反复摘录众多、实无意义浪费众时、纸张,愧对祖先。更有些以轻视玩弄的口吻来论述圣典,实不能低下心来恭敬对待,着实让人看了心痛。正因版本众多惑人,吾一介草民,一面心怀感激,一面悲叹之余,决心斗胆诠释《论语》,以谦虚学习之心来述心得。

对于想学习《论语》的人来说,只要心态谦虚,不故找非,践行夫子之愿,就会明夫子之心之目的。就在自己的心、身、志是否愿意和夫子合二为一,才能全会其意受益无穷。今天虽不能亲睹夫子之肉身言容,实则只要身体力行,夫子就在眼前。只要苟合心志,诚心谦卑处事,就能切入本源。由此,才能身处孔之草庵、亲睹孔之言容、心合孔之大愿、心解孔之言谈、自然亲临其境,方能悟出究竟意。

今解和其他所有版本最不同之处在于:把每句话里失去的本来就存在的礼仪补上了,从言语上尽量还原每句话的尊师重道及道义,包括心态、表情等。一、把孝悌、仁等解释得具体了,有具体方法按照去尽道义了。还原了语句的背景,完善了出处和结尾的礼,让人看了有头有尾清晰明白,也加上了历史背景。二、还原了孔子与弟子、大夫、国君对话的真实心情、语气和表情心态。三、诠释了原文对古今的真实含义。比如"子曰"有不同的解释,君主、大夫问的便解释为孔子说,学生问便是老师很高兴地说。比如"有子曰"解释为有若听了老师的教诲后体会说。因为是有若跟老师学习以后才懂得的、才总结出的。又比如所有的学生问最后加上了谢谢老师、施礼拜谢等。又比如"哀公问曰"应为这天鲁哀公向孔子请教治国之道,因为国君他也是有尊敬之心的。又比如君子:什么是君子?具备孝悌忠信礼义廉耻仁德心的人才名君子。《论语》里的每句话里本来都存在着一个礼、让、恭、敬、谦、和、孝、仁、德、厚德载物、自强不息和什么是耻来,都能体现出活生生的"道"来。

我想努力做到:当大家阅读本书时,会感夫子身在其前,汝及诸位同学一起问道,拨耳聆听夫子之诲,亲睹圣言。窗外是鸟儿登枝,四季清风,远处是各诸侯国争战的马蹄声,身边是子路、颜回等弟子,或跌坐或躬身拱手向前请教,或退而入座或跟随老师慢步青山绿水之间和游走于诸侯列国。夫子时声如洪钟、时哀声感叹自语,眼神和蔼,步伐时缓时急,弟子随而恭听,敬谨而心开意解。

本人才疏学浅,错误肯定难免,甚至还有许多文意有待大家自己体悟,吾也不能尽述,还望各位亲仁大德指正包涵。在下希望天下所有人都能管好自我,低下谦和,才能不起刀兵劫难,我愿无始无终叩拜一切天地生灵以换取人类和善,国泰民安,世界和平,万物安逸,宇宙祥和。

在此我深深感恩生在礼仪之邦的中国,正是有了古圣先贤的智慧典籍传承才得以使我增加福慧,正是有了养育我的父母、教育我的老师,和所有人的示范及天地万物的滋养启迪、才使我有了生命的活力,诠释《论语》才有了动力。并诚心感恩一切支持我的人,还有复旦大学出版社的大力支持,正是他们的无私帮助才能让读者看到这本《论语》诠释。

2014 年 6 月至 2015 年 3 月于西安

《论语》版本简介

《汉书·艺文志》有云:"《论语》者,孔子应答弟子、时人及弟子相与言而接闻于夫子之语也。当时弟子各有所记,夫子既卒,门人相与辑而论纂,故谓之《论语》。"或再传弟子追记孔子言行思想的记录,大约成书于战国初期。《论语》一书为孔子言行之记录,尽述立身齐家治国平天下之道,与《大学》《中庸》《孟子》《诗经》《尚书》《仪礼》《易经》《春秋》并称"四书五经"。尽述做人为人之道,重在仁者无敌。所以背之则亡,行之者昌。故曰:半部《论语》治天下,不为过也!

《论语》一书,对后世的学术思想和身心影响至深,在古今民族的道德、文化、铸造过程中,起到了巨大的作用。司马迁有言:"余读孔氏书,想见其为人。……天下君王至于贤人众矣,当时则荣,没则已焉。孔子布衣,传十余世,学者宗之。自天子王侯,以德者于夫子,可谓至圣矣!"

秦始皇焚书坑儒,许多古代典籍付之一焚,《论语》未能幸免,几乎失传。汉代经官府搜集整理,曾有三种不同的本子流传,即《古论语》《齐论语》和《鲁论语》。《古论语》是汉景帝时,鲁恭王在孔子故宅壁中发现的秦火以前的古本《论语》,用先秦古文字(蝌蚪文)写成,为古文本,史称古文《论语》,共有二十一篇。《齐论语》是齐国学者所传,有二十二篇。《鲁论语》为鲁国学者所传,有二十篇。《齐论语》和《鲁论语》均用汉代通行文字隶书写成,史称今文《论语》。西汉末年,张禹以《鲁论语》为根据,参考《齐论语》与《古论语》进行考证修订,改编成《张侯论》,并为官府列为官学。东汉时期,郑玄又以《张侯论》为本,参考《古论语》和《齐论语》再加以改订,即成为今本《论语》,《古论语》和《齐论语》从此亡佚。

今本《论语》凡二十篇,篇名取自每篇首章中的前二三字。每篇包括若干章,共四百八十六章。全文采用语录体,章节简短,每事一段。"夫子风采,溢于格言"。《论语》内容广博,涉及政治、教育、礼仪、经济、文学、自然观、认识论等。《论语》注本众多,主要有三国魏何晏《论语集解》、南朝梁皇侃《论语义疏》、北宋邢昺《论语注疏》、南宋朱熹《论语集注》和清刘宝楠《论语正义》。

孔子简介

孔子,因父母曾为生子而祷于尼丘山,故名丘,字仲尼,在家排行第二,生于春秋后期公元前551年9月28日(农历八月二十七日),陬邑昌平乡(今山东省曲阜市东南的鲁源村)人,汉族。公元前479年4月11日(农历二月十一日)逝世,享年72岁,葬于曲阜城北泗水之上,即今日孔林所在地。

据考证,孔子的六代祖叫孔父嘉,是宋国的一位大夫,做过大司马,在宫廷内乱中被杀,其子木金父为避灭顶之灾逃到鲁国的陬邑,从此孔氏在陬邑定居,变成了鲁国人。

孔子的父亲叫叔梁纥(叔梁为字,纥为名),曾是公元前11世纪周代诸侯国——宋国(今河南商丘一带)随祖到鲁国的昌平陬(音 zōu)邑(今山东曲阜市邹城)。他人品出众,博学多才,是有名的武士,建立过两次战功,曾任陬邑大夫(古代高级官职)。

叔梁纥先娶妻施氏,生九女,妾生一子取名伯尼、叫孟皮。孟皮七岁时,爬树从树上摔下,成了瘸子(有记载说是孟皮自幼患足疾)。忧心后继无嗣,于是将同宗侄儿邹曼父承祧为嗣子,接到陬邑官宅与孟皮同居,叔梁纥64岁时告老还乡,不久孟皮的母亲也离开了人世。当时叔梁纥已66岁,续娶颜氏而生仲尼,即孔子。曼父亦为邹姓。

颜氏：姓颜，名征在。陬邑这个地方有一位叫颜父的老先生，也是品学兼优、闻名乡里、素负重望的长者。他膝下无子，却生了五个才貌出众的女儿。惟独小女儿征在愿意嫁给叔梁纥。她为人善良，知书达礼，愿意为了这个人付出成全这个家，这就是后来生下了中国古代大教育家孔子的生身母亲颜征在。

　　孔子三岁时，父亲叔梁纥去世，孔家成为施氏的天下，施氏为人心术不正，孟皮生母已在叔梁纥去世前一年被施氏虐待而死，孔子母子也不为施氏所容，孔母颜征在只好携孔子与孟皮移居曲阜阙里，生活艰难。孔子17岁时，孔母颜征在去世。孔子19岁娶宋人亓官氏之女为妻，一年后亓官氏生子，鲁昭公派人送鲤鱼表示祝贺，孔子感到十分荣幸，给儿子取名为鲤，字伯鱼。22岁时，孔子母亲去世，他服丧三年。

　　孔子幼年时因家贫如洗，做游戏时曾拜些祭器学做礼仪的场面，后曾作过丧礼吹鼓手、牧牛羊、记账员以及图书管理员，主管工程的司空，又去找老子学礼，鲁昭公二十年，孔子30岁开始接触朝政人员，随齐景公到鲁开始问政。鲁定公九年任孔子做中都长官、大司寇，在此多年影响平息多场诸侯间战。鲁定公十四年孔子56岁任国相之位。他一生大部分时间从事教育，相传收弟子多达三千人，教出不少有才能的学生。孔子为春秋末期思想家、教育家，儒学学派的创始人，是当时社会上最博学的学者之一，并且被后世尊为至圣（圣人之中的圣人）、万世师表。曾修《诗》《书》，定《礼》《乐》，序《周易》，作《春秋》，孔子的思想及学说对后世产生了极其深远的影响。

目 录

学而篇第一 / 1

为政篇第二 / 18

八佾篇第三 / 41

里仁篇第四 / 65

公冶长篇第五 / 82

雍也篇第六 / 106

述而篇第七 / 128

泰伯篇第八 / 155

子罕篇第九 / 171

乡党篇第十 / 191

先进篇第十一 / 209

颜渊篇第十二 / 231

子路篇第十三 / 250

宪问篇第十四 / 271

卫灵公篇第十五 / 304

季氏篇第十六 / 329

阳货篇第十七 / 342

微子篇第十八 / 360

子张篇第十九 / 370

尧曰篇第二十 / 386

学而篇第一

【引语】

《学而篇第一》共 16 章。内容涉及诸多方面,其中重点是:吾日三省吾身,节用而爱人,使民以时,礼之用和为贵,以及仁、孝、信等道德范畴。

1.1 【原文】

子曰:"学而时习之,不亦说乎?有朋自远方来,不亦乐乎?人不知而不愠,不亦君子乎?"

【注释】

(1)子:本指父母所生的果实,即孩子。古时对男子的尊称,自己为了谦卑于人下也自称子,在这指老师孔子。 (2)学:以谦虚的心态听取教诲,体会,博览群书。 (3)时习:时,经常。习,心静不急躁,反复去思考练习,运用于生活中。 (4)说:内心时常喜悦。 (5)乐:内心安乐高兴。 (6)知:了解。 (7)愠:恼怒。 (8)君子:具备孝悌忠信礼义廉耻的人。

【诠释】

孔子高兴地说:"无论是在课堂上、在经典书本上,或在自然界中学到、感悟到了什么,都要反复去思考温习,才能领会并吸收符合身心健康的知识,时时让自身受益,这样不是很喜悦吗?正是有了四面八方的朋友来访,我才能听到、学到、交到很多志同道合的朋友,从而更能分辨出善恶之厉害,更需要大家一起把仁德推广于天下,这不也是一件很高兴的事吗?别人不理解甚至诽谤、侮辱、不认同自己是可以理解的,这就像他不了解大自然一样;何必要怨恨恼怒烦,致使我们自身缺点不完善呢?如若不怨恨别人,反以虚心对待,不也能成为一位有德行的君子吗?"

【解析】

孔子出生春秋末年,从小家贫,深感学而时习之之难得、有朋自远方来之重要、人不知而不愠的珍贵。此三语众人皆知而难做到。如学而不思、与人交而心不诚、常抱怨嫉妒又我慢清高,怎能做君子?

1.2 【原文】

有子曰:"其为人也孝弟,而好犯上者,鲜矣;不好犯上,而好作乱者,未之有也。君子务本,本立而道生。孝悌也者,其为仁之本与?"

【注释】

(1) 有子:孔子的学生,姓有,名若,比孔子小十三岁。在《论语》中,记载的"子曰",多是指孔子说的话,而学生里只有曾参和有若称"子"。因此,许多人认为《论语》即由曾参和有若所记述。 (2)孝弟:以真诚感恩的心善奉父母曰孝,以无私关爱的心帮助兄长曰弟(悌)。 (3)不好:不喜欢,不愿意。 (4)犯上:冒犯上级,不敬长辈、领导及国家法律法规等。 (5)鲜:很少。 (6)未之有也:从来就没有的事。 (7)务:仔细地研究。 (8)本立:把根本的真理孝悌做到了。 (9)道:人生的重要意义。 (10)为仁之本:做人成仁的根本就是孝悌。

【诠释】

　　有若听了老师的教诲后才体会到:"如果一个人始终能认识到自己就是一个孩子,一个晚辈,就会真诚感恩、恭敬孝顺父母,就不会顶撞父母,以任劳任怨的心来敬养父母,就不会再因家务之事和兄弟姐妹争理斗气,而是无私地爱护他们。这样的人以后在社会上做事就不会看不起别人,恐怕也不会故意触犯上级,视国家的法规于不顾。君子就要考虑做人的根本问题,才能处世为人幸福美满。其实就是人伦关系'孝悌'之心。不但要孝自己的父母悌自己的兄弟,还要孝天下所有的父母,爱天下所有的兄弟姐妹。孝悌扩展开来就是'仁德'。万物与自己不对立、不诋毁,这才是做人准则,立身成事的根基。"

【解析】

　　本篇说明孝悌即为仁的根本道理。在春秋时代,周天子实行嫡长子继承制,其余庶子则分封为诸侯,诸侯以下也是如此。其基础是孝、悌,这反映了当时宗法制社会的道德要求。自春秋战国以后的历代,都继承了孔子的孝悌说。孝悌说主张"以孝治天下",汉代即是一个显例。

1.3 【原文】

子曰:"巧言令色,鲜仁矣。"

【注释】

(1)巧言:花言巧语。 (2)令色:虚伪,善于察言观色假意奉承。 (3)鲜:很难、很少。

【诠释】

老师提醒学生说:"一个人如果不是为了加强自身的仁德修养去求学,而是为了自身的名利、为了攀比而学,学的知识越多,背的经典越多,就越会变成浮华之人。常会夸夸其谈、动用心计,以花言巧语来骗取人心,还时常装出和颜悦色的样子来察言观色,虚伪的假意奉承别人,或认为这是必备的生存之道,实不知这种小事会促使对方在不警觉中犯错,如自己不反省现在的所作所为会造成恶果、会转向自身,那么以后后悔晚矣,是很难成为仁人君子的!"

【解析】

花言巧语、工于辞令是做人大忌。做人应谨慎小心,说到做到,言行一致,踏实做人,这种质朴精神长期影响着中国人,成为华夏民族永远的传统文化根基。

1.4 【原文】

曾子曰:"吾日三省吾身:为人谋而不忠乎? 与朋友交而不信乎? 传不习乎?"

【注释】

(1) 曾子：曾子姓曾名参字子舆，生于公元前 505 年，是被鲁国灭亡了的鄫国（中国周代诸侯国名，在今山东省枣庄市东；春秋时郑的一个附庸国，在今河南省柘城县北）贵族的后代。曾参是孔子的得意门生，以孝出名。据说《孝经》就是他撰写的。　(2) 三省：所有任何事物都要经常反省。　(3) 忠：对人、事、物尽心竭力，无私真诚对待。　(4) 信：诚实守信。　(5) 传不习：受之于师谓之传。老师传授给自己的自己没能很好地学习和应用。

【诠释】

曾子跟老师学习后体会道："我们每天在大自然中，遇到任何事物都应该从内心反省自己的言行，是不是符合自然的道理？如与人共事相协，是否尽心竭力了？同朋友交往是否真心实意、诚实守信？老师传授给我们的知识，我们是否仔细温习并且熟记于胸了呢？"

1.5 【原文】

子曰："道千乘之国，敬事而言，节用而爱人，使民以时。"

【注解】

(1) 道：治理。　(2) 千乘之国：乘，意为辆。这里指古代军队的基层单位。每乘拥有 4 匹马拉的兵车 1 辆，车上甲士 3 人，车下步卒 72 人，后勤人员 25 人，共计 100 人。千乘之国，指拥有 1 000 辆战车的国家，即诸侯国。春秋时代，战争频仍，所以国家的强弱都用车辆的数目来计算。在孔子时代,千乘之国已经不是大国。　(3)敬事:由内心开始谦卑恭敬地做事。　(4)爱人:尊敬关爱帮助他人。　(5)使民以时:使人民安于农耕、生活,保证国家粮草充足、国家昌盛。

【诠释】

老师严肃地劝谏大家说:"要想治理一个千乘国家,就要从国君到大臣开始以身作则,尽心做事,诚实待人,以体恤国家物资来之不易之心来节约财政开支,君臣之间还要相互信任、支持才能杜绝臣僚腐化。对待百姓更要信任爱护关心,提倡节俭珍惜一切自然资源,反对破坏自然,这样才能对内团结一致,对外防范侵扰。百姓才会四时安逸、子孙勤劳热爱农耕,保证国家粮草充足而国泰民安,这都是教育建设治理国家的必备因素。"

1.6 【原文】

子曰:"弟子入则孝,出则悌,谨而信,泛爱众,而亲仁。行有余力,则以学文。"

【注释】

(1)弟子:拜师学艺的人都叫徒弟、弟子、学生,实指为人之子、所有的人。　(2)入:古代父子分别住在两处,学习在外屋,入是入父亲屋内,指进到父亲屋里,或说在家。实指出生后即从小就应该孝敬父母了。　(3)出:出门在外为人处事。　(4)谨:谨慎、处处小心细心做事。　(5)泛:广泛。　(6)众:一切万物。(7)仁:以孝悌忠信礼义廉耻,仁义礼智信的道义之心来对待。

(8) 行有余力：再有多余的时间才可学习其他知识,技能。
(9) 文：古代记录的文献资料,包括诗、书、礼、乐其他技能等。

【诠释】

老师真诚地劝告弟子们："即出生为人就应该在家首先尽心孝养父母、友爱兄弟姐妹,父母教导吩咐的事情不顶嘴不骄横不抱怨,即使遇到难为的事情先要答应,然后再去思考、商量,以免误伤父母心,兄弟姐妹之间也要真诚忍让相待。出门在外就要像对待自己的亲兄弟姐妹一样,关爱他人尊敬师长。做事要诚实守信谨慎言行少言多思,要不分对象的帮助关爱一切生灵万物。长期亲近有德者就能增长智慧弥补缺陷改变命运。再做到上述'本分'之后,即有了扎实淳朴的德行,即做人的'根基',再去学习祖先的文献资料及六艺技能等,就能德才兼备,更好地利益自身,更好的实现自己的君子鸿愿。"

1.7 【原文】

子夏曰："贤贤易色；事父母,能竭其力；事君,能致其身；与朋友交,言而有信。虽曰未学,吾必谓之学矣。"

【注释】

(1) 子夏：姓卜,名商,字子夏,卫国人。孔子的学生,比孔子小44岁,生于公元前507年。孔子死后,他在魏国宣传孔子的思想主张。 (2) 贤贤：始终,经常。 (3) 易：和悦之身心态度。 (4) 色：由内心尊重感恩父母流露于外的喜乐神色。 (5) 事君：忠心为民为国,把策略和身心献给国家。 (6) 致其身：致,使自己,其身,自身受益。 (7)虽曰未学,吾必谓之学矣:虽然这个人很谦虚,说自己并没有受到过专门的教育,但在我看来他在为人处事上比专门学过的人做的还要好,就像学过的一样。

【诠释】

子夏听了老师的教诲后总结说:"如果做子女的始终都以任劳任怨的心,和颜悦色的身心态度来侍奉父母,而不会因其他理由而不孝父母,即使有很多兄弟姐妹,也把父母当成自己的来敬仰,不分摊、不轮流、不计较,再困难也拿出不惜卖掉自己的心来奉养双亲,才是真才是人也! 以同样的心再去对待君主、国家,自己才会活得很充实很幸福,'福禄寿'绝对到家;与朋友交往,心诚守信,谦虚有礼,大家才信任支持你,能做到这样的人,尽管说自己没有专门学过,但在我看来、他已经就跟学过的一样了,比口头说学过的做的还要好!"

1.8 **【原文】**

子曰:"君子不重则不威;学则不固。主忠信。无友不如己者;过则勿惮改。"

【注释】

(1)君子:内心有孝、悌,忠、信、礼、义、廉、耻、仁、义、礼、智、信的人,以无私的心对任何人和事物,对国家人民有兴衰使命感的人。 (2)重:自重、自律、自觉,重视。 (3)威:内心充实、浩然正气。 (4)学则不固:学了不能记住、运用,固:固定,把握得住。 (5)主忠信:做人主要以忠信为主。 (6)无有不如己者:

没有不如自己的人。 （7）过：有了过错、过失。 （8）勿：不要。 （9）惮：害怕、畏惧。

【诠释】

老师郑重地说："作为一个想做君子的人，如果不认同重视孝悌忠信，不明礼义廉耻、就不能自律自重，更没有浩然正气充实其心，就不能让别人信服尊重佩服你，就会在众人面前失去威严，招致上当受骗；学习如果不能从心性上下功夫，就不能持之以恒，牢牢地去把握它。日常生活中做不到忠信之人，做事难成，恶缘易入，做官也会腐败；一个高傲的人其心会常看别人不如自己，将会失仁长恶无益自己。只要自己以人人为师的心态、去取长避短、从中汲取营养，才会提升完善自己。假如自己有了一时之过，只要及时反省当面赔礼道歉认错改正，不延误，肯放下自己高傲虚伪的心，与人的矛盾冲突马上就会解散，千万不要故意隐藏，害怕，延误时间幻想天长就会无事，那就会助长陋习、酿成大祸到时后悔为时已晚了。"

1.9 【原文】

曾子曰："慎终，追远，民德归厚矣。"

【注释】

（1）慎终，谨慎认真的从头到尾做事。 （2）追：不断的，定期的。 （3）远：指忆念思念感恩已亡的亲人祖先。

【诠释】

曾子受教后深深地感受道："我们做子孙的，一定要制定祭祀日期,定期全家全民子孙按礼(内心真诚怀念、不铺张浪费)祭拜远去的祖先及为百姓尽忠的忠良们。学他们的利人之举,继承他们的美德,通过诚心祭祀扬起孝道国风,让现世的子孙都亲眼看见长辈的孝心孝行,使晚辈的心返璞归真良心觉醒,子孙就会注意到活着父母的珍贵,为此而珍惜及时孝敬,不至于视而不见。用这样的真诚仪式来教育后代,民德家风才能充满温情,社会风气才能日趋纯朴忠厚善良。"

【治病良方】

有些人可能不信,在我多年的治病经验中:身体的诸多疾病都是因为不孝悌所产生,所以经过洗心忏悔来释放长期压在心中的不孝怨恨,通过想悔改、流下后悔的泪,会有效缓解病情,是自己挽回各种绝症的最好药方。重要的是趁父母健在,真心给父母谈心洗脚,不怨恨恼怒烦才是根本不得病的秘方,代代才会幸福美满。

1.10 【原文】

子禽问于子贡曰:"夫子至于是邦也,必闻其政。求之与,抑与之与?"子贡曰:"夫子温、良、恭、俭、让以得之。夫子之求之也,其诸异乎人之求之与?"

【注释】

(1) 子禽:姓陈名亢,字子禽。郑玄所注《论语》说他是孔子的学生,但《史记·仲尼弟子列传》未载此人,故一说子禽非孔子学生。　(2) 子贡:姓端木名赐,字子贡,卫国人,比孔子小 31 岁,是孔子的学生,生于公元前 520 年。子贡善辩,孔子认为他可以做大国的宰相。据《史记》记载,子贡在卫国做了商人,家有财产千金,成了有名的商业家。 (3)夫子:这是古代的一种敬称,凡是做过大夫的人都可以取得这一称谓。孔子曾担任过鲁国的司寇,所以他的学生们称他为"夫子",后来因此而沿袭以称呼老师。(4)邦:指当时割据的诸侯国家。 (5)抑:表示选择的文言连词,有"还是"的意思。 (6)温、良、恭、俭、让:和蔼、善良、恭敬、俭朴、谦让。 (7)其诸:语气词,有"大概""或者"的意思。

【诠释】

一天子禽疑惑地问师兄子贡说:"老师到了一个新的地方或国家,总是预先了解这个地方的禁忌风俗和民声疾苦、礼仪法规政策实施等情况,他这样有什么企图呢?还是内心有什么惧怕的事情或其他目的呢?"子贡说:"听说包括鲁国国君在内的很多人都认为老师始终是以和蔼厚道、善良直爽、恭敬稳重、俭朴诚实、谦逊礼让来做人处事,他的心莫非就是想:走到哪里,就想了解及帮助当地的民众疾苦及向国君来推行仁德利益百姓罢了。和那些为了自己的利益而有不良企图的,到处使用心计的一些人,可能有所不同吧?"

【解析】

孔子之所以受到各国统治者的礼遇和器重,就在于具备仁德。功名利权让人,职责义务先己,常谦让成民风,学人长避己短、倡导和谐。

1.11 【原文】

子曰:"父在,观其志;父没,观其行;三年无改于父之道,可谓孝矣。"

【注释】

(1) 行:在这指晚辈的行为举止事业志向等。 (2) 三年:代词一段时间。 (3) 道:在这指志向,父亲走过的路,做的事业。

【诠释】

老师耐心地说:"做父母的应该常和孩子谈心,要观察和引导教育孩子的正确志向;同样的做儿女的也应该在父母健在的时候,尽力听从父母的教诲,以利于社会。父母的点滴善为志向是什么都要牢记在心去继承。长辈的行为狭隘自私了,晚辈要避让,父母老了或不在了,要看自己的作为是否符合父母生前的正确教导,以便完成父母生前的志向,利益大众的将长期延续,不利益大众的要放弃,方为真孝。如果自己想另立宏业,也要看是不是善举再创业发展也不为迟。"

1.12 【原文】

有子曰:"礼之用,和为贵。先王之道,斯为美。小大由之,有所不行。知和而和,不以礼节之,亦不可行也。"

【注释】

(1) 有子:孔子的学生,姓有,名若,比孔子小 13 岁。(2) 礼:指人与人之间的亲情、恭敬表达出来的举动。 (3) 和:调和、和谐、协调,于一切人事物,不角力。 (4) 先王之道:指尧、舜、禹、汤、文、武,周公等有德行的古代帝王用仁德爱民的治世方法来教育大家的方法。 （5）斯：这、此、不论等意。

【诠释】

有子跟老师学习后体会说："从古至今礼仪的传承和运用无论是在生活中人与人之间、国与国之间的邦交上都起到了非常重要的作用。其目的就是和谐、亲近、友好，而非约束制裁。其目的就是要大家彼此和谐尊敬，以仁德之心来相互帮助，这样双方才会融洽。历代君主都是以'仁德'为治国方针，来达到安邦的目的。不论事情大小都离不开礼的运用，大家本着自利利他的心愿去做，绝对没有任何事行不通的。如做任何事不以礼来相处、只以贪欲之心去贿赂陷害他人，或为了和而和，故意辅以欺诈的手段来用礼，不以实礼来节度，即使一时达到了目的最后也是行不通的。"

【解析】

历代都有礼的规范，儿女见了父母应该什么态度怎样问安，人见面握手打招呼，来客真诚宴请，上尊下敬等。有些人自己粗暴还反对礼教，影响得人人没有了敬仰，变成了贡高我慢，害己啊！

1.13 **【原文】**

有子曰："信近于义，言可复也；恭近于礼，远耻辱也；因不失其亲，亦可宗也。"

【注释】

（1）近：接近、符合的意思。 （2）义：应做的做到了。 （3）复：实践。 （4）远：远离、避免。 （5）因：只有、这样、才。

(6) 宗：可靠、延续。

【诠释】

有子又体会说："一个人知道了诚信的重要，就符合忠义尽于人情本分了，知道应该怎样尽到道义愿意自动去做了，自己说了话自己才负责任去实现，这样别人才会信服，大家才能与你相处共事。恭敬虔诚的对待别人就做到了礼的一部分，这样别人就不会因自己不尊敬对方而遭受对方羞辱了。因自己诚信有礼周围的亲人朋友就不会谴责远离你，还会更尊敬你，既利益了自己又利益了子孙后代。"

1.14 【原文】

子曰："君子食无求饱，居无求安，敏于事而慎于言，就有道而正焉，可谓好学也已。"

【注释】

（1）就：接近。 （2）有道：有具体的方法了。 （3）正：正确的人生目标。 （4）敏：勤快，敏捷，认真。 （5）可谓：算得上，好学：有兴趣爱学习，用道德长养自己身心的人。

【诠释】

老师说："一个心存大志人，他不在乎吃的多好，有口饭填饱肚子就行了，更不贪求鸡鸭鱼肉山珍海味，他也不会不惜杀害生灵来满足自己的一时口欲。更不会为了自己穿戴奢华而哗众取宠，绫罗绸缎、挥霍无度、杀兽取皮、粉黛妖艳、贱卖青春、蜂衣裸体。至于在居住上,有个遮风挡雨能躺下的地方就行了,哪会愿意奢侈淫逸大厦广阔呢?他会把精力全部用于学习上,愿意时常敏锐地从大自然中吸取知识,以受启迪。勤劳做事谨慎言行,从不制、不想、不传是非,这样才能养正压邪、匡正身心,才会有正确的思想统领自己,才会有超脱物外的心境,显现出高尚的品德,这样的人才算得上是个好学精进的人了。"

【解析】

头悬梁锥刺股,凿壁偷光,孔融让梨……这些典故,都是人生成功的基石!若从小游手好闲,不下功夫学习,怎能成才呢?

1.15 【原文】

子贡曰:"贫而无谄,富而无骄,何如?"子曰:"可也。未若贫而乐,富而好礼者也。"子贡曰:"《诗》云:'如切如磋!如琢如磨,其斯之谓与?'"子曰:"赐也!始可与言《诗》已矣,告诸往而知来者。"

【注释】

(1)谄:意为巴结、奉承,也当自卑,消极讲。 (2)何如:怎么样,可以了吧。 (3)未若:不如。 (4)贫而乐:一本作"贫而乐道"。 (5)如切如磋,加工骨、象牙、玉、石等不同材料时反复去除打磨,否则不能成器;有精益求精,反复锻炼自己之意。 (6)好礼者:常以仁德之心处事为人的人。 (7)赐:子贡名,孔子对学生都称其名。 (8)告诸往而知来者:诸,同之。往,过去的事情。来,未来的事情。

【诠释】

子贡向老师请教说:"假如这个人虽贫穷但不自卑、不巴结及奉承他人,虽富贵但不高傲自大、也不欺负人,这个人怎么样呢?"孔子说:"还算可以,但还不如身虽暂处贫穷但不忘反省自我,还勤劳工作,也不困惑,还乐于助人的人;而富贵的人呢,对人恭敬有礼又乐善好施不求回报,像这样的人最好了。"子贡似有所悟地说:"老师啊,好像《诗》中所说的,人像一块普通的糙玉石一样,要该去的去掉该琢的琢掉,不断地剔除反复地打磨,以此来时常去除身心的不良行为,这样算是可以了吧?"孔子高兴地说:"赐呀,从今天开始我可以跟你一起学习《诗》的广博内涵了!你若以此方法来推敲任何事物,便可以去掉过去的种种腐朽之心来进步,再遇到任何事情就知道该怎样去做了。"

【解析】

有些人如水之半缸,不知反省,久则必固封自闭温饱难顾。有些人如水缸常满,不知助人减掉,久则精神必失。

1.16 【原文】

子曰:"不患人之不己知,患不知人也。"

【注释】

(1)患:忧虑、怕。 (2)人:他人。

【诠释】

老师这天微笑着开导大家说:"不要整天忧虑别人不了解自己,怕以后没有事做,没人知道自己的能力、名声,这是错的。要考虑自己是否了解透了这件事的始终和对方的心,才能把事做好,相处为人免于祸患。重要的是当前要明白自己学的是不是利于人类的？是不是助纣为虐的？一般老天会给你几次机会,每一次机会都有双面性,即生与死。自己做的事情危害了他人、百姓、国家,那就是死路一条；自己做的事利于了人类就能生存扬名了,把握住自己的未来与事物发展的规律完全是靠自己的。"

【解析】

凡人都有自私之心,所以就会站在自己的立场与他人产生对立、矛盾。自己无法改变别人对自己的看法,但自己只要尽量于己无私,以宽阔的胸怀去理解他人、误会矛盾自解。无狭隘之心,福禄自会延绵。

为政篇第二

【本篇引语】

为政篇共 24 章。主要为孔子教育学生"为政以德"的重要思想认知。从政为官的基本条件、原则,温故而知新的学习态度,及孝、悌对人的重要性阐述。

2.1 【原文】

子曰:"为政以德,譬如北辰,居其所而众星共之。"

【注释】

(1)为:代词;做为,当官。以德:要以仁德感化,自身要具备仁义德行。 (2)北辰:北极星。 (3)所:处所,位置。(4)共:同拱,围绕,拥护的意思。

【诠释】

老师抬头仰望星辰言:"要想为政,自身必需应该具备仁德修养才能当好官为好民,才有能力调配管理让人民和国家信任。已为政的人员,更要加强自身修养,必须学习'五伦、八德'才能孝悌清廉,才会警醒自身不腐败昏庸,方有资格、有能力担当国之要员，才有慧眼才会任贤重良、广招仁慈忠义之士来为国尽忠。才有能力和方法惩治唯利是图的内腐、外侵。帮扶鳏寡孤独者，用自身仁德来感化百姓，社会就会善恶明朗，丑恶自耻而孤凋。当政者自然就会像北极星那样，居于中，而群星（老百姓）围绕、拥护爱戴感恩他。民之自强国之自昌，外邦自归，天下太平。"

2.2 【原文】

子曰："诗三百，一言以蔽之，曰：'思无邪。'"

【注释】

（1）诗三百：诗，指《诗经》一书，此书实有305篇，"三百"是笼统说法。 （2）蔽：概括的意思。 （3）思无邪：此为《诗经·鲁颂》上的一句，思：思想。无邪：纯正。

【诠释】

诗经是从当时各个诸侯国里搜集汇集起来的，由百姓自己写的唱的心声，祈求向善的、讽刺伪君子的、相思亲人的、愤恨统治者压迫的、赞美祖先、父母、贤良忠臣美好德行的、把对美好的理想和生活寄托于未来的、希望和平、友爱、团结的、生活日趋富裕起来的愿望等直抒情怀。所以大家的思想纯正、无私、淳朴善良，以大家利益着想，所以用"思无邪"来概括它。

2.3 【原文】

子曰："道之以政，齐之以刑，民免而无耻，道之以德，齐之以礼,有耻且格。"

【注释】

（1）道：引导。要想使……达到目的和效果。 （2）齐：紧跟、配备。 （3）道：才能。 （4）免：避免、躲避。 （5）耻：羞耻之心。 （6）格：正。

【诠释】

老师说："要想把国家建设好，就要政令法规明确，同时君主首先做到自身仁德自律。这样再发布政令、才能名正言顺的从大臣逐级而下祥泽于民。再告知不仁德将有刑法实施于天下。这样才能避免那些无羞耻无畏惧之心的贪赃枉法之辈横流于世，免得使那些本来善良的百姓受到私利之徒的影响及诱导变成社会的蛀虫。接下来再给百姓倡导阐明仁德、孝悌忠信礼义廉耻的好处，说明仁义道德的可贵高尚之处，以及私欲的危害，那么百姓就会明辨是非向善避恶了；这就是明君以礼来教化百姓，居上位者各级在处理办理任何事物的时候都以身作则用亲人诚恳的礼仪来对待他们，他们自会被感化；知道了为私是恶、是耻辱的行为；利他是善、是高尚的行为，百姓就会在做事时反省自身，规范端正自己的言行，欢喜地接受和遵守国家的法律法规了。"

2.4 【原文】

子曰："吾十有五而志于学，三十而立，四十而不惑，五十而知天命，六十而耳顺，七十而从心所欲不逾矩。"

【注释】

(1) 立：自立生活。 (2) 不惑：内心不会被外界事物所迷惑了，因掌握了很多知识。 (3) 天命：自然的规律法则，比如植物的出生成长和枯萎，人的生老病死。 (4) 耳顺：遇到荣辱不生气、不上火、不动性。 (5) 从心所欲不逾矩：逾，越过。矩，规矩。心里想做事而有把握有分寸、不会超出范围和底线。

【诠释】

老师十分感慨地说："我从十五岁就开始立志要好好学习周礼仁德方面的知识了，从而想利益国家百姓；到三十岁已经能够自立生活并且能做些助人为乐的事情了；四十岁时基本上已经做到了内心不被身外人和事物所蒙蔽了，也能管得住自己对财色名食睡的欲望了，没有解不开而被他人所迷惑的事了；五十岁左右便懂得了人的所做作为，如不符合自然的道理，想要以自己的私心来达到自私的目的是枉然的，因为有天地间的反作用力在制约着自己。即'天道'。人的命运是无法靠投机取巧来改变的，要诸恶莫作众善奉行才能改变命运，心想事成。六十岁基本上对于人世间的赞叹和毁誉已经很清晰了，不会再动性情喜悦或烦恼对立了；到七十岁便达到了做任何事情，言行思想上都知道有分寸能把握了，不会从思想上言行上作出有损自己和众人的事情来，且能知足常乐了。"

2.5 【原文】

孟懿子问孝，子曰："无违。"樊迟御，子告之曰："孟孙问孝于我，我对曰无违。"樊迟曰："何谓也。"子曰："生，事之以礼；死，葬之以礼，祭之以礼。"

【注释】

（1）孟懿子：鲁国的大夫，姓仲孙，名何忌，"懿"是谥号。鲁国出自桓公的三大公族，即孟孙氏、叔孙氏、季孙氏。这三家都是鲁国的权臣，到了后期，出现了三家乱政的现象。孟懿子就是孟孙氏的后代。他的父亲是孟僖子仲孙貜。春秋昭公七年，左氏传说，孟僖子将死，召其家臣，遗嘱何忌（孟懿子）从孔子学礼。因此孟懿子有孔子弟子的名分，但这里没有提及，《史记》孔子弟子中也没有记载，只因为孔子在鲁国时，建议废除三大公族的违法都城，而孟懿子坚决反对，使孔子的政治路线不能实施，所以不能称为孔子的弟子。　（2）无违：不要违背常礼。　（3）樊迟：姓樊名须，字迟。孔子的弟子，比孔子小46岁。他曾和冉求一起帮助季康子进行革新。　（4）御：驾驭马车。　（5）孟孙：指孟懿子。

【诠释】

鲁国大夫孟懿子前来向孔子请教怎样做才算是孝呢？老师说："平常为人做事一切都不要违背自然伦理。"孟懿子心情不悦的拜谢走了。后来樊迟给老师驾车，老师对樊迟说："孟孙问我什么是孝，我告诉他说做一切事都不要违背自然伦理。"樊迟问："不要违背自然伦理是什么意思呢？"老师说："比如做人就应该考虑人与人、人与自然所要建立的和谐主次道义关系。比如做人就要敬仰'天地君亲师'感恩天地滋养，祖先慈惠，父母老师恩德。'君臣、父子、兄弟、夫妻、朋友'相处怎样融洽的关系。对父母要尽心奉养不顶撞，恭敬耐心地听从教诲，时常的和父母谈谈心，跪下来洗洗脚，用父母给自己的爱再回报给父母的情，子女要趁父母健在时尽心听从劝谏以免长大走弯路。兄弟之间要明白是一个父母所生,诚心不分你我,莫以利益断亲情。夫妻要彼此尊敬恩爱照顾,共同扶持家业,对朋友也是诚实相待等。对待自然一切万物都要如此,这就是在生前尽礼。对于祭祀,一定要真诚祭拜,并朗读祭文,让大家明白亡者生前的美德以及做过的善事、以便传承发扬,这就是不违背礼。我当时言外之意也是在告诉孟懿子,他作为一个大夫对待国君也是一样的,要忠诚仁慈守好本分听从国令,上尊下敬团结诸侯,才会使百姓拥戴。所以他不悦走了。"樊迟说:"老师说得对呀!"

2.6 【原文】

孟武伯问孝,子曰:"父母唯其疾之忧。"

【注释】

(1)孟武伯:(?—公元前468年以后),姬姓,鲁国孟孙氏第10代宗主,名彘,世称仲孙彘,谥号武,孟懿子的儿子。前478年,孟武伯与高柴辅佐鲁哀公与齐平公会盟。 (2)父母唯其疾之忧:其,代词,指父母。疾,病。

【诠释】

孟武伯也向孔子请教怎样才算尽孝,孔子说:"天下所有的父母在生前最担心的就是自己有疾病的时候没人照顾。而现在的儿女们为了自己的家庭都跟别人拼命地攀比,想尽办法劳作挣钱。整天都是事业、丈夫、媳妇、孩子,谁还管父母呢!父母心酸无奈。本来生孩子就是为了想让他以后孝敬自己,包括获取功名利禄也是为了生活安稳。没想到如今的孩子温饱解决了,还不罢休,贪利忘义没了亲情,忘了父母没了人性。

如果做子女的能够想一想,自己的生命是父母给的,我必须要以孝为先为重、以忠为国、以义为民、这样父母才心安呐!而现今的我们真的没有那么多钱,那么多财产就不能够生存了吗?父母有病了自己花多少钱又能给父母治好呢?又能换回父母的生命呢?不如及早及时陪他们散散心就不生病了,而且子孙见了以后也会孝敬你,何必非得不顾眼前亲情去贪求身外呢?既苦了自己父母又害了子孙。

其实呢作为大夫,当国家混乱的时候,也正是像父母有疾病的时候,需要诸侯大夫之间忠诚对待国君,扶持朝政,不能混水摸鱼,这样黎民百姓才不至于处于水深火热之中,百姓也会拥戴良臣。"孟武伯感动地说:"是啊,老师您说的的确如此。"

2.7 【原文】

子游问孝,子曰:"今之孝者,是谓能养。至于犬马,皆能有养,不敬,何以别乎?"

【注释】

(1)子游:姓言名偃,字子游,又称叔氏。(前506——前433年),吴国人,汉族,春秋时吴地常熟人,孔子72贤中唯一南方弟子,后曾任武城宰官,阐扬师说,用礼乐教化民众,比孔子小45岁。 (2)养:在这指没有用心照料,只是表面应付。

【诠释】

子游躬身施礼请老师讲一讲孝的具体做法,孔子说:"如今所谓孝的现象基本都是:孩子自认为自己大了,父母老了糊涂了,就随手甩点儿吃的、喝的、安置个住处,送点衣服送点钱就可以了,一月两月还不来瞟一眼,甚至来了待一会说忙就走了,这样的对待父母跟家里养的犬马牛羊有什么区别?"

父母有苦也不能言!即使这样父母心理也想多留孩子一会儿,多看孩儿一眼,多想跟他说一说话。孩子倒厌烦得慌忙离去,父母伤心地偷着哭吧,有啥办法呢?回想起孩子小的时候,自己可心疼他了,一把屎一把尿,甚至兵荒马乱没吃的时候也要先想着他,可现在……如今孩子大了就忘了自己小时候了。现今的人如不体贴父母的心、他们的经历遭遇、艰辛冷暖,不听他们内心的忧虑疾苦和唠叨,又不和他们长谈,怎知父母心灵深处和思想精神的需求和痛苦啊!如不诚敬的对待父母,和养个动物又有什么区别呢?

【解析】

因为子游看到社会上好多人都在应付父母,定期、轮养,不得已怨恨地养,有的干脆不养,倒是分财产时就打起来了,有的干脆就不听父母的教导离家出走,几天到几年,几十年还在怨恨,有一天满身疾病才想到父母,想到自己的不孝,为时已晚了!再说现今有的父母也厉害了,自己有钱了,还必定期要抚养费,少了就是不孝,搞得儿女本来孝敬二老反倒因为这样把亲情搞成商品了,而且自己打扮得妖艳浓妆衣不遮体,不像个父母的样子和年龄,怎样让晚辈恭敬你,这是不悌啊!到头来怨儿女,生气上火得病死亡,都是自己找的啊,是不会当父母啊!

2.8 【原文】

子夏问孝,子曰:"色难。有事,弟子服其劳;有酒食,先生馔,曾是以为孝乎?"

【注释】

(1)色难:内心真诚欢喜的对待父母脸上有喜色很困难。 (2)服劳:替父母做劳累的事。 (3)弟子,指晚辈、学生。 (4)先生:指长者、老师,有文化知识的人。 (5)馔:先吃。

【诠释】

子夏躬身施礼问老师怎样才能把孝做到更好呢?孔子说:"父母最怕看到的就是做子女的没有好脸色。父母有事了也不情愿帮着干,用餐时脸色也不高兴也先让长辈吃,客人来了也不热情也敬酒,这难道就是孝吗?不是孝!因为自己在内心始终歧视怨恨亲人,在社会中整天与人过不去,又把这种情绪带到家里,多让亲人难过啊!反过来宽心对人把自己看得轻一些、就会每天高高兴兴的,不然每天就空过了,多愚蠢哪。又不劳神费力还赚个全家健康。"子夏高兴地说:"我明白了,孝就是从笑开始啊,谢谢老师,呵呵呵呵!"

【生活小故事】

老莱子,春秋时期楚国隐士,为躲避世乱,自耕于蒙山南麓。他为孝顺父母,不娶夫人,怕日后夫人不孝父母,自种蔬菜供奉双亲,70岁常穿五色彩衣,手持拨浪鼓如小孩子般戏耍,以博父母开怀。一次为双亲送水,进屋时跌了一跤,他怕父母伤心,索性躺在地上学小孩子哭,整天逗二老开心。

2.9 【原文】

子曰:"吾与回言,终日不违,如愚。退而省其私,亦足以发,回也不愚。"

【注释】

(1)回:姓颜名回,字子渊,生于公元前521年,比孔子小30岁,鲁国人,孔子的得意门生。 (2)不违:耐心的听从教导,不反驳。 (3)退而省其私:下课以后回去反复思考温习所学的知识。

【诠释】

老师欣慰地对其他学生说:"我在课堂上给颜回讲授知识时,他常常是在课堂上认真的默默地听,不说话,不反问、好像一个愚人一样从不不听师言。我曾课后观察了解他,发现他把上课听到的重点都默默记在心中温习体会,在生活中受益,思想解脱,传习发挥良好,可见颜回并不是愚笨啊!"

【解析】

和老师在一起多听多学私下思索,自会体会深刻,是一种科学的学习方法。并不像某些人,没耐心,不专心虚心听,自认为懂得多,还没听明白就没礼貌地打断老师,挑毛病,反问,攻击,嘲笑,怎会受益呢? 越是这样,在社会中栽的跟头越大,越证明自己根本没有道德文化修养,反成为社会笑料,怎对得起父母大众呢?

2.10 【原文】

子曰:"视其所以,观其所由,察其所安,人焉廋哉? 人焉廋哉？"

【注释】

（1）所以：结果前后。 （2）所由：思考他做事的原因理由。（3）所安：心里所想的为了谁。 （4）人焉廋哉：人焉，他怎么能。廋，隐藏、藏匿。哉，感叹词。

【诠释】

老师很细致地讲：要想了解一个人一件事并不困难，就看他的所作所为和这件事的详细情况就行了。不要看表面，也不要听其他人的言论，要看他平时的言行举止待人处事是否真诚，再看他做事时为了什么目的？是为了利己还是利他？那么我们自然就明白了。无私帮助解除了苦闷，利益了社会国家，自然的，大家都感谢他，恶人都厌恶他。这就是善！图谋不轨去利己害人害万物的，让人以后陷入困境的痛苦之中的，这就是恶嘛！纵有时间的推移，他的这种行为怎么能够隐藏得了呢！

【解析】

他人为了救你、利于你，即使打了你也是为你好就叫善，自己为了利己而妨碍陷害对方，或以他人利益为基础的行为据为私有，就是为你也叫恶，才是视其所以！观其所由。

2.11 【原文】

子曰："温故而知新，可以为师矣。"

【注释】

(1) 温故：把已经学过的再复习几遍。 (2) 新：原来未曾领会受益的知识今天领会了。

【诠释】

老师耐心的告诉我们说："如果一个人经常把学过的知识，经历的事情不断地思考再去温习，善用其心，必会有新的收获，体悟出超常的义理。好处可以以史为镜，可知未来兴亡，存益远弊明善恶之果。警策自身吸取历史的经验和教训，从博闻总结中明乎真理，求于内心举一反三必达智慧。再者明自身不足，来找别人的好处，认清自己的缺点，细心观察请教所有人会增加自身修养，常用此法学习，就好比有一位老师在常常跟着你、引导你一样，多受益啊！"

【解析】

"温故而知新"是孔子对我国教育学的重大贡献之一，他认为，不断温习所学过的知识，从而可以获得新知识，此方法古今受益无穷。

2.12 【原文】

子曰："君子不器。"

【注释】

(1) 器：器皿器具。

【诠释】

老师告诫说："君子不要像器皿那样只是摆个样子或有个单一

的才艺用途,这样适应的范围小,遇事不能融通,会死板会不灵活,会使自己的心像器皿的容积一样固定限量,一旦有了固执的自我,狭隘的心就会产生,难以与人相处。而利于自己的知识就装不进去了,将会自满无所成就。君子需要气度宏大、见识高远、涵养精炼,以大道至简众善奉行诸恶莫作为自然之本,再做任何事就会智慧显现事事无碍。大可以超脱自我,身心朗耀,匡世济民治国安邦,小可以自立齐家安居兴业,这样的君子才是不器,才是天下英才。"

2.13 【原文】

子贡问君子。子曰:"先行其言而后从之。"

【诠释】

子贡躬身施礼向老师问怎样做一个君子。孔子说:"人最忌讳的就是先到处乱讲,需要做实事时又做不成的人。所以要有把握的先做了再说,以免使人误会,造成不必要的麻烦招人轻视。话说出口很难收回,关系到做人诚、信的问题,一旦说了承诺了利人的事就要去做,才能不失去人家对自己的信任。不然会影响到自己一生的人格和再做任何事情的成败,莫要小视之。"

2.14 【原文】

子曰:"君子周而不比,小人比而不周。"

【注释】

(1)周:周全周到。 (2)比:勾结,分离,攀比,比较。

（3）小人：自私自利、没有道德修养的人。

【诠释】

老师说："君子做事前会常常提前考虑到他人的利益，尽量让对方满意，不考虑自己得失，以他人满意为乐，做事周到体贴为佳，从不与人攀比任何事物，所以从内心没什么得失，整天快乐无忧，所有人都愿意和他和睦相处。小人经常会先考虑到自己的利益再处事为人，也会从自己的私欲出发故意挑拨离间，陷害他人拉帮结派，不真心与人和睦团结，反而事情时常做不周到，时常自己不满意，时常到处与别人攀比，更是烦恼痛苦，即使没事别人也不愿和他待在一起。"

2.15 【原文】

子曰："学而不思则罔，思而不学则殆。"

【注释】

（1）罔：迷惑、糊涂。 （2）殆：疑惑、危险，停止不前。

【诠释】

老师说：学了任何知识，如果不反复思考和实践体悟，就会迷惘不前停滞懈怠。反过来只知围绕着自己的固有模式以'私欲狭隘和目光短浅'之心去私自思考，不把心打开，不以坦诚宽爱之心博学，不向贤德之人请教、审问，不自己前后体悟、慎思，不与智者学习、明辨，不去在生活中处事实习、笃行，就不能知识超涨。只会见解有限，短缺堵塞，犹如井底之蛙，停滞不前无实际利益。

2.16 【原文】

子曰:"攻乎异端,斯害也已。"

【注释】

(1)攻:主动。 (2)异端:不利益大家或偏激的言行、见解、言论、技能。 (3)斯:代词,这。 (4)也已:这里用作语气词。

【诠释】

老师严肃地说:"学习任何知识、从事任何行业都不要从思想上和作为上盲目偏执一端或跟从附和,钻死牛角尖、固封自我、任性妄为。用私欲钻研学术,制造产品危害人类自然等,等于玩火自焚子孙遭殃。如不考虑和谐自然,必为人类所不容。遇到别人说的任何事情都要冷静思考,认真分析,就会从中总结出哲理,不要盲目跟从或赞美,以免把自己和子孙全都害了。"

2.17 【原文】

子曰:"由,诲汝知之乎?知之为知之,不知为不知,是知也。"

【注释】

(1)由:姓仲名由,字子路。生于公元前542年,孔子的学生,长期追随孔子。 (2)诲汝:心中无奈的教诲,告诉你。汝,你。

【诠释】

老师这天耐心地对仲由说:"由啊!你想以后学习进步做事成

功,终生不再为荒废的时光后悔,知道现在该怎么做吗?"仲由迷惑地说:"不知道。""当自己遇到任何问题事情时,不要不好意思问,不管遇到年长年少、男女,都要不耻下问,知道就说知道,不知道就说不知道,才是最好的学习态度,才能更好的受益,才能有人及时地帮助你告诉。如果做人爱虚荣不诚恳、不低下、别人就不会接纳你,不会诚心地教你,即使你的见解跟别人有些相同,别人对你说了你也会受到启发。相反的,一知半解就夸夸其谈,不虚心听取他人见解,到头来只能浮华后悔一生,不能受益。"子路感激地说:"谢谢老师,我一定记住。"

2.18 【原文】

子张学干禄,子曰:"多闻阙疑,慎言其余,则寡尤;多见阙殆,慎行其余,则寡悔。言寡尤,行寡悔,禄在其中矣。"

【注释】

(1)子张:姓颛孙名师,字子张,生于公元前503年,比孔子小48岁,孔子的学生,陈国人。 (2)干禄:干,求的意思。禄,即古代官吏的俸禄,工资。干禄就是求取官职。 (3)阙:缺。此处意为放置在一旁,先保留着。 (4)疑:怀疑。 (5)寡尤:少的过错。

【诠释】

子张向老师请教谋取官职需要的知识条件,孔子热情地说:"你想谋求官职太好了,身居官位者,要多学多听深入了解老百姓的疾苦意见,保留自己的单方想法以便有机会调整,谨慎自己的言行不多说话,把事情了解透了再上报大夫或去妥善处理,这样就会减少失误和过失及后悔;多去观察才能小心地处理好疑难问题,多考虑政策法要,谨慎作出解决方案妥善处理双方的关系,这样就会处事稳妥、减少不当行为。说话少就不会出过错麻烦,做事谨慎就不会损害老百姓,这是对自己、对国家的负责,处世为人谋官参政就在其中了。子张施礼道谢。"

2.19 【原文】

哀公问曰:"何为则民服?"孔子对曰:"举直错诸枉,则民服;举枉错诸直,则民不服。"

【注释】

(1) 哀公:姓姬名蒋,哀是其谥号,鲁国国君,公元前494——前468年在位。 (2) 对曰:《论语》中记载对国君及在上位者问话的回答都用"对曰",以表示尊敬。 (3) 举直错诸枉:举,选拔的意思。直,对人爱戴坦诚、正直公平。错,同措,放置。枉,不正直。

【诠释】

鲁国国君鲁哀公向孔子请教治国之道。"怎样做才能使百姓佩服,愿意服从于国家管理呢?"孔子回答说:"把那些对人真诚爱戴无私公正的人提拔起来,把那些邪行邪见自私的人置于一旁,大力扬善惩恶,百姓就会佩服了;把邪恶不正的人提拔起来了,把正直无私的人置于一旁了,百姓就不会尊敬、不服从于国家管理了。

亲君子，远小人，任人唯贤，这是个人与国家的重要策略，关系到国家生死存亡的大问题，不可小视啊！鲁哀公频频点头致谢。"

2.20 【原文】

季康子问："使民敬、忠以劝，如之何？"子曰："临之以庄，则敬；孝慈，则忠；举善而教不能，则劝。"

【注释】

（1）季康子：姓季孙名肥，康是他的谥号，鲁哀公时任正卿，是当时政治上最有权势的人。 （2）以：连接词，与"而"同。 （3）劝：勉励。这里是自勉努力的意思。 （4）临：对待。 （5）孝慈：当政者首先做到再引导老百姓孝慈。

【诠释】

鲁国的季康子拱手向孔子请教维权之道，问："要想使老百姓对当政的人尊敬听从，用告诉他们'如何为国家尽忠就会得到好处'用这样的做法可以吗？"孔子微笑着说："要自己首先上对国君尽忠、下对百姓诚信才行，才能在百姓中竖起威信和尊严，他们才会尊敬相信你；为政者要像孝敬自己父母长辈一样慈爱百姓，老百姓才能信服你而尽忠于国家；如果你选拔任用善良的人，再教育扶持能力差的人，向善的人多了，百姓自会相互勉励劝化而国风自正。"

2.21 【原文】

或谓孔子曰："子奚不为政？"子曰："《书》云：'孝乎惟

孝,友于兄弟。'施于有政,是亦为政,奚其为为政?"

【注释】
(1)或谓:或,或许,往往。谓,议论评论,告诉……说。(2)奚:疑问词,相当于"为什么"。 (3)《书》:指《尚书》。(4)施于有政:施,一作施行,参加。有政,参政。

【诠释】
有人私下惋惜老师,议论说:"孔子这个人非常喜欢倡导孝悌仁德,关心国家安危,为什么不谋官从政呢?"孔子听后微笑着说:"《尚书》上说:'孝敬父母、友爱兄弟,就是人生最重要的事。'国家从政者想尽各种办法治国也是想达到国泰民安。我已经从小就从自身做起,把他们都当做是我的亲人,把孝悌的思想行为传输给学生、百姓、君臣、国君、诸侯各国,使他们都知道孝悌仁慈的好处了。我这样做就会世风日转,诸侯百姓安居乐业,不也就是当官从政了吗,怎样才算是当官参政呢?"

【解析】
国家如想政治畅通非以孝悌为本教化民众不可,执政者其心善良纯朴,才能更好地担当要职服务社会,团结邻国,使世界和平,所以看似一个不为官的人作出微不足道的小事来,已经是真正为官者所该做的大事了,不是官吗? 不是在从政吗?

2.22 【原文】
子曰:"人而无信,不知其可也。大车无輗,小车无軏,其何以行之哉?"

【注释】

（1）輗：大车指的是牛车车两旁的两长杠,古称辕。一横木缚两辕端,古称衡。一曲木缚横木下,古称轭。牛头套曲木下,可使较舒适。輗则是联结辕与横之小榫头。先于两辕端凿圆孔,横木两头亦各凿圆孔,与辕孔相对。輗,木制,外裹铁皮,竖串于辕与衡之两孔中,使辕与衡可以灵活转动,不滞固。 （2）小车无軏：小车乃轻车,驾四马,古之猎车战车及平常乘车,皆轻车。轻车惟于车前中央有一辕,辕头曲向上,与横木凿孔相对,軏贯其中。横木下左右缚轭以驾马。内两马称骖,外两马称服。若车行遇拐弯,服马在外,转折改向,因轭与衡间有活动,可以不损辕端,亦使车身安稳,不左右摇侧。

【诠释】

老师感叹地说："如果一个人没有信用,不知道其后果是个什么样子。就好像马拉的木车、辕上的横木销子一样,没有它在那连接固定不动,车子就会跑得越快散得越快摔得越碎,小车没有销子在那连接固定也是一样的不能走路,何况人呢？信用就是定下的不变诺言和行为准则,是人天生的本分,也是双方心与心的诚恳相待,为人做事之根基,无它人与人之间将不能生存沟通共事,将不能团结共谋互利,诚信也是维持生命的第二环节。"

2.23 **【原文】**

子张问："十世可知也?"子曰："殷因于夏礼,所损益可知也;周因于殷礼,所损益可知也。其或继周者,虽百世,可知也。"

【注释】

(1)《史记·仲尼弟子列传》即"颛孙师,陈人,字子张,少孔子四十八岁"。为陈国(即今河南省淮阳)人。孔子弟子。 (2)世:古时称30年为一世。也有的把"世"解释为朝代。 (3)因:因袭;沿用、继承。 (4)损益:减少和增加,即优化、变动之义。

【诠释】

子张躬身施礼问老师说:"学生想了解学习一下前后十个朝代的礼仪继承情况,老师能给我简单说说吗?孔子说:现在的人看现在的事情,就可以推测出从前的事情。要想知道以后的礼仪,只要观察现在人对礼仪的重视程度就可以推测出以后了。很早以前,夏朝治理天下四百余年,之后是商汤继承了大统。殷商的礼法,比如'修人纪'以正万邦,都是沿袭夏朝的,有些不足的,或增或减,殷商朝治理天下六百余年,之后是周文王、周武王继承了殷商礼仪统一天下,实行的礼法有'建皇极以锡庶民',都是沿袭商朝的,不曾更改。在制度形式方面也有增减,也是可以通过文献知道的,而代代百姓从中得到的利益也是很清楚的。将来肯定也有继承周朝的礼仪制度将延续下去,如果有人继承并记载了文献,即使有所修减,虽是一百世以后的事情,后人也是可以大体了解的。"

【解析】

历史源远流长,离不开古今的文献记载工作者,他们是社会延续的重要依据成员,是古今少不了的重职位。礼仪,包括在任何场合中的人性化交往使用的乐、器物、祭祀、庆典待人接物等在人类中起到了无以替代的作用。所以孔子一方面续春秋,一方面希望后人能有人记载文献传承,来延续礼仪对后人的帮助作用。

2.24 【原文】

子曰:"非其鬼而祭之;谄也。见义不为,无勇也。"

【注释】

(1)古代指人死后根据善变神,恶变鬼。神有赐福的能力,鬼有降灾本领。鬼:赋予自然界人体内外的一种灵性,有时出现有时隐没。尤其那些作出伤天害理事情的人,心常害怕担心,反作用力起作用了就是鬼,所以鬼,也是自己造的、招的,既假又真。(2)谄:谄媚、讨好巴结奉承。 (3)义:以无私之心。 (4)不为:不想帮助,不去做。 (5)无勇:没有敢于进取的心。

【诠释】

老师微笑着说:"有的人一旦遇到了困难,就拿点礼物送到鬼神佛菩萨像前,到处祈求跪拜希望马上解决困难、化解灾难,或达到升官发财的种种目的,那叫不实际地讨好巴结奉承,佛菩萨不也成了受贿的贪官污吏了吗?拿一点礼物就想换取难以解决的大事这是妄想,有困难了应该找自己的不足去改正,舍弃自利与人多惠才能解决,因为鬼神也是敬畏贤德之人的。如果你平时见到身边有困难的人不去帮助,见到国家处于危难不挺身而出,见到善举不去跟随,而只去讨好鬼神,祈求自己多名利,鬼神也会厌恶你。那才是真正的没有胆识和勇气、失去了做人的意义。"

【解析】

　　人祭祀鬼神,各有各的名分。天子祭祀天地,诸侯祭祀山川,大夫祭祀五祀金木水火土五官之神,庶人祭祀祖先,都是在各自的职位上以礼数来区别等级和对祖先天地的礼敬,以让大家不忘恭敬谦卑之本意。

八佾篇第三

【本篇引语】

《八佾篇》包括26章。主要论述维护礼乐在社会制度上、礼节上的种种作用和规定。

3.1 【原文】

孔子谓季氏:"八佾舞于庭,是可忍,孰不可忍也!"

【注释】

(1)谓:对,说,告诉,与。 (2)季氏:鲁国正卿季孙氏,即季平子。 (3)八佾:当初周成王为了奖励周公对国家的贡献,特别赐他天子礼乐用来做周公庙的祭祀。据周礼规定,只有周天子才可以使用八佾,一佾8人,八佾就是64人,诸侯为六佾,卿大夫为四佾,士用二佾。季氏是正卿,只能用四佾,其后的公爵人等都由此僭用,违反者已经属于失礼了。 (4)可忍:站在自己的立场可忍,站在国家的角度不能忍受这种行为。

【诠释】

孔子愤慨地说:"季氏虽是鲁国国内势力强大的臣子,但也不能用天子所用的八佾之礼乐在自己的庭院中演奏吧？这种做法明显是目无国君的违礼行为，他都忍心去做，还有哪些对国家不忠的事情做不出来呢？这种事情我实在是不能忍受，站在百姓与国家的角度更是不能忍受的！"

【解析】

春秋末期，奴隶制社会处于土崩瓦解、礼崩乐坏的过程中，违犯周礼法、犯上作乱的事情不断发生，这是封建制代替奴隶制过程中的必然表现。季孙氏用八佾歌舞，明显是不尊礼法，谋反乱正，藐视国主，所以孔子表现出忧伤和担心，怕他暴乱，人民再受战争之苦。

3.2 【原文】

三家者以《雍》彻。子曰："相维辟公，天子穆穆，奚取于三家之堂？"

【注释】

（1）三家：鲁国当政的三家：孟孙氏、叔孙氏、季孙氏。他们都是鲁桓公的后代，又称"三桓"。 （2）《雍》是《诗经·周颂》中的一篇。古代天子祭宗庙完毕撤去祭品时唱这首诗。 （3）相维辟公，天子穆穆：《雍》诗中的两句。相，助。维，语助词，无意义。辟公，指诸侯。穆穆：庄严肃穆。 （4）堂：祭祖时接待客人的地方。

【诠释】

这天鲁国的三家大夫孟孙、叔孙、季孙，在家庙祭祀自己的祖先,当祭祀将要完毕,要收去祭品的时候,竟然用天子才有资格唱的、《诗经·周颂·雍》上这两句:"'相维辟公,天子穆穆。'来演唱奏乐"。孔子听说后说:"过去周天子祭祀宗庙,祭祀完毕,撤去祭品的时候,会唱《雍》这首诗。这诗本意是说天子在宗庙之中,辅助祭祀的是列国的诸侯,主祭的是天子,他的面容慈祥而恭敬,幽深而玄远,所以说穆穆。只有天子的仁德才相配,这本来就是描绘天子的诚恳和威严的,这是僭越天子的礼仪。如今怎么能在这三家的庙堂上演唱呢?这三家不过是大夫在家祭祀而已,辅助祭祀的不过是自己的家臣,祭祀的不过是自己的先人,怎么会有众诸侯相助呢?怎么会有天子的穆穆之感呢?既然没有这样的事情,怎么能在家庙里唱《雍》这首诗呢?这不是抬高自己的地位,蔑视当今的国君吗?"

3.3 【原文】

子曰:"人而不仁,如礼何?人而不仁,如乐何?"

【注释】

(1)用恭敬谦卑慈爱的心体现出来的言行曰仁。 (2)用平和谦虚的心态与人学习共处曰礼。 (3)以自己的所长无私的利己利他叫做德。 (4)以海纳百川之心与万物合二为一,心领神会处于自然之中曰乐。

【诠释】

老师叹息着对学生说:"如果一个人没有仁德之心,他的心中怎么能常存恭敬之心呢?如果没有恭敬之心、怎么会由里到外真诚产生出礼仪用于待人呢?不能用礼待人,怎能在朝野上下为人做事呢？为人处世做不好就会与人产生矛盾,自己他人都会烦恼,怎么能达到仁德之境界,怎能一生有快乐呢？"

【解析】

假如一个人没有仁德之心,就不会存有孝悌之心,自然自身不能心平气和地对待一切人和事物,在他的心里就只会有自己,贪心、怀疑、仇视、计较。这样只能孤独痛苦。

3.4 **【原文】**

林放问礼之本。子曰:"大哉问！礼,与其奢也,宁俭;丧,与其易也,宁戚。"

【注释】

（1）林放：字子丘,春秋时期鲁国清河（今属山东）人,为比干27世孙,传为孔子弟子中的七十二贤人之一,为孔子得意门生。 （2）易：简易。 （3）戚：放弃。

【诠释】

林放躬身施礼向老师请教礼的最初形成及根本作用是什么？孔子回答说:"你问的问题既及时又意义重大啊！就部分礼仪的演变开始,只有太羹玄酒,汙尊抔饮而已（太羹玄酒,可以作为祭品。传说尧吃食物时,没有盐等调味品,称为太羹。玄酒：祭祀用的水。汙尊抔饮,谓掘地为坑当酒尊,以手捧酒而饮）。这叫做本质。先王认为太简略,便制定了各种容器和礼让的仪式,这叫做文。又比如办丧事的礼仪,最初只是伤痛哭泣,思慕悲哀而已,这叫做本质。先王以为太直接,便制定了哭丧的形式,穿戴服制等,这叫做文。这些后来的丧事也好喜事也好,都违背了是在以恭敬感恩之心的前提下来实行礼的。操办婚礼,本为传宗接代,可为了歌舞喧天迎娶凑钱,雇用几十辆车耗费人财,竟一辈子挣的钱还不够,逼得父母走上绝路,媳妇进家了又不孝公婆,两天又离婚了,喜事变坏事,所以宁愿不办,也比这样强。丧事呢?本来已失去亲人该悲痛不已,但来了帮忙的邻居亲戚有说有笑,使得不能起到孝道哀思和传承,不如自己内心真正哀伤、不治办场面。"

3.5 【原文】

子曰:"夷狄之有君,不如诸夏之亡也。"

【注释】

(1) 夷狄:当时古代中原地区的人接受了礼的教化,而较偏远的游牧民族很野蛮,被称为夷狄。谓之不开化,缺乏教养,不知书达理。 (2) 诸夏:周代分封的中原各个诸侯国。泛指中原地区。《左传》闵公元年:"诸夏亲昵,不可弃也。"汉董仲舒《春秋繁露·观德》:"灭国十五有余,独先诸夏,鲁晋俱诸夏也。" (3) 亡:同无。古书中的"无"字多写作"亡"。

【诠释】

老师悲愤地说:"这些年来,夷狄蛮人一直不断地侵犯骚扰华夏,他们确实缺乏教养没有仁德,如果他们再不学仁德道义,即使他们能建立一个国家拥立一个君主,以后还会因故意侵犯华夏、残暴好战而自取灭亡。即使我们这些承传了夏商周三代礼仪的普通百姓没有君主也比他们强。"

3.6 【原文】

季氏旅于泰山,子谓冉有曰:"汝弗能救与?"对曰:"不能。"子曰:"呜呼!曾谓泰山不如林放乎?"

【注释】

(1)旅:祭名。祭祀山川为旅。当时,只有天子和诸侯才有祭祀名山大川的资格。 (2)冉有:姓冉名求,字子有,生于公元前522年,孔子的弟子,比孔子小29岁。当时是季氏的家臣,所以孔子责备他。 (3)汝:你。弗,怎么。 (4)救:挽救、劝阻的意思。这里指谏止。 (5)林放:字子丘,春秋时期鲁国清河(今属山东)人,为比干27世孙,传为孔子弟子中的七十二贤人之一,为孔子得意门生。

【诠释】

鲁国大夫季孙氏想去祭祀泰山。孔子听说后责备冉有说:"你作为他的家臣难道不知吗?祭祀泰山是天子和诸侯的专属礼仪,他目的非为祭拜,而是以此试探国君,而彰显他在鲁国的权势是有野心的。你难道没有察觉劝阻他吗?"冉有紧张地说:"劝过了,不能。"孔子说:"唉啊,这种人真是可悲呀!林放都问过礼的根本,难道他身为大夫不知道自己不能祭拜泰山山神吗?越是这样图谋不轨越是要倒霉的呀!难道还真不如我的学生林放守礼知礼吗?"

【解析】

古时候祭祀的礼节:天子祭祀天地,诸侯祭祀山川。泰山在鲁国境内,更是五岳之首,只有天子和鲁国国君才能祭祀。季氏是鲁国的大夫,也要祭祀泰山,是故意越礼,故意忽视鲁国国君的存在。冉求是季氏的家臣,他当时认为鲁国国君昏庸,而季氏越礼是应该的,所以并没劝季氏,孔子识大局顾国家人民免遭动乱。

3.7 【原文】

子曰:"君子无所争,必也射乎!揖让而升,下而饮,其争也君子。"

【注释】

(1)射:原意为射箭。此处指古代的射礼。 (2)揖:拱手行礼,表示尊敬。

【诠释】

老师耐心地说:"作为君子的心态是没有什么事情可与别人相比的,如果非要找一种事情的话,就比如射箭吧,射箭一开始两人见面先拱手相互施礼问好,然后上场比射,射完后,又拱手相互谦让再退下来,即使自己射的好些,也会谦虚地向对方致谢说,'是你承让我了',然后互让登堂而坐,相互敬酒论道谈心,虽表面比赛技艺,但内心把对方当做朋友一样尊敬,相互学习,这就是所谓的'君子之争'吧!"

【解析】

"君子无所争",指的是个人身心,始终心平气和从不与他人对立,不论遇到什么事情都不为己与之对立,贵在有一颗善良的心。

对事对人彬彬有礼的比赛,是相互学习提升的良好机会,这是竞赛不是竞争,是可取的。至于把它与不正当的竞争对立起来,就会抑制人们积极进取、勇于开拓的精神,成为社会发展的道德阻力。

3.8 【原文】

子夏问曰:"'巧笑倩兮,美目盼兮,素以为绚兮。'何谓也?"子曰:"绘事后素。"曰:"礼后乎?"子曰:"起予者商也,始可与言诗已矣。"

【注释】

(1)巧笑倩兮,美目盼兮,素以为绚兮:前两句见《诗经·卫风·硕人》篇。倩,笑得好看。兮,语助词,相当于"啊"。盼:眼睛黑白分明。绚,有文采。 (2)绘事后素:绘,画。素,白底。 (3)起予者商也:起,启发。予,我,孔子自指。商,子夏名商。

【诠释】

子夏这天跟老师在一起坐着闲谈,想起了《诗经》里的几句话就问老师,说:"'那个人嫣然一笑多么好看哪!美丽的双眼黑白分明是多么招人喜爱啊,嫩白的脸上透着红晕好像圆圆的纹彩。'这几句话是什么意思呢?"孔子说:"这比如绘画一样先要有白底做衬托,然后再在上面画画,才能看得见风景之美啊!"子夏思索着说:"礼是不是也是这样,一开始有人类的时候也不明显,是随着人事的发展而逐渐产生的呢?"老师一听高兴地说:"商啊,你的思维能够时时跟学习连贯起来,能进一步去研究学问,我以后可以同你一起研讨《诗经》了,你真是个善于学习的好学生啊!"

【解析】

做人也如此:本来质地淳朴洁白,一生想达到怎样的人生,都是自己画的做的。

3.9 【原文】

子曰:"夏礼吾能言之,杞不足徵也;殷礼吾能言之,宋不足徵也。文献不足故也。足,则吾能徵之矣。"

【注释】

(1)杞:春秋时国名,是夏禹的后裔(子孙)。在今河南杞县一带。 (2)徵:证明。 (3)宋:春秋时国名,是商汤的后裔,在今河南商丘一带。 (4)文献:文,指历史典籍。献,指贤人。

【诠释】

学生问关于历代继承礼仪的事情,老师说:"从前大禹掌管天下的时候,他的仁慈制度成为夏朝的礼制,我能够大致描述得出,但必须要有后人作为证明才可信。如今夏朝的后裔'杞国',虽然还在但已衰微,保留的典籍和继承的礼仪很少,已不足为证了。从前商汤掌管天下的时候,他的礼制由殷商继承下来,我也大致能描述一些,但如今殷商的后裔'宋国'虽然还在,但也衰微,从典籍和继承礼仪来看也缺乏材料。以上都是以没人很完整地记载礼乐的典籍而造成的。如果典籍充足或者继承礼仪的人能够找到,就能证明我所掌握的多少了?"

【解析】

孔子对夏商周代的礼仪制度等很欣赏,看似是因为缺乏典籍而惋惜,实则担心以后礼是否还能继续延续下去使子孙受益。

3.10 【原文】

子曰:"禘自既灌而往者,吾不欲观之矣。"

【注释】

(1)禘:古时规定(最亲的人故后,三年祭奠一次,称为祫)五年祭祀祖先一次。比起三年的要小一些,由天子带领祭典活动称为禘。(2)灌:禘礼中第一次献酒。 (3)吾不欲观之矣:我不愿意看了。

【诠释】

老师开导说:"古时候父母去世了,天子就要三年一次地祭祀,又要五年一次带着臣民祭拜祖先和天地神灵,很是恭敬虔诚的,慢慢地延续到今天。当年鲁国以周公为先祖实行禘礼,五年一次由天子领着群臣进行,灌是禘礼的第一个步骤,将酒洒于地上以祭天地祖先。今年国家按期祭祀,当我看到第一杯酒洒于地上时我就不愿意再看下去了,大家都像在看表演不以为然,根本没有恭敬心,实在讲是在欺骗祖先,坑害子孙啊!是件多么悲伤的事情。这样做简直就没有任何意义了!我是担心以后哪天就会慢慢变得礼崩乐坏,人与人之间再也不会和谐了。"

3.11 【原文】

或问禘之说,子曰:"不知也。知其说者之于天下也,其如示诸斯乎!"指其掌。

【注释】

（1）禘之说：禘：祭祀。说，理论、道理、规定。禘之说，意为关于禘祭的规定内容有哪些。 （2）示诸斯：像很多东西摆在面前一样看得清楚。

【诠释】

又有人问孔子关于五年一次举行禘祭祖先的规定和本意。孔子苦笑着说："我不知道啊!"然后自语道："知道这种规定的人天下很多，谁又把它重视落到实处了呢？如果当权者只是想了解一下是没有用的。真的知道了去实行了，治理天下就容易了！把礼运用到治理各种事务或国事上，都会像面前摆着一件一件东西一样清楚容易。"他一边说着一边伸开自己的手掌看着。（其实真的用礼治国就像翻转观看自己的手一样清晰容易。）

3.12 【原文】

祭如在，祭神如神在。子曰："吾不与祭，如不祭。"

【注释】

（1）神：人本身身体的一种能量体。在人体中挥发到宇宙中的能量。

【诠释】

老师郑重地说："我们既然要祭祀就要真诚恭敬的祭拜，就要从内心里首先恭敬观想,眼前、身前受忌的人真的站在面前来接受,孝悌的心自然会酸痛,眼泪自然会止不住留下来,受祭的人也就会真的收到了、接受了、知道了。以同样之心祭拜神灵,那么神灵也会到来,那么我们也就尽到心了。"孔子接着又说:"人做任何事情,都应当在内心有虔诚的恭敬心,才会自身受益,我如果不怀着真诚恭敬的心,就不如不搞这次祭典了。"

3.13 【原文】

王孙贾问曰:"与其媚于奥,宁媚于灶,何谓也?"子曰:"不然。获罪于天,无所祷也。"

【注释】

(1)王孙贾:卫灵公的大臣,时任大夫。 (2)媚:谄媚、巴结、奉承。 (3)奥:这里指屋内位居西南角的神。 (4)灶:这里指灶旁管烹饪做饭的灶神。 (5)天:在这指天地,广大百姓。

【诠释】

一天,卫国国君卫灵公的大臣王孙贾来拜见孔子,故意问道:"人家都说与其给奥神说好话,不如巴结奉承灶神,这话是什么意思呢?"孔子说:"我知道你的意思,你的意思是说,像我这样的人要想参政任职推广仁德来达到目的,必须要找像你和卫男子这样的有实权的人,而不要找权位最高的卫灵公,是没有用的,是不是这个意思呢?错了!如果自己做事违背了天理,即使再通过谁也是没有用的!"

3.14 【原文】

子曰:"周监于二代,郁郁乎文哉,吾从周。"

【注释】

(1)监:同鉴,借鉴的意思。 (2)二代:这里指夏代和周代。 (3)郁郁:文采盛貌。丰富、浓郁之意。

【诠释】

孔子考证后说:"周朝的礼仪制度借鉴于夏、商二代,当时用礼乐治国,使得人们生活富裕、精神愉快。多么高尚的文王啊!我一定要继承这仁慈的礼法,以推广仁德礼仪于天下,使人民祥和没有战争之苦。"

【资料】

在西周初年鲁国是周公长子伯禽的封地,也是殷遗民的主要聚居地。当伯禽就国之际,便将大批典章文物带往鲁国,从而使鲁国从一开始就有较高的文化素质,在周王室衰微之后鲁国得以保存较为完整的西周典章制位。以天子为核心的典章制度礼乐文物,不仅给人以肃穆庄重的感染力,还会对周初制度发出由衷的赞叹。孔子正是出生在鲁,从小学周礼,也正是在这种文化时代中,孔子亲身目睹了列国交争,于是愈加感到周礼的重要,认为其是最完善的政治制度和伦理规范。周礼东移鲁国给人民带来利益,于是春秋时代"周礼尽在鲁矣"《左传》。所以"吾从周,坚定了自己一生推广仁德礼仪的决心。"

3.15 【原文】

子入太庙,每事问。或曰:"孰谓鄹人之子知礼乎?入太庙,每事问。"子闻之,曰:"是礼也。"

【注释】

(1) 太庙:鲁国周公庙,即周公旦的庙,供鲁国国君祭祀周公之地。 (2) 鄹:春秋时鲁国地名,又写作"陬",在今山东曲阜附近。"鄹人之子"指孔子。

【诠释】

孔子从小听礼、看礼、学礼,今入太庙,小心翼翼每事谦虚相问,有人就故意嘲讽地说:"谁说那个鲁国的孩子懂得礼呀,他到了太庙里,什么事都要问别人,说明不懂吗!"孔子听说后微笑着说:"正因为太庙里礼数众多,我才要真诚边学边问,这种心态行为本身就是礼呀!怎能不懂装懂不知不问呢?"

3.16 **【原文】**

子曰:"射不主皮,为力不同科,古之道也。"

【注释】

(1) 皮:箭靶子的外皮是兽皮做成的。 (2) 科:等级。

【诠释】

老师说:"胜负不在于射穿那张靶皮,那是因为人的力气大小所致。贵在练习做任何事都要身心合一宁静致远,练心守性才能处事不惊,才是仁者风范最终的胜利者。就像我们平时学习六艺等,贵在练习身心陶冶情操,增长乐趣。同时感知万物亲情,与大自然合二为一才是古之道也！"

【资料】

周朝射是六艺之一，行射礼时，展开一块兽皮做成鹄的样子为目标，不主张射穿其皮，只要射中目标即可。古注上说，凡行射礼，皆射三次，第一次射，但取合礼。第二次射，始取主皮。或谓射穿其皮，或谓中而不穿。第三次射，听鼓乐之节制，则合于乐。三射以合礼乐为上，主皮次之。

3.17 【原文】

子贡欲去告朔之饩羊。子曰："赐也！尔爱其羊，我爱其礼。"

【注释】

（1）告朔：告朔之礼，古时天子在冬季时，以来年每月的政事，定成政令书，古注称为朔政，亦称月令书，颁告诸侯。诸侯受之以后，藏于太庙，自新年一月起，每月朔日，也就是每月初一，供一只饩羊，祭告于太庙，然后上朝奉行。诸侯告朔于太庙之礼，如春秋文公六年公羊传何休注说："礼，诸侯受十二月朔政于天子，藏于太祖庙，每月朔，朝庙，使大夫南面奉天子命，君北面而受之。"此外，天子自己也在每月朔日举行告朔礼。皇《疏》说："礼，天子每月之旦，居于明堂，告其时帝布政，读月令之书毕，又还太庙，告于太祖。诸侯无明堂，但告于太庙。并用牲。天子用牛，诸侯用羊。"春秋记载，鲁文公六年，闰月不告朔，十六年，文公又因疾病，而有四次不视朔。文公以后，鲁君告朔之礼，逐渐由旷而废。后来鲁君虽不告朔,但每月初一,仍由有司送一只饩羊供奉祖庙。子贡认为,告朔之礼既不举行,何必仍供一羊。故欲除去告朔之饩羊。是徒知一羊之可惜,而孔子是惋惜礼的重要啊。 (2)饩羊:祭祀用的活羊。 (3)爱:爱惜的意思。

【诠释】

子贡看到每月初一告祭祖庙时鲁文公都推托有病,或让他人代劳应付一下,还必杀一只活羊来祭祀,心里很是难过,疑问老师是否有必要呢?孔子说:"赐啊!你爱惜可怜那只羊,我也很可怜它。本来祭祀是让人们敬畏祖先、神灵、天地的,同时也是在警醒、警告、暗示自身不要任意妄为,放任行恶,要不然也会像这只羊一样无辜死去,会有因果报应的。可是今天虽然照常宰羊祭祀,而国君及大臣自身不在庄重地尊敬和重视祭祀了,可想国家以后会出现什么后果,首先上至大臣下至百姓就会慢慢藐视天地,无视祖先神灵,无所畏惧任意妄为,从而混乱,所以我更重视爱惜礼的传承啊!"

3.18 【原文】

子曰:"事君尽礼,人以为谄也。"

【诠释】

老师说:"正因为我平时知道了仁德礼仪的重要,所以一切按照礼仪诚恳地对待国君,希望以身作则都来齐心协力扶持国君相安为国,可别人却认为我是在谄媚讨好。因为个别做臣子的心始终没有从内心恭敬国君,没有把国家放在心里,没把各个诸侯大夫当作一家人,也没有尊敬百姓,所以不能团结一心,还会内乱,怎能令他们高兴呢！所以才出现了为所欲为的诸侯称霸，以贪欲祸国殃民。事君以礼是在修正警示自身非邪念为己，是在成就自己的意愿，是在破自己的傲慢，为的是在生活中做到无我之快乐啊！"

3.19 【原文】

定公问："君使臣，臣事君，如之何？"孔子对曰："君使臣以礼，臣事君以忠。"

【注释】

（1）定公：鲁国国君，姓姬名宋，定是谥号。公元前509——前495年在位。

【诠释】

鲁定公继承了昭公之位做了国君，鲁定公听说孔子一向仁德，所以向孔子请教："问君主怎样来管理臣下，臣子怎样来尽职尽责做好本职呢？"孔子回答说："君主应该首先以对待亲人的态度来关爱体贴属下，相信他。不要把他认为成低一等的佣人，应以友爱的心来团结做事。万一有了过错要理解帮助改正。做臣下的更要忠诚君主和国家，绝对不能私立权势膨胀自我，暗搞帮派想另立旗杆。要知国家人民信任之恩，有担当，用为民捐躯精神回报国家。上司有了过错要诚心谏言顾大局，不要背地里议论造谣，尽心为国不辞辛苦，以仁义忠心来回报苍天。"

3.20 【原文】

子曰："《关雎》，乐而不淫，哀而不伤。"

【注释】

(1)《关雎》：这是《诗经》里的第一篇。

【诠释】

老师深情地说："《关雎》这篇诗，不论诗词还是曲调，都优雅柔和，平稳适中，虽然写君子追求心爱之人思念时辗转反侧，寤寐思之的难眠，以及弹琴思念和结婚时钟鼓之乐的欢乐场面，真实地描写了作者淳朴的思想内涵，在思想追求上即愉快又不放荡，既为所求而忧愁又不伤感过度，所以写得很好。要是大家追求仁德都像追求心上人一样用心，那还有什么事情做不成呢？"

【诗经·关雎】

关关雎鸠，在河之洲。窈窕淑女，君子好逑。参差荇菜，左右流之。窈窕淑女，寤寐求之。求之不得，寤寐思服。悠哉悠哉，辗转反侧。参差荇菜，左右采之。窈窕淑女，琴瑟友之。参差荇菜，左右毛之。窈窕淑女。钟鼓乐之。

3.21 【原文】

哀公问社于宰我，宰我对曰："夏后氏以松，殷人以柏，周人以栗，曰：使民战栗。"子闻之，曰："成事不说，遂事不谏，既往不咎。"

【注释】

(1)社：土地神，祭祀土神的庙也称社。　(2)宰我：名予，字子我，孔子的学生。　(3)战栗：恐惧，发抖。

【诠释】

鲁哀公继位于鲁定公后做了国君,就向孔子的学生宰我请教,故意问宰我:祭祀土地神的牌位应该用什么木质呢?宰我回答:"夏朝时用松木,商朝时用柏木,周朝人却喜欢用栗子木。用栗子木的意思是说:使百姓要警醒自身恭敬当权者。"孔子听到后说:宰我啊,你就不用再暗示哀公了,"已经做过的事不用再提了,已经完成的事不用再去劝阻了,已经过去的事也不必再追究谁对谁错了。"

【资料】

哀公问社,据说是哀公想除去三家权臣而不敢明说,因此问宰我,暗示欲诛三桓之家。宰我明白他的意思,同样以隐语答复哀公。"使民战栗"一语,即是答以可诛。孔子听说哀公与宰我的问答,便说:"成事不说。"凡事已成定局,就不必说了。指哀公失政而言。三家专权的局势,形成已久,再说无用,故不需说。"遂事不谏。"遂事,是指三家已经遂心成事。宰我今对哀公进谏,为时已晚,不如不谏。"既往不咎。"既往,是指宰我对哀公之言,虽不适当,然而已经说出,孔子亦不追究宰我了,故云不咎。然而,孔子也曾言于鲁定公,以孟孙氏等三家的都城超过制度为由,下令堕三家之都,为何不许宰我说使民战栗?原因是孔子堕三都,适时之举,宰我之言,不适时宜。

孔子在政治上社会环境和朝廷舆论允许的情况下,才提出削减三家大夫越制都城的方案,只是削减而已,手段比较缓和。在三家大夫已经形成气候之后,便不再提倡对他们采取行动,以维持社稷的安定。宰我政治上比较稚嫩,知道三家大夫专权越制,竟然同意后一代的国君采取强硬手段对付他们的想法,只会导致国家动乱。

3.22 【原文】

子曰:"管仲之器小哉!"或曰:"管仲俭乎?"曰:"管氏有三归,官事不摄,焉得俭?""然则管仲知礼乎?"曰:"邦君树塞门,管氏亦树塞门;邦君为两君之好有反坫,管氏亦有反坫。管氏而知礼,孰不知礼?"

【注释】

(1)管仲:姓管名夷吾,齐大夫,春秋时期的法家先驱。齐桓公的宰相,辅助齐桓公成为诸侯的霸主,公元前645年死。(2)俭:不浪费,廉洁。 (3)三归:相传是三处藏钱币的府库。(4)摄:兼任。 (5)树塞门:树,树立。塞门,在大门口筑的一道短墙,或叫"影避墙"以阻内外视线之用,相当于屏风、照壁等。(6)反坫:古代君主招待别国国君时,放置献过酒的空杯子的土台。

【诠释】

老师说:"有人曾议论或问我管仲这个人肚量小不小?"还有的说:"'不知管仲这个人到底奢侈呢还是廉洁呢?'也有人说:'他家有三处豪华的藏金府库,家里的管家也是一人一职也不兼任。如果真是这样的话怎么谈得上廉洁呢?'又有人问:'管仲知礼吗?'"孔子说:"国君大门口设立照壁,管仲在大门口也设立照壁。国君同别国国君举行会见时在堂上设有放置空酒杯的驻台,管仲也设有这样的驻台。按国家规定臣子家里的装饰是不能跟国君大殿里的装饰一样的！如果说管仲知礼,那么还有谁不知礼呢?"

3.23 【原文】

子语鲁大师乐,曰:"乐其可知也:始作,翕如也;从之,纯如也,皦如也,绎如也,以成。"

【注释】

(1)语:告诉,动词用法。时音乐废缺,故孔子教之。 (2)大师:太师,是乐官名。 (3)翕:意为合、聚、协调。 (4)从:意为放纵、展开。 (5)纯:美好、和谐。 (6)皦:音节分明。 (7)绎:连续不断。

【诠释】

老师在跟鲁国乐官谈论当时音乐的现状时说:"如今先王的音乐还没有完全失传,还可以听得出从开始到结束时的条理。咱们都知道音乐有六律、五声、八音,一首美妙的乐曲一听就很有情感,从开始演奏,各种乐器相互协调合奏,声音繁美;接下来纯情抒发开来,犹如天上的明月之皎洁,音节分明,悠扬悦耳,连续不断,最后达到音人合一的地步才算成功。音乐的道理与为政是相通的,德音雅乐可以颐养人心,靡靡之音可以淫乱丧国,实在是太重要了。鲁大师高兴地直点头。"

【解析】

古时候的礼制有礼乐之称,礼与乐通常是结合在一起的。音乐在启迪激发做人的道理,从而达到育民的目的。所以听一个国家的音乐,就可以预知这个国家的兴衰,靡靡之音盛行,必会影响国民的心态,埋下动乱的种子,德音雅乐有浩然正气,必会振奋人心,治国兴邦,这个道理正在此处。

3.24 【原文】

仪封人请见,曰:"君子之至于斯也,吾未尝不得见也。"从者见之。出曰:"二三子何患于丧乎?天下之无道也久矣,天将以夫子为木铎。"

【注释】

(1) 仪封人:仪为地名,在今河南兰考县境内。封人,系镇守边疆的官。 (2) 从者见之:随行的人见了他。 (3) 丧:失去,忧虑。 (4) 木铎:铜铃中间的木舌。古代天子发布政令时摇它以召集听众。

【诠释】

孔子周游列国,到了卫国的仪邑之地,有一个掌管封疆的官员来求见孔子,对孔子的弟子说:"我向来有尊贤之心,凡是君子来到我管辖的地方,我一定要拜访学习,贤人们也从来不曾拒绝过我。今天我有幸听说夫子来到此地,我不可能见不到吧?"学生们就把他引荐给了孔子。进屋后孔子说:"失礼了,我从来就不敢怠慢任何人,怎能不与大家相见呢?所以我也认识了很多人,跟大家学到了很多知识,脚步走到哪里心里就感激到哪里。"地方官和孔子聊了很久,临分手时说:"在与老师您的交谈中,体会到您有一颗与别人不同的真诚心,一颗爱国爱民之心。我真心期盼您和您的弟子能够早一日参政,为众民谋福祉,现在我就告辞了。"出得门来,叹息着对孔子的弟子们说:"你们几位跟着老师以后不必为没有官位而发愁,天下无道已经很久了,上天早就将你们的老师视为国家的大钟,他的声音就像是上天的号令,各个诸侯怎能不听从呢?老师的思想一直会警醒着世人,诸君也一定会早晚重用像夫子这样的人的,以夫子这样的思想来治理国家,统领人民的,大家放心吧!"

【解析】

孔子在当时已是十分有影响的人了,仪封人见到孔子后,更加认可孔夫子的思想,对孔子佩服至极,也找到了志同道合的君子,希望国家重用贤能人才。但是当时的各国国君却出于私利,不愿孔子在自己的国家推行仁政。怕名声超过自己。以至于怀才之人流落四方,苦于劳顿,春秋之世,再也不能恢复尧舜的盛世了。

3.25 【原文】

子谓《韶》:"尽美矣,又尽善也;"谓《武》:"尽美矣,未尽美也。"

【注释】

(1)韶:相传是古代歌颂虞舜的一种乐舞。 (2)美:指乐曲、舞蹈高雅向善不淫荡。 (3)善:指乐舞的韵律是健康利人的。 (4)武:相传是歌颂周武王的一种乐舞。

【诠释】

自古歌颂盛德传世帝王的乐、舞各不相同,只要听其细节,就可知其当时国家状况及功德。夫子曾说:"舜帝的乐叫做《大韶》,做于尧帝盛世之后,其乐和舞共有九章,极其盛美尽善。舜自幼孝悌谦逊而有天下,所乐心平气和,容于天地之性,受禅于尧。"所以孔子说到《韶》乐曲时说:"情感抒发至美,内容淳朴善良,气势正派宏伟。乐舞奏出神人鸟兽般仙境超然舒雅。武王时的音乐,叫做《大武》,做于武王伐纣,拯救黎民时,共有六章,也是极其盛美的。虽武王伐纣顺乎天理,微有杀伐之气。"所以谈到《武》这一乐时说:"虽然舞乐很美,但好像有些无奈之情。比起韶乐来有所伤感,所以说未尽善。"

3.26 【原文】

子曰:"居上不宽,为礼不敬,临丧不哀,吾何以观之哉?"

【诠释】

老师无奈地说:"居于执政在上位地位的人,如果在上位都不能宽厚仁慈地待人,明知礼仪能使人受益偏自己不效仿、不孝悌、不赞成、不恭敬、不重视,不推广。遇到亲人和他人的丧事都不动情不悲哀,也无慈闵之心,这样的人是会影响朝中大臣的,包括在行政实施上,都会给国家带来不利。我要怎样看待对待这种人呢?大概只能由他自食恶果吧!我是很为之忧伤的!"

里仁篇第四

【本篇引语】

本篇包括26章,主要内容涉及义与利的关系问题、个人的道德修养问题、孝敬父母的问题以及君子与小人的差距。

4.1 【原文】

子曰:"里仁为美,择不处仁,焉得知?"

【注释】

(1)里仁为美:里,住处,借作动词用。住在有仁者的地方最利己。 (2)处:居住。 (3)知:预料。

【诠释】

老师感慨地说:"近朱者赤,近墨者黑,居住的环境和所交的朋友一定要注意。如果能够长期跟有仁德的人住在一起进行学习,将是受益一生的好事,如果你选择的住处或交往的朋友不是有仁德的人,以后就会很快受其恶行影响,会使自己无形之中位与沼泽之地,难于自拔,甚至在不知不觉之中丧失性命,命运将会怎样是难以把握的。"

【解析】

每个人的道德修养既影响自身,又与外界环境有关。重视朋友或环境,非常主要。与有仁德的人住在一起,耳濡目染,都会受到仁德者的影响;反之,就不大可能养成仁的情操了。

4.2 【原文】

子曰:"不仁者不可以久处约,不可以长处乐。仁者安仁,知者利仁。"

【注释】

(1)约:害自己。 (2)安仁:是自己做到仁;利仁,再有利于影响他人学仁。

【诠释】

老师耐心地说:"既然发现了对方是不仁义的人就不要相处在一起了,在一起时间长了就会为了一时高兴而混杂着干一些认为快乐无忧的事,也会受其影响支配。当时做时不在意,结果才知道那是人家预谋好的骗局,在利用你,害了你。所以要跟一位有仁德的人在一起,才会影响你成为仁德之人,而不会害你。跟一位有智慧的人在一起也会使自己受益。只有此二者才能利于大家。"

4.3 【原文】

子曰:"唯仁者能好人,能恶人。"

【注释】

(1) 好：音 hào，喜爱，关爱的意思。作动词。　(2) 恶：音 wù，憎恶、讨厌。作动词。

【诠释】

老师感慨地说："在现实生活中善恶难辨，包括自己对自己都很难评价自己到底是属于哪一类人？只要眼光高远不计自己得失，很容易看出自己及他人到底是善是恶，才能定眼下所为，才知言谈动手举足之对人利害，是否符合人性。就拿一个名叫仁者的人来说：只有自身具备了仁德心，有修养有素质有大爱，利于天下之心的人，才会懂得怎样去亲近亲人，关爱朋友、真心帮助他人来治理国家；怎样去分辨远离那些不法之徒，来制裁整治那些误国害民者，以为国利民。甚至怎样去劝勉那些有能力的君子来接近恶者，从而诱导教育改变他们，使之变回当初的良善本性。"

4.4 【原文】

子曰："苟志于仁矣，无恶也。"

【注释】

苟：假如，如果，我，每个人。

【诠释】

孔子感慨地说："如果每个人从内心觉悟自己，觉悟人与自然万物的关系，就不会变得执着自己了，就会养成仁爱之心，有了仁德之举，就不会再去做邪恶之事了，比如犯上作乱、骄奢淫逸、随心所欲等恶行，天下就没有恶人恶事发生了。而且利于自身及家家户户,都不会受到伤害。相反的,自己固执己利就会伤其对方,对方反击又会害己,循环不已连累亲人,扩散社会每个家庭,是多么危险的事啊!"

4.5 【原文】

子曰:"富与贵,是人之所欲也,不以其道得之,不处也;贫与贱,是人之所恶也,不以其道得之,不去也。君子去仁,恶乎成名。君子无终食之间违仁,造次必于是,颠沛必于是。"

【诠释】

孔子说:"富裕和显贵是人人都想要得到的,但不以正确的道义来正常地迎接它,就不能长久的保持拥有它;贫穷与低贱反倒是人人都不喜欢的,但同样不以仁德之心来辛勤付出改变见利忘义之举,同样也不能摆脱贫穷的现状和卑贱的行为,还是让人瞧不起。君子做事如果离开了仁的思想,很快就会恶名昭扬,无人敢于接近。所以君子从早到晚都不敢有半点懈怠背离忘记仁德之心,一大意或高兴得忘乎所以的时候,必然会把事情搞砸,深陷泥潭。即使命运在处于颠沛流离的时候,也一定要按照仁德来处事,才能保全自己的生命。"

4.6 【原文】

子曰:"我未见好仁者,恶不仁者。好仁者,无以尚之;恶不仁者,其为仁矣? 不使不仁者加乎其身,有能一日用其力于仁矣乎? 我未见力不足者,盖有之矣,我未之见也。"

【注释】

尚：上。高出。

【诠释】

孔子说："我没有见过仁德的人去厌恶不仁德的人。一个具备仁德的人，是不会自身高傲认为是在他人之上的；如果一个自称仁者的人去厌恶一个不仁的人，怎么能称得上是仁者呢？要不想使自己的不义之举造成不仁德的名声，就要每日用心省察自己，是否出于道义之心，怎能一下就能达到仁德的境界呢？我还没有见过既想达到目的又即使努力也达不到的人，就算是有，我还从来没有见过。"

【解析】

孔子特别强调个人道德修养，仁德在人身心所起的作用，主要还是要靠个人自觉地努力，因为只要经过个人刻苦地努力，是完全可以达到仁者之能力的。

4.7 【原文】

子曰："人之过也，各于其党。观过，斯知仁矣。"

【诠释】

老师说："一般情况下，一个人所犯的错误，总是跟他那个环境或在一起的人有关。研究一个人所犯的错误，就知道他和他所在的环境周围,所结交的人是不是具备仁德之人。"

【真实生活因果】

在给很多人治疗各种疾病的经验中,前因导致后果非常严重:母亲行为放荡,部分孩子也是。大人行善积德,孩子也爱助人。大人滔滔不绝,孩子话语连天。大人心怀恶意尖刻成性自高自大,孩子成了口吃或呆傻等。所以父母不要找外缘,要找自己的毛病,改自己的缺点,自己的孩子才会转好。所以一定要洁身自好心怀慈爱,行为示范树立良好的道德形象才能真正的利益自己的子孙。

4.8 【原文】

子曰:"朝闻道,夕死可矣。"

【诠释】

孔子感慨地说:"人的一生有很多无奈和痛苦烦恼,还有许多解不开的生死之谜,及当今的还未推广各诸侯国的仁政治国大道。假如有一个人早晨就告诉我这些生而为人应该在世间怎样做,怎样解决痛苦烦恼生老病死,怎样快速地推广治世大道,及大自然的详细奥秘是什么?那么即使我晚上离开了人世也是知足幸福的。"

【解析】

人的一生重要的是知足快乐幸福,没有烦恼,但找不到解决烦恼之法,会时时不如意,困苦一生。如早早懂得了大自然之道理就不会郁闷。

4.9 【原文】

子曰:"士志于道,而耻恶衣恶食者,未足与议也。"

【注释】

士:有志气的人称为士。

【诠释】

老师说:"对于一个想有上进心的人来说,就应该把握住时间的流逝,把身心用在长养德行上,如果还以吃穿名利与他人攀比的话,他是不会有什么远大志向的,因此我再给这种人谈事论道就没什么必要了。"

4.10 【原文】

子曰:"君子之于天下也,无适也,无莫也,义之与比。"

【注释】

(1) 适:音 dí,意为亲近、厚待。 (2) 莫:疏远、冷淡。 (3) 义:适宜、妥当。 (4) 比:亲近、相近、靠近。

【诠释】

老师眼光炯炯有神地说:"君子之所以立于众人之上,让人人仰慕,是因为他做事没有固定不变的模式,也没有要求固定地认为该怎样做,随顺情况而合理处置。但只要是遇到众人困难的事,都会去承担去适从,尽心尽力帮助大家,从来没有固定的厚薄亲疏,只是按照做人的本分去利他而已,没有得失之心。"

4.11 【原文】

子曰:"君子怀德,小人怀土;君子怀刑,小人怀惠。"

【注释】

(1)怀:思念。 (2)土:乡土。 (3)刑:法制惩罚。

【诠释】

老师说:"君子心中常常装着的是道德信誉,而小人时常想的是自己的家庭小利益;君子会时常约束自心怕招致刑罚,而小人经常对自己的行为忘乎所以,遇事只考虑对自身能有多少利益。这样就会框住骗住自己的心念,使之做事狡诈,造成对立矛盾伤害对方,结果对方都不与之交往反而一生败落。"

4.12 【原文】

子曰:"放于利而行,多怨。"

【注释】

(1)放:过分,贪求。 (2)怨:怨恨。

【诠释】

老师说:"如果自己做任何事情都为贪求利益而做,就会招致与你相处的所有人的积怨和愤恨,自己以后还能与人处事发展吗?"

4.13 【原文】

子曰:"能以礼让为国乎,何有? 不能以礼让为国,如礼何?"

【注释】

(1)何有:全意为"何难之有",即不难的意思。 (2)如礼何:这怎么符合人情事理呢?

【译文】

老师说:"(现在诸侯各国众多,大家能在一个地球上生活已经很不容易了,其实都是一个祖先的子孙,只不过年久水土所养有所差异,生活在各地而已。都是一家人,一样的身体心脏四肢大脑,何必非要你争我夺呢?)如果人与人之间,种族与种族之间,国与国之间,人与自然之间,能以礼让相互对待,人世间还有什么困难的事情呢?

如果自己都不能与他人诚实相交,放不下名利,不能约束战胜自己狂妄粗野自私的心,不认错,不礼让,即使再想把自己的国家建设好,再去以计谋故意干涉侮辱侵犯,给他人他国制造矛盾,即使独立强大,再为了自己把别人他国毁坏掉,想称霸诸侯世界,又怎会让自己的臣民信服?怎能来治理自己的朝政,怎会建设好自己的家园呢?不以和谐人类大局之心为重,谁敢跟你这样一个禽兽不如之人和谐相处呢?任你领导支配呢?谁敢保证你这样做不会走上背叛人类背叛人伦道义的自取灭亡的绝路呢?"

4.14 **【原文】**

子曰:"不患无位,患所以立;不患莫己知,求为可知也。"

【诠释】

老师微笑着劝谏我们说:"大家不用整天忧虑以后没有前途甚至怕没有官位,应该担心每日自己放任自己不努力学习,不学仁德修养就没办法立足社会。不要害怕自己学习仁义会遭人遗弃,怕不适合时务,不了解自己。只求自己有真才实能,到时候自然会受人重用,敬佩。"

4.15 【原文】

子曰:"参乎,吾道一以贯之。"曾子曰:"唯。"子出,门人问曰:"何谓也?"曾子曰:"夫子之道,忠恕而已矣。"

【注释】

参:指的曾子。

【诠释】

一天老师问:"曾参啊,自从大家来跟我学习,我给大家讲了那么多知识道理,其实里面有一个最根本的中心方法会达到一生受用的,你应该知道是什么吧?"曾子说:"是的,老师我谨记在心。"孔子说:"那我就放心了。"说着缓缓地走了出去,旁边的同学好奇地问曾子,老师说的那个一生都受益的到底是什么意思啊?曾子说:"老师自始至终讲的都是做人的道理,只有把人做好树好了才能生存立业。而做人主要就是两个字:'忠恕'。忠:天地以无私滋养万物,人以忠上孝下悌待人接物,无事不成。恕:宽他责己,厚待万物,严省责察自心,万事则备。有了任何不如意的事只要用'忠恕'来行事,全能解决达到愿望。"

里仁篇第四 75

4.16 【原文】
子曰:"君子喻于义,小人喻于利。"

【诠释】
老师这天慎重地说:"君子并非视财物如粪土,只是重在用道义正常换取。然而君子做事重在以仁义对人、助人,看中的不是利益,所以君子像仁义的化身诚实刚强;小人做事往往是见钱眼开不择手段,以利益为目的,软弱鼠心躲躲藏藏,所以就比喻是唯利是图的小人。君子始终明白仁义道德的底线是不可逾越的,越不越过越舒心。小人每天只想着自己的小利小惠,越这样想越烦闷。"

【解析】
孔子认为,利要服从义,要重义轻利,一味追求个人利益,就会犯上作乱,危害国家破坏秩序。所以,把只想自己利益不顾他人的人视为小人。

4.17 【原文】
子曰:"见贤思齐焉,见不贤而内自省也。"

【诠释】
老师说:"见到那些有才能、对人又爱护又仁慈、又举贤纳才的人,我们马上要向他学习而不要嫉妒,要学习他的做人态度,还能帮助社会净化人心。我们见到不足的或不道德的人,也不要嘲笑或恼恨他,要当成戒师反省自我,引以为戒,找出相似之微细处,去掉自身瑕疵以免扩大害己伤人,以弥补不足力争取完备自身,成为一个谦谦君子。"

4.18 【原文】

子曰:"事父母几谏,见志不从,又敬不违,劳而不怨。"

【注释】

(1)几谏:几,轻微、婉转的意思。谏,旧时指对君主、尊长的言行提出批评或劝告:规谏、进谏、建议。 (2)劳:忧愁、烦劳的意思。

【诠释】

老师说:"在生活中侍奉父母,如果发现父母有不对的地方,要委婉地劝说并帮助父母想出解决的方法,运用一些缓和的办法或再让智者来帮助达到孝亲的目的是最好的。如果自己的意见及办法表达了,父母不采纳,还要恭敬地先放一放不着急,不要翻脸顶撞离家出走逆反长辈,以免使长辈伤心难过,再苦再累再冤枉的事情也要替父母着想,尽心劳作,不怨恨恼怒任何人,以免双双悔恨难过受伤,这才是做儿女的本分事。好事多磨不愉快的事会变好会过去的。一句话:人有善念天必佑之,绝不虚言。"

4.19 【原文】

子曰:"父母在,不远游,游必有方。"

【注释】

(1)游:去远方。 (2)方:一定的地方。

【诠释】

老师寓意深长地劝告学生:"我们的父母渐渐老了,做子女的常常因各种事物缠身,甚至与父母对立而忽略了亲情,没有能及时理解照顾好父母,就远离家乡了。等后悔的时候已不知过去了多少时日,所以尽量不为名利去长期远游,以免做父母的伤心得疾。如果父母确实有人照料不需要照顾,再经同意出门做事,也必须告知事情与方位时间免得父母惦念,家中有事也好联系,所以游必有方。名利一切事情都不重要,都能轻松得到,唯失去父母万古不复。所以我们定要斟酌此事于当下,莫等日后后悔了,把泪哭干了,再呼唤天地,都是太迟了,太无力了!"

4.20 【原文】

子曰:"三年无改于父之道,可谓孝矣。"

【注释】

本章内容同于《学而篇》1·11章。

【诠释】

老师感叹地说:"假如这个孩子在父母去世后的几年里,为了继承父母的正确遗志,不怕艰辛努力去做,并把父母生前想完成、未完成的事业扩展得更能利于百姓国家,那么这个孩子真的算得上是尽到孝心了。"

4.21 【原文】

子曰:"父母之年,不可不知也。一则以喜,一则以惧。"

【诠释】

老师回想起自己的母亲深情地说:"父母的年纪渐长,要时常操心不可轻视怠慢,早晚春夏秋冬细望。一则是为父母的长寿而高兴,因为他们健在时如日照大地儿女温暖,辛勤劳作才有了这个家,今天能够健康地活着就是全家福寿了。膝下的儿女也都会因爷爷健在而孝敬父母,家里才会出现天伦之乐,掌上明珠。而且全家因孝敬老人会稳如泰山,不遭横祸,所以是全家之洪福啊!二则为他们的年长体衰而担忧,如果他们不在了,子女再有天大的本事,满世界的金钱也换不回亲生父母的爱戴和关心。"

4.22 【原文】

子曰:"古者言之不出,耻躬之不逮也。"

【诠释】

老师深思着说:"古时的先人们从不轻易把话提前说出口,无论是做事还是承诺担当,因为他们怕自己说出口的事情到时候做不到,怕遭人嘲笑羞辱,所以经常谨慎做事。有把握了、直到很成熟完备了需要讲时才说出来。有时大意了反而使自己及全家丢掉性命,也免得使国家蒙蔽羞辱陷入亡国的危险。所以一个人必须得从小学习仁德修养才能成为一个完备的人,要不就会成为看似表面完美而实质是残缺不全的人。"

4.23 【原文】

子曰:"以约失之者鲜矣。"

【注释】

(1)约:约束。这里指"约之以礼"。 (2)鲜:少的意思。

【诠释】

老师耐心地说:"在日常生活中时常用礼义仁德来约束自己的人很少。如果从内心起心动念开始觉察,不符合礼的不要看,看了就会扰乱心志不符合礼的不要听,听了就会产生愤慨而乱讲话;不符合礼的不要说,说了就会引起别人犯罪;不符合礼的不要做,做了就会害己害他,跟随就会上当受骗,使自己亲人受害,使社会变得淫乱。做到了以上四点,犯错误的人自然就会少了,仁德的人自然就会多了。"

4.24 【原文】

子曰:"君子欲讷于言,而敏于行。"

【注释】

(1)讷:迟钝。这里指说话要谨慎。 (2)敏:利于的意思。行,行为、快速做事。

【诠释】

老师再三叮嘱说:"君子说话前一定要三思,慢、稳、谨慎,才能处事稳妥。尤其在各种场合下情况不一,有半句话不适场合、不适时机,或说多了不谨慎了就会酿成各种事端及大患,不敢信口雌黄。所以要谨慎言语方能利于身心,行动才能快速办事才能稳妥。"

4.25 【原文】

子曰:"德不孤,必有邻。"

【诠释】

老师遥望着远方深情地说:"一个具备仁德之人一定会有很多真切的朋友。在自己正处于困难的时候,有人无私地帮助了你,这就是仁德之举,不值得你感激喜欢尊敬吗?所以受益的人会成为善行加入者,拥戴者会越来越多,有德者是不会孤立的,真正志同道合的朋友亲人会越来越多,何愁天下不太平呢!"

【解析】

好人在现实中表面看似很难立足,很孤单,而恶人看起来很多,很强势。但实质上邪不压正,小人再多但心中常恐惧犹如过街老鼠仓皇而逃,人人厌恶喊打。自古都是有德者威严耸立安邦定国,流芳百世,美名天下,子孙昌盛。反之身败名裂,殃及子孙,冤枉一生悲惨一世。

4.26 【原文】

子游曰:"事君数,斯辱矣;朋友数,斯疏矣。"

【注释】

(1)数:屡次、多次,引申为繁琐的意思。 (2)斯:就。

【诠释】

　　子游在观察了大臣们在进谏国君时的行为后总结出:"要进谏参政,首先要熟悉君主的时间安排,汇报政务时首先自己心里不要存私利,要公正、以事实相告。从言语上要温和、简洁明了。从态度上要谦卑尊敬,提前要想到,不怕谴责和侮辱;对待朋友也一样,劝人时也不过三次,太热心了对方就会误会你,招人烦,疏远你。所以非得等到他自己的所作所为结成苦果的时候,也就是反作用力出现了,他才会认识到自己的错误,才会到处求人,那时再帮助他他才会听你的。有些事你看着他可怜但他不到觉醒的时候,不认你,所以有时主动反倒会伤害双方的感情。"

公冶长篇第五

【本篇引语】

本篇共计28章,内容以谈论仁德为主。在本篇里,孔子和他的弟子们从各个侧面探讨仁德的特征。此外,本篇著名的句子有"朽木不可雕也。粪土之墙不可杇也";"听其言而观其行";"敏而好学,不耻下问";"三思而后行"等。

5.1 【原文】

子谓公冶长,"可妻也。虽在缧绁之中,非其罪也。以其子妻之。"

【注释】

(1)谓:对某人说到,告诉,评价。 (2)公冶长:孔子的弟子,姓公冶名长,齐国人。 (3)缧绁:捆绑犯人用的绳索,这里借指牢狱。 (4)子:古时无论儿、女均称子。

【诠释】

孔子谈到自己的学生公冶长时说:"他平日里德行很好,有资格找一位夫人,他虽然曾经被关在牢狱里,但他并没有犯罪呀!他跟我女儿也志同道合,我就把女儿嫁给了他!"

【资料】

孔子对待婚姻,注重仁德品行不看门户。据说公冶长懂鸟语,一次公冶长从卫国返回鲁国,路上听到很多鸟在奔走相告,说:"快去清溪吃死人肉啊!"不久,见到一位老妇人在路上哭,公冶长问她怎么了,她说:"我儿子前几天出去,到现在还没回来,估计是凶多吉少了,只是生不见人,死不见尸,怎么办才好呢?"公冶长说:"刚才我听到鸟说,要去清溪吃肉,要不你去看看?"老夫人赶去清溪,果然看到她死去的儿子,回家以后就对村官如实禀报了这件事。村官便以杀人罪拘捕了公冶长,下入大狱。公冶长解释自己会鸟语,狱官就想试验一下真假。在公冶长下狱第六十天的时候,听见有小鸟在监狱的墙上唱:"白莲河边,米车覆翻,收之不尽,往食勿延。"狱官派人去看,果有此事。后来又让他听猪和燕子的话,每次都能验证,于是便释放了公冶长。

5.2 【原文】

子谓南容,"邦有道,不废;邦无道,免于刑戮",以其兄之子妻之。

【注释】

(1)南容:姓南宫名适,字子容。孔子的学生,通称他为南容。(2)道:是说国家的政策符合人民的利益。 (3)废:废置,不任用。 (4)刑戮:刑罚。

【诠释】

孔子在谈论到学生南容时说道:"我的子弟当中,有个叫南宫子容的,他读到《白圭》这首诗的时候,禁不住反复读了三遍。他平日里一向谨言慎行,是个有德的君子。遇到国家重用人才、剔除奸党惩治腐败奸臣的时候,他就不荒废自己出来为政做官,尽心施展自己的才华以辅助国家;当国家混乱不以贤德人才为重,反以小人当道之时,他也可以谨慎做事避免跟小人发生冲突,以免遭到陷害而沦落受刑,所以我就把自己的侄女嫁给了他,也好有个人照顾他的生活。"

【解析】

上两篇里,老师把女儿侄女嫁给相同又不同的两个学生,以仁者见仁智者见智的眼光,只重视的是仁德,不考虑以后。事情看似很小,今人不同:定亲又看权势贵贱、门当户对、财产金钱多少、是否有养二老负担、兄弟姐妹几人等。既如此能保证女儿,别说一生,就说半生,几年时间,能幸福吗?想想吧!不要糊涂了。谁像夫子一样如此去想,如此去做呢?怪哉怪哉!

5.3 【原文】

子谓子贱,君子哉若人,鲁无君子者,斯焉取斯。

【注释】

(1)子贱:孔子弟子,姓宓名不齐,字子贱。生于公元前521年,比孔子小49岁。 (2)若人:这个,此人。 (3)斯焉取斯:斯,此。第一个"斯"指子贱,第二个"斯"字指子贱的品德。

【诠释】

孔子在说到学生子贱时说:"君子呀子贱做到了,他勤奋好学,精进严谨善于思考。他一直在鲁国参学,如果鲁国没有君子的话,那他是从哪里学到这种品德的呢?所以鲁国更应该在全国重视宣扬道德礼仪的学习啊!"

5.4 **【原文】**

子贡问曰:"赐也何如?"子曰:"汝,器也。"曰:"何器也?"曰:"瑚琏也。"

【注释】

瑚琏:古代祭祀时盛粮食用的器具。

【诠释】

子贡躬身施礼问老师道:"老师,你看学生我端木赐这段时间学习的进度如何啊?"老师说:"你呀,目前好比一个器皿。"子贡疑惑地又问:"好比一个什么器皿啊?"老师回答说:"就像祭祀时用于盛粮食的瑚琏一样既实用贵重又使人尊敬,就是内心既有真才实学做起事来又能大小皆可。"子贡不好意思地说:"老师过奖了,我还很差,请老师多多指教才是。"

5.5 **【原文】**

或曰:"雍也仁而不佞。"子曰:"焉用佞?御人以口给,屡憎于人,不知其仁。焉用佞?"

【注释】

(1)雍:姓冉名雍,字仲弓,生于公元前522年,孔子的学生。(2)佞(ning):能言善辩,花言巧语,有口才。 (3)口给:言语便捷,嘴快话多。 (4)不知其仁:不知道仁德的概念。

【诠释】

有人说:"冉雍这个人虽然有仁德,但遇事不会善辩也不会花言巧语。"孔子说:"有仁德就足够了,何必还要能言善辩呢?自己没有真才实学,靠伶牙俐齿和人辩论,反倒会常常招致别人的讨厌。如果那个人不知道具备仁德的好处,你就是再能言善辩地劝他,甚至靠这些伶牙俐齿来欺骗他人,也是无济于事的,非得这样吗?"众人一听确实如此频频点头。

5.6 【原文】

子使漆雕开仕。对曰:"吾斯之未能信。"子说。

【注释】

(1)漆雕开:姓漆雕名开,字子开,一说字子若,生于公元前540年,孔子的门徒。 (2)仕:旧称做官,出仕,仕途。(3)说:同"悦"。 (4)斯:这,这个,这里乃,就。

【诠释】

孔子想让学生漆雕开去做官,对漆雕开说:"你学习的知识差不多了,可以为官一方,能为国家做事了,去做官吧?"漆雕开回答说:"老师啊,目前我感觉我知识学得还很少,当我遇到事情时,还是感觉不能把知识灵活地运用到当下,对于国之谏束还不通达明了,我自身认为知识还不能纯熟。如稍学即满急功近利就不能精研学问,可能就会搞不成大事,所以对做官这件事目前还没有信心,还没有能力和把握。"孔子听了很高兴地说:"学生之中难得有你这样的想法啊!你既然有这种学习态度一定会学业有成的!"

【解析】

　　孔子主张学生"学而优则仕",学到了知识,就要去发挥才干,而做官更能造福百姓。漆雕开谦虚的晚点再做官还想跟老师继续学习的态度,正是学习成功的原因,所以孔子很高兴。

5.7　【原文】

　　子曰:"道不行,乘桴浮于海,从我者,其由与!"子路闻之喜。子曰:"由也好勇过我,无所取材。"

【注释】

　　(1)桴:用来过河的木筏子。　(2)从:跟随、随从。

【诠释】

　　老师感叹着说:"目前我所走过的诸侯国都说仁政建国好但实际不去做,如能以政府来推广,国家就会上泽天地下泽黎民,如果我再没有能力在某地推广仁政,我就打算乘上木筏子飘到海外各地去倡导算了,总会有喜欢的国家和君王,那么各个诸侯国就会效仿,人民将会变得和善,天下就不会再有战争了。假如能跟从我去的大概只有仲由吧!"子路听到这话很高兴。孔子又诚恳地说:"仲由的好勇超过了我,他的忠义是其他人无法比拟的。"

【解析】

孔子在当时社会,提倡先祖思想德政礼制,但很多诸侯明知是治国根本,但放不下自己的骄奢淫逸。所以很多国家任用孔子,但实际不想在国内实质性的推行德治,所以孔子想到海外去弘扬道义。"无所取材"不是说子路学问真的不行。子路拜孔子为师始终侠肝义胆舍身相护,其"忠义"无人能比,老师十分明白。此句暗示感叹做学问的人,为了名利、荣华富贵而学,学成了浮华、保身的小人,没有了侠肝义胆忠心仁德,苟且偷生,活着也是难以利国利民,无用之辈愧对天地。

5.8 【原文】

孟武伯问子路仁乎?子曰:"不知也。"又问。子曰:"由也,千乘之国,可使治其赋也,不知其仁也。""求也何如?"子曰:"求也,千室之邑,百乘之家,可使为之宰也,不知其仁也。""赤也何如?"子曰:"赤也,束带立于朝,可使与宾客言也,不知其仁也。"

【注释】

(1)赋:兵赋,向百姓征收的军事费用。兵。交给,给予。

(2) 千室之邑，邑是古代居民的聚居点，大致相当于后来城镇。有一千户人家的大村子。 (3) 百乘之家：指卿大夫的土地，当时大夫有车百乘，是土地中的较大者。 (4) 宰：家臣、总管。
(5) 赤：姓公西名赤，字子华，生于公元前 509 年，孔子的学生。
(6) 束带立于朝：指穿着礼服立于朝廷。 (7) 宾客：指一般客人和来宾。

【诠释】

　　这天鲁国的孟氏孙孟武伯前来拱手问孔子说："子路具备仁德了吗？"孔子说："我作为他的老师不好说。"孟武伯又问："子路有什么其他本领吗？"孔子说："仲由啊，在拥有一千辆兵车的国家里，可以让他管理军事，国家应该很安全稳定，至于是否具备仁德你自己考虑吧。"孟武伯又问："冉求这个人怎么样？"孔子回答说："冉求，可以让他在一个有千户人家的土地或有一百辆兵车的国家里当总管，应该管理得井然有序，但我也不能直接说他是不是做到了仁。"孟武伯又问："公西赤怎么样呢？"孔子说："公西赤嘛，可以让他穿着礼服，站在朝堂上，接待贵宾，外交会很畅通友好，我也不知是不是做到了仁，你自己考虑吧。"

【解析】

　　在这段不难看出，孔子对评价自己的学生很谨慎、不自夸，说实际能力。"子路"一个能保卫忠于国家的人就是让君人民放心的人，不背叛国家的人。"冉求"能在一个国家里当总管的人，就是无私于己的人。"公西赤"能当国家外交官的人就是一心一意为自己国家发言之人。此三人不具备仁德吗？所以老师说不知，让人家去评价吧！

5.9 【原文】

子谓子贡曰:"汝与回也孰愈?"对曰:"赐也何敢望回?回也闻一以知十,赐也闻一以知二。"子曰:"弗如也。吾与汝弗如也。"

【注释】

(1) 孰愈:孰,什么。比某人怎么样。愈,胜过、超过。 (2) 十:指数的全体,旧注云:"一,数之数;十,数之终。" (3) 二:旧注云:"二者,一之对也。" (4) 与:赞同、同意。 (5) 弗:不。

【诠释】

这天孔子跟子贡在聊天,说:"你和颜回你们两个在学习上相比谁更好一些呢?"子贡回答说:"老师啊!我怎敢和颜回相比呢?颜回自入学堂以来,刻苦努力勤快朴实,听老师讲一件事就可以推知十件事;我呢,顶多也只能举一反二。"夫子感叹地说:"你是不如他呀,我与你的想法一样,是不如他呀!我之所以问你,是想提醒每个学生都要有自知之明了解自己,取长补短,希望我的弟子都能像颜回那样,刻苦学习灵活所用,学有所成啊!"

5.10 【原文】

宰予昼寝,子曰:"朽木不可雕也,粪土之墙不可杇也,于予与何诛"。子曰:"始吾于人也,听其言而信其行;今吾于人也,听其言而观其行。于予与改是。"

【注释】

(1) 粪土：腐烂的土或粪便。指这些堆积成型也很难也不牢固。 (2) 杇：不能用的意思。这里指用粪土堆墙。 (3) 诛：意为责备、批评。 (4) 与：语气词。

【诠释】

宰予这个学生白天经常睡觉，孔子对此事惋惜地说："我常劝其不听，这真好比腐朽的木头无法再雕刻了，粪土垒的墙无法见雨水啊！对于宰予这个人，责备还有什么用呢？他自己对于知识提不起精神来，自身懒散也是有原因的吧！起初我对于人，是听了他说的话便相信了他的行为。现在，我对于人哪，是听了他讲的话还要观察他的行为，才能基本了解一个人的所作所为。首先我要感谢宰予，是在宰予的身上我学到了这点哪。"

5.11 【原文】

子曰："吾未见刚者。"或对曰："申枨。"子曰："枨也欲，焉得刚？"

【注释】

(1) 申枨：姓申名枨，字周，孔子的学生。

【诠释】

孔子感慨地说："这些年来我还没有见过真正刚强的人。"有人就说："你的学生申枨好像就是个刚强的呀。"孔子说："申枨这个学生是因为欲望多，外表显得很精神似刚强，其实看似刚强是欲望驱使原因,长期下去会使人精神散失,失眠精神崩溃,事事不如意,就会变得沮丧,身心混乱,痛苦烦恼,怎能算是刚强呢?又怎能得到刚强呢?只有欲望降低为一念心静,静则生定,定生慧,自会无欲则刚。随着年月地流失智慧地集聚,我认为,欲望多的人,是不具备'刚'的。'刚'是以无我无私以道德仁义充盈自身的人,才能体现出由里到外'刚'的气质来。我不反对人有欲望,但不合理的私欲会把自己的'刚'磨灭掉,致使不能成为有崇高理想的君子,更别提刚了。"

5.12 【原文】

子贡曰:"我不欲人之加诸我也,吾亦欲无加诸人。"子曰:"赐也,非尔所及也。"

【诠释】

子贡说:"有的人处于好心,有的人直接强迫你接受他的意愿,结果就会产生矛盾和对立。比如我自己,不愿意让别人的想法强加在我身上,我的想法也不愿强加在别人身上,别人肯定会怨恨烦躁。包括父母兄弟之间都是一样的道理,何况别人呢?"孔子说:"赐呀,你说的很对,但目前社会这种现象你还改变不了。要想避免这些矛盾其实很简单:如果大家都在做事前先考虑是否为己之利有所图来劝人?有,对方必厌烦,就不要做了,考虑成熟再与人沟通便可。当自己遇到此事时,先理解后推脱,如果事事谨慎,哪有怨恨呢?"

5.13 【原文】

子贡曰:"夫子之文章,可得而闻也;夫子之言性与天道,不可得而闻也。"

【注释】

(1) 文章:这里指孔子传授的诗书礼乐及总结出的知识教授给学生的。 (2) 性:人的本性,那个本来无善无恶、无矛盾对立无分别的,就是性。《阳货篇》第十七中谈到性。 (3) 天道:大自然的规律、现象,总结出来给人的启发。《论语》书中孔子多处讲到天和命。

【诠释】

子贡说:"老师讲授给我们所有的知识'礼乐诗书',就是从孝悌做人到生活中的修养,非常实用,靠耳听是能够学习的;当老师讲授人性与天道的义理时,很生动解惑,但光靠耳听是不行的,我们必须从心性上下功夫,再去认识自然、体悟自然,有朝一日才会身心明亮、才能切入本性之根源。我很感激老师能够讲授这些!"

5.14 【原文】

子路有闻,未之能行,唯恐有闻。

【诠释】

子路在平时学习的时候有一个非常好的特点,那就是听到老师讲到一则道理时,还没有能亲自实行好的时候,就不去学习新的知识,唯恐听的多了忘记了,力行不到实际生活中,反而让自己变得浮华起来,那就害了自己。大家看子路是多么认真细致的一位学生啊!

【解析】

在这段中,明显看出子路不是像有些人说的有勇无谋的粗夫,而是粗中有细的大丈夫,所以千万不要听是非看表面,要重视学习体会而不是眯着眼乱评判。

5.15 【原文】

子贡问曰:"孔文子何以谓之文也?"子曰:"敏而好学,不耻下问,是以谓之文也。"

【注释】

(1)孔文子:卫国大夫孔圉,"文"是谥号,"子"是谦称。
(2)敏:敏捷、勤勉,理解问题快。

【诠释】

子贡问老师:"为什么大家给卫国大夫孔文子一个'文'的谥号呢?"孔子说:"有爵位的人根据生前所爱好所做的事,是善是恶,是贤是不贤别人都会给他起一个'号'。他身为大夫,聪敏勤勉而好学,常常不管遇到各种人物年龄大小,即使普通老百姓,要饭的,不管职位高低,都要去学习请教,对人一视同仁,心怀慈悯,所以大家给他起了一个'文'的谥号。"

5.16 【原文】

子谓子产有君子之道四焉:"其行己也恭,其事上也敬,其养民也惠,其使民也义。"

【注释】

子产:姓公孙名侨,字子产,是郑国大夫,做过正卿,是郑穆公的孙子,为春秋末期时郑国的贤相。

【诠释】

孔子评价郑国大夫子产有四种美德:"他是个贤臣,他自己严于律己待人谦和。对待君主忠心恭敬。对于百姓,想尽办法调理生产使之富裕,并重贤选德加以任用,始终以百姓的利益为前提让大家受益、明理!"

【解析】

本章孔子讲的君子之道,也是为政之道。子产在郑简公、郑定公之时执政 22 年。其时也是于晋国国君:悼公、平公、昭公、顷公、定公五世之时。于楚国国君:共王、康王、郏敖、灵王、平王五世执掌之时。正是晋、楚两国争强、战乱不息的时候。郑国地处要冲,而周旋于这两大国之间,子产却能不低声下气,也不妄自尊大,使国家得到尊敬和安全,的确是中国古代一位杰出的政治家和外交家。孔子对子产的评价甚高,认为治国安邦就应当具有子产的这四种美德。

5.17 【原文】

子曰:"晏平仲善与人交,久而敬之。"

【注释】

(1) 晏平仲：名婴，也叫晏婴，齐国的贤大夫。年长于孔子，是同时代的人。《史记》卷六十二有他的传。"平"是他的谥号。
(2) 久而敬之："之"在这里指晏平仲。

【诠释】

老师说："我见过齐国的大夫晏婴，他平时喜好诚心诚意地与人交朋友，只要听说哪位贤德就去拜访学习，相识久了，大家都感觉他特别谦虚有礼，不但诚实还扶危济困，即使老弱鳏寡也一样相待，时间久了别人更加尊敬他了。"

【解析】

有些人表面善与人交，实则心藏私利，随时间推移便显露出他的阴谋诡计。孔子在这里称赞齐国大夫晏婴，也是希望大家向晏婴学习。

5.18 【原文】

子曰："臧文仲居蔡，山节藻梲，何如其知也！"

【注释】

(1) 臧文仲：姓臧孙名辰，"文"是他的谥号，鲁国人。因不遵守周礼，被孔子指责为"不仁"、"不智"。 (2) 蔡：国君用以占卜的大龟。蔡这个地方产龟，所以把大龟叫做蔡。 (3) 山节藻梲：节，柱上的斗拱。梲，房梁上的短柱。把斗拱雕成山形，在梲上绘以水草花纹。这是古时装饰天子宗庙的做法。 (4) 知：同智。

【诠释】

　　老师说:"鲁国大夫臧文仲在一个叫'蔡'的地方买了一个龟,据说龟有灵气,当国有大事不决,则占卜用,故把养龟叫居蔡。他把藏龟的屋子里,房梁上都雕成了山的形状,短柱上画以水草花纹,这样的装饰一般都是天子的庙宇才有,而文仲以此施于藏龟之屋,好像龟在海底一样,他如果劝谏国君把预测、占卜、防范的真诚心用于对待老百姓上,那还怎么会有战争、风险、天灾人祸呢?如果不是这样又有什么用呢?这怎么算是有先见之明呢?"

【解析】

　　周朝时周礼有占卜一事,之龟有六种,谓之六龟,各藏一屋,掌管龟的叫"龟人"。

5.19　【原文】

　　子张问曰:"令尹子文三仕为令尹,无喜色;三已之,无愠色。旧令尹之政,必以告新令尹。何如?"子曰:"忠矣。"曰:"仁矣乎?"曰:"未知。焉得仁?""崔子弑齐君,陈子文有马十乘,弃而违之,至于他邦,则曰:'犹吾大夫崔子也。'违之。之一邦,则又曰:'犹吾大夫崔子也。'违之,何如?"子曰:"清矣。"曰:"仁矣乎?"曰:"未知,焉得仁?"

【注释】

　　(1)令尹子文:令尹,楚国的官名,相当于宰相。子文是楚国的著名宰相。　(2)三仕:数次做官。　(3)三已:数次被罢免。

(4)崔文:齐国大夫崔杼,曾杀死齐庄公,在当时引起极大反应。
(5)弑:古代地位在下的人杀了地位在上的人叫弑。 (6)齐君:即指被崔杼所杀的齐庄公。 (7)陈文子:齐国的大夫,名须无。
(8)违之:离开。

【诠释】

子张躬身施礼问老师说:"楚国著名宰相子文这个人多次做楚国宰相,也没有显出高兴的样子,几次被免职,也没有显出怨恨的样子。更难得的是他每一次被免职,还一定把自己工作范围内的一切政事全部详细地告诉给新来接任的宰相,你看这个人怎么样?"孔子说:"这样的人算得上忠臣了。"子张问:"能算得上仁吗?"孔子说:"还不能断定,因为具备仁不单在于这一件事情上,还不知道他内心究竟如何,如果心有所私,既不得仁,这怎么能一下就到了仁呢?"子张又问:崔杼这个人杀了他的君主齐庄公,而齐国大夫陈文子虽家有四十匹马,因为不愿意和这种不仁不义的小人在一起,都舍弃不要了并离开了齐国,去了另一个国家。当走到这个国家时,又发现此类事情,他感慨地说:"这里的执政者也和我们齐国的那个小人崔子差不多,我得走了。又到了另一个国家,又是这样,又离开了。你看这个人怎么样?"孔子说:"他为了厌恶小人,竟不和小人在一个国家,怕玷污了自己,可算得上清高了。"子张问:"可算得上仁了吗?"孔子说:"还不能简单断定,因为其他事情还不清楚,怎么得'仁'那么容易呢?"

5.20 【原文】

季文子三思而后行。子闻之,曰:"再,斯可矣。"

【注释】

(1) 季文子：即季孙行父（？——前568），春秋时鲁国正卿，从公元前601年至前568年共在鲁国执政33年，辅佐鲁宣公、鲁成公、鲁襄公三代君主。"文"是他的谥号。（官懋庸：《论语》稽》）记载他顾虑太多，做事过于谨慎。 (2) 斯：就。

【诠释】

鲁国正卿季文子这个人每做一件事都要反复思考，筹措不定。孔子听到后说："遇事三思而行是应该的，但对于季文子而言，他平时对祸、福、利、害、计较太清，做事过于谨慎，所以便难以处事，对于他一般考虑两次也就可以了。常人常用私心杂念去揣摩，越思量越迷惑。由此可知，如果站在仁德的立场上再思考问题就会很快找到思路，做事周到。"

5.21 【原文】

子曰："宁武子，邦有道则知，邦无道则愚，其知可及也，其愚不可及也。"

【注释】

(1) 宁武子：姓宁名俞，卫国大夫，"武"是他的谥号。(2) 愚：这里是装傻的意思。

【诠释】

老师对大家说："卫国大夫宁武子这个人，看到国家政治清明重贤重德时，他就充分发挥自己的聪明才智，为卫国的政治竭力尽忠。发现国家形势恶化，君臣妒贤嫉能时，他就退居幕后装得很无能,以便慢慢等待时机,不以小人为伍。前者国家平稳时做忠臣,尽心贡献,可能别人容易做到。后者当国家昏乱腐败,而自己不跟随,装疯装傻装糊涂,那一般人可能就做不到了吧!"

5.22 【原文】

子在陈曰:"归与!归与!吾党之小子狂简,斐然成章,不知所以裁之。"

【注释】

(1)陈:古国名,陈国,大约在今河南东部和安徽北部一带。(2)吾党之小子:古代以500家一为党。吾党意即我的故乡。小子,指孔子在鲁国的学生。 (3)狂简:志向远大但行为粗率简单。(4)斐然:斐,音fěi,有文采的样子。 (5)裁:裁剪,节制。

【诠释】

(孔子在周游列国时曾在陈国住了一段时间,但陈国没有想重用孔子的意思,这天接到消息说鲁国季康子执政,欲召冉求回去,协助办理政务。)孔子接着忧虑地对冉求和其他学生说:"回去吧,回去吧,去为官从政实现你们的抱负吧!我也应该回去了,听说家乡的学生们虽有远大的志向,但学识还很浅薄,行为粗率不能很好地处事;虽有文采还不能应用变通,我回去或有些用处,能把大家召集起来一起学习,等他们有能力了,不也可以弘道承载百姓的困苦了吗。"

5.23 【原文】

子曰:"伯夷叔齐不念旧恶,怨是用希。"

【注释】

（1）伯夷、叔齐：殷朝末年孤竹国的孤竹君王有三个儿子，其中两个叫：伯夷、叔齐。父亲想立次子叔齐为君，等父死后，二人相互谦让躲避了起来。后同时听说西伯的姬昌敬养老人就去了。等到达时西伯刚亡，他的儿子武王用车载着灵牌，尊父为文王，正向东进发讨伐昏君纣王。叔齐伯夷上前劝阻说："父亲死了尚未安葬，就去讨伐，能说得上是孝吗？以臣子的身份现在讨伐昏君，能说得上是仁吗？"武王和大臣太公姜尚说："你们太温顺忠义了！"搀扶起来走吧。武王平定殷乱以后，天下都归顺于周朝了。二人厌倦世俗便隐居于首阳山，采集薇蕨来充饥。待到老时，作了一首歌辞说："登上首阳山，采薇来就餐，争斗与争斗，不知错无边。神农虞夏死，我欲归附难。可叹死期近，生命已衰残。"就这样饿死在首阳山上了。
（2）怨是用希：越怨恨人自己的心越小，别人越疏远自己，希，疏离。

【诠释】

老师惋惜着说："在记载中看到当年伯夷、叔齐二人从小就生性温和为人诚恳善良，从不与人争斗，到了当年他们父王要传王位给他们时，他们又相互让位躲避。但当后来看到伯夷、叔齐从山里出来为武王伐纣进行劝阻时，心里确实感到商纣王恶贯满盈、咎由自取，武王这样做也是民之所望，为何还要劝阻啊。但后来一想，即是商纣王这样昏庸，伯夷、叔齐还这样慈悲来劝阻武王不要伐纣。单说这种心量太难得了，太大了，真是世间少有啊！所以我们在日常生活中遇到些小事，能算得了什么呢？更要向他们学习啊！"

5.24 【原文】

子曰："孰谓微生高直？或乞醯焉，乞诸其邻而与之。"

【注释】

(1) 微生高：姓微生名高，鲁国人。当时人认为他为人直率。(2) 醯：即醋。

【诠释】

有人说鲁国微生高这个人耿直。孔子笑着说："谁说微生高这个人耿直呀？有人到他家借点醋，他家本来没有，也不解释说没有了，就让对方在他家等着，他却偷偷地跑到邻居家去借再给人家，看似热心，有必要拐弯抹角吗？算直率吗？"

5.25 【原文】

子曰："巧言令色足恭，左丘明耻之，丘亦耻之。匿怨而友其人，左丘明耻之，丘亦耻之。"

【注释】

(1) 足恭：故意假装恭敬对方。 (2) 左丘明：姓左丘名明，鲁国人，相传是《左传》一书的作者，对于善恶态度分明。 (3) 匿(ni)怨：匿：隐藏躲避，把自己的怨恨隐藏起来，以便待机发泄报复。

【诠释】

老师略有愤慨地说："人生在世要诚实善良方能立身，然而像有些人到求到别人时故意假装恭敬对方，又是尽心又是尽力，低三下四，而自己一旦不如意或得势就会翻脸不认人，背地里陷害人，干出伤天害理的事来。写《左转》的左丘明认为这种人可耻，我也认为这种人可耻。有了怨恨不通过真诚地交流,暗暗把怨恨藏在心里,表面上还跟往常一样装出友好的样子,而实际上要待机报复,自己误解怨恨对方,不找自己原因,左丘明认为这种人可耻,我也认为这种人可怜。"

5.26 【原文】

颜渊、季路侍。子曰:"盍各言尔志。"子路曰:"原车马,衣轻裘,与朋友共,敝之而无憾。"颜渊曰:"愿无伐善,无施劳。"子路曰:"愿闻子之志。"子曰:"老者安之,朋友信之,少者怀之。"

【注释】

(1)侍:服侍,站在旁边照顾长辈及一切人叫侍。 (2)盍:何不。 (3)伐:夸耀。 (4)施劳:施,表白。劳,艰难的工作。(5)少者怀之:让少者得到关怀。

【诠释】

一天颜渊和子路两个同学在老师身边服侍照顾着。孔子说:"你们何不趁现在闲暇时和我谈谈你们各自为人处事的想法呢?"子路说:"我先说说吧,我愿意拿出自己的车马、衣服、皮袍,同我的朋友共同使用,用坏了也不抱怨。"颜渊接着说:"我愿意默默地做善事不张扬不自夸,不把劳累辛苦的事故意推给别人做。"大家沉静了一会,子路说:"愿意听听老师您的想法。"孔子说:"我想通过学习祖先圣贤的智慧,让大家各得其安,年长的人身心愉快,安下心来幸福地过好晚年,让年轻朋友之间相互真诚信任、尊敬,不再疏远,幼小的孩子从小也能跟长辈学习孝道,以后就有福了。"

5.27 【原文】

子曰:"已矣乎!吾未见能见其过而内自讼者也。"

【诠释】

老师慢慢地说:"古往今来,我还没看到过自责自己、承认自己错误而常常检省自己、天天改正的人。人们往往能够一眼看到别人的错误缺点,却看不到自己的不足。即使有人相劝明知己有错,也因顾忌颜面或其他原因而拒绝承认,并把责任推给别人,加害他人,更谈不上从内心去责备自己了。看似整天只想自己得失,日久必无人敢与交往,实则害己。如果能省察内心,绝对是自己快乐的人,人人敬仰的人。"

5.28 【原文】

子曰:"十室之邑,必有忠信如丘者焉,不如丘之好学也!"

【注释】

(1)十室之邑:十户人家的小村子。很多人居住在四周有城墙的地方叫都城、城邑、都邑。 (2)学:听信祖先的教诲,博览祖先圣贤传承的经典,听取父母老师和所有人的教诲及见解。把心稳住不急躁,一点一滴去体会,理解,努力力行,才是学。

【诠释】

老师说:"有人说像我这样有志气的人才很少,其实不是的,到处都有很多孝子和忠义之士,比我做得都好,我也是学习了他们的心量,不放弃仁德的追求好学罢了。如每个人都低下自己的心,知识就会像水一样自然流入心里,像山河大地一样,尽管名目繁多但都是一样,非生而知之,大家只要努力是可以都能成为贤德之人的。"

雍也篇第六

【引语】

本篇共包括30章。其中著名文句有："贤哉回也,一箪食,一瓢饮,在陋巷";"质胜文则野,文胜质则史,文质彬彬,然后君子";"知之者不如好之者,好之者不如乐之者";"敬鬼神而远之";"己欲立而立人,己欲达而达人。"本篇里有数章谈到颜回,孔子对他的评价甚高。此外,本篇还涉及到"中庸之道"、"恕"的学说、"文质"思想,同时,还包括如何培养"仁德"的一些主张。

6.1 【原文】

子曰:"雍也可使南面。"

【诠释】

孔子感慨地说:"我的学生冉雍他目前所具备的知识能力和德行也已经能够堂堂正正的坐北朝南去做官了,去为天下的老百姓谋福祉了。"

【解析】

一位做老师的,一生无求,唯一仁德之念哺育之,当学生仕途有位,老师此时的心情是多么的自豪啊!

6.2 【原文】

仲弓问子桑伯子。子曰:"可也,简。"仲弓曰:"居敬而行简,以临其民,不亦可乎? 居简而行简,无乃大简乎?"子曰:"雍之言然。"

【注释】

(1)冉雍(522——?):字仲弓(子弓)。汉族,春秋末期鲁国陶(今山东定陶)人。雍,指的是冉雍。 (2)子桑伯子:鲁国人,仲弓听老师说自己有能力当官故问伯子如何? (3)简:简要,不烦琐。 (4)居敬:为人严肃认真,依礼严格要求自己。 (5)行简:指推行政事简而不繁。 (6)临:面临、面对。此处有"治理"的意思。 (7)无乃:岂不是。大,同"太"。

【诠释】

冉雍听老师说自己有能力当官,就再进一步问关于本国子桑伯子这个人办事为人的特点以便学习。孔子说:"子桑伯子这个人还可以。他办事简要而不烦琐。"冉雍说:"居心恭敬严肃而行事简要,像这样来治理百姓不是也可以吗? 如果自己本来就办事简要,再去简单对待百姓,这不是就成了马马虎虎太大意了吗?"孔子说:"冉雍,你说的话太符合道理了。"

6.3 【原文】

哀公问:"弟子孰为好学?"孔子对曰:"有颜回者好学,不迁怒,不贰过,不幸短命死矣。今也则亡,未闻好学者也。"

【注释】

(1) 不迁怒:跟此人发生了不愉快,能马上从内心消除,从不把对此人的怒气发泄或带到另一个人身上。 (2) 不贰过:"贰"是重复,这是说不犯同样的错误。 (3) 短命死矣:颜回死时年仅32岁。 (4) 亡:本指死亡,在此意"无",看不到了。

【诠释】

鲁国国君哀公跟孔子说:"你的学生中谁是最好学的学生呢?"孔子回答说:"有一个叫颜回的学生还可以,他一直跟我认真学习,又善于向各种人事物学习,也能够把遇到的知识贯穿在生活中,时常会保持平和的心态来对待帮助一切人。即使日常中遇到一些不愉快的事情,他也从不会把自己的烦恼情绪,包括脸色、怒气、怨恨等言行带到其他地方或发泄到其他人身上。即使有点小过错也从不重犯同样的差错,可惜他早早地离开了我们。今天再也看不到他了,现在还没有听说过哪位学生像他那样的好学,能管住自己身心的人。"

6.4 【原文】

子华使于齐,冉子为其母请粟。子曰:"与之釜。"请益。曰:"与之庾。"冉子与之粟五秉。子曰:"赤之适齐也,乘肥马,衣轻裘。吾闻之也:君子周急不济富。"

【注释】

(1) 子华:姓公西名赤,字子华,孔子的学生,比孔子小42岁。

(2) 冉子：冉有，春秋时儒者。冉氏，名求，字子有，鲁国人，孔丘弟子，曾为鲁国贵族季孙氏家臣，孔子称其"可使治赋"。冉有，在《论语》书中被孔子弟子称为"子"的只有四五个人，冉有即其中之一。 (3) 粟：在古文中，粟与米连用时，粟指带壳的谷粒，去壳以后叫做米；粟字单用时，就是指米了。 (4) 釜：古代量名，一釜约等于六斗四升。 (5) 庾：古代量名，一庾等于二斗四升。 (6) 周：周济、救济。

【诠释】

学生公西赤到齐国去，冉有替公西赤的母亲向孔子请求补助一些谷米。孔子一听说："给他六斗四升吧。"冉有请求再多给他家一些。孔子摇了一下头说："再给他二斗四升吧。"冉有就出去私自给了他家八十斛。孔子无奈地解释说："冉有啊，公西赤到齐国去，你看他们乘坐着肥马驾的车子，穿着又暖又轻便的皮袍，足见他家的富余，你看我们的条件，不是我吝啬不给子华。我听说过，君子只是周济那些真正穷困急需救济的穷人，而不是救济或巴结富裕的人和不急需要帮助的人。要周济人应当了解对方，要雪中送炭，而不是锦上添花，这才是仁爱思想，爱人之举，并不是狭隘的感情之爱，只爱自己的家人和朋友，要博爱，做事要细心才能行善。"冉有这才明白过来频频点头认错，老师我错了，我以后遇事一定要谨慎、理智行事，感谢您的教诲。

6.5 【原文】

原思为之宰，与之粟九百，辞。子曰："毋，以与尔邻里乡党乎！"

【注释】

(1) 原思：姓原名宪，字子思，鲁国人。孔子的学生，生于公元前 515 年。孔子在鲁国任司法官（司寇）的时候，原思曾做孔家的总管。　(2) 宰：家宰，管家。　(3) 九百：很多的意思。(4) 邻里乡党：相传古代以五家为邻，25 家为里，12,500 家为乡，500 家为党。此处指原思的同乡或家乡周围的百姓。

【诠释】

孔子做鲁国司寇时，他的弟子原思做过他属邑的长官，有点类似家臣的总管。孔子给原思九百粟的俸禄，按当时算俸禄也不少，原思认为自己是老师的学生，做点事情是应该的，坚决推辞不要。孔子诚恳地说："你不要推辞了，做学生和做官是两码事，应该有俸禄，我也该给你俸禄，不要推辞，是我应该的。如果你感觉有富余用不完，就去救济乡里那些穷苦的邻人吧，不也是很好吗！"原思感动不已。

6.6　【原文】

子谓仲弓，曰："犁牛为之骍且角。虽欲勿用，山川其舍诸？"

【注释】

(1) 犁牛：即耕牛。古代祭祀用的牛不能以耕牛代替，系红毛长角，单独饲养的。　(2) 骍(xīn)且角：红色。祭祀用的牛，毛色为红，角长得端正。　(3) 用：用于祭祀。　(4) 山川：山川之神。此喻上层统治者。　(5) 舍：舍弃。诸，诸位，他。

【诠释】

（有人对冉雍的学问和做官产生嫉妒，大家认为冉雍的父亲出身卑贱，言行多恶，而冉雍却在孔子门下学习以德行闻名天下，所以不明事理的人用冉雍的父亲来嘲笑冉雍，在议论他的出身。）孔子听说后把冉雍叫到身边对他比喻说：当时周朝的时候啊！粮食紧缺而牛羊更是少有，所以把牛羊作为供奉天地或祖先的祭品，以示最高敬意，等祭祀完了，把祭肉按等级分给大臣诸侯，以示最高奖赏。人们选择牛角长的不偏周正的、没有杂色的红色牛作为贵重的礼物敬献，以示尊敬天地。当时认为杂色的牛是平常的，低贱的只能耕地用。自古以来都是这样，越是德行高的人越像红色周正的祭牛一样遭人嫉妒，这不是一件很好的事情吗？正需要你来给父亲增光呀！你靠的是德行又怎么会被世人埋没呢？

6.7 【原文】

子曰："回也其心三月不违仁，其余则日月至焉而已矣。"

【注释】

（1）三月：比喻长期。　（2）日月：或早或晚。指较短的时间。

【诠释】

孔子说："颜回这个学生对老师'仁'的教诲经常会铭记在心，常以仁德之心处世为人，他能长期保持良好的心态对人做事，而其他的学生则或早或晚才能警觉起来。"

6.8 【原文】

季康子问:"仲由可使从政也与?"子曰:"由也果,于从政乎何有?"曰:"赐也可使从政也与?"曰:"赐也达,于从政乎何有?"曰:"求也可使从政也与?"曰:"求也艺,于从政乎何有?"

【注释】

(1)季康子:他在公元前492年继其父位为鲁国正卿,此时孔子正在各地游说。8年以后,孔子返回鲁国,冉求正在帮助季康子推行革新措施。孔子于是对此三人作出了评价。 (2)由:(孔子学生)仲由,子路。 (3)果:果断、决断。 (4)赐:(孔子学生)端木赐。 (5)达:通达、顺畅。 (6)求:(孔子学生)冉求。 (7)艺:有才能技艺。

【诠释】

鲁国正卿季康子向孔子请教道:"你的学生仲由,如果让他从政有这个能力吗?"孔子平和地说:"仲由无论是做事还是领兵打仗都很果断,对于管理国家政事又有什么困难呢?"季康子又问:"你的学生端木赐,如果让他从政怎么样?"孔子平和地说:"端木赐通达事理,做事细心,对于管理国家政事又有什么困难呢?"又问:"冉求也能从政管理吗?"孔子回答:"冉求更是有能力有才能,对于管理国家政事又有什么困难呢?从政重在心为百姓,个人都有长短之别,如果团结一致,从政更将是轻松之事啊!"

【诠释】

这次孔子评价自己的学生和上次不一样,原因是问者对象不同,真诚需要人才的人和不需要只是打探的人回答是不同的。

6.9 【原文】

季氏使闵子骞为费宰,闵子骞曰:"善为我辞焉!如有复我者,则吾必在汶上矣。"

【注释】

(1)闵子骞:姓闵名损,字子骞,鲁国人,孔子的学生,比孔子小15岁。从小以孝闻名,在二十四孝里名为"芦衣顺母"。(2)费:音mì,季氏的封邑,在今山东费县西北。 (3)复我:再来请我。 (4)汶上:汶,音wèn,水名,即今山东大汶河,当时流经齐、鲁两国之间。在汶上,是说要离开鲁国到齐国去。

【诠释】

鲁国的季氏听说孔子的学生闵子骞是出了名的孝子,几次派人请闵子骞去做费邑的长官,闵子骞委婉地对来请他的人说:"我各方面学问德行都还做得不好没有能力做官,请你好好替我推辞吧!如果再来请我,那我一定跑到汶水那边出国去了。"

【解析】

闵子骞对当时朝政信心不足,即使参政也发挥不了自己的才能,不能利己为人,所以推辞不去。人处乱世,遇恶人当政,"刚则必招祸,柔则必招辱",即硬碰或者屈从都要受害,又刚又柔,刚柔相济,才能应付自如,保存实力,处事不惊。

6.10 【原文】
伯牛有疾,子问之,自牖执其手,曰:"亡之,命矣夫,斯人也。"

【注释】
(1)伯牛:姓冉名耕,字伯牛,鲁国人,孔子的学生。孔子认为他的"德行"较好。 (2)牖:窗户。 (3)亡之:死亡。(4)夫:语气词,相当于"吧"。

【诠释】
学生伯牛病了,孔子听说后非要去探望他,伯牛在屋里听说老师来了心中更是难过,回想老师苦心地教自己,自己竟病成这个样子。家中又贫寒,怕老师担心难过,所以不愿开屋门,只是让老师从窗外伸手摸一下自己,让老师放心。老师握住学生的手,眼泪悠然而至,颤抖地说:"伯牛啊,你别担心,这病不会死的,可能是命中该有的吧,大家都会有疾病的,大家都会有疾病的。"伯牛在床上流着泪点点头。

6.11 【原文】
子曰:"贤哉回也,一箪食,一瓢饮,在陋巷,人不堪其忧,回也不改其乐。贤哉回也。"

【注释】
(1)箪:古代盛饭用的竹器。 (2)巷:指颜回寄住在穷人的巷子里,自己的屋子又简陋。 （3）乐:乐于学。

【诠释】

孔子感叹地说:"贤能可贵的人呀就是颜回啊!这个学生平日里只要是有一口饭吃,有一口水喝就知足了。他在这样艰苦简陋的条件下生活也不怕苦也不忧愁,还把全部的身心都投入在了学习和修身上,整天还乐悠悠的去帮助别人。他认为这样劳其筋骨伐其体肤就是立身的资粮,哪有困苦啊!贤能可贵的人就是颜回啊!"

6.12 【原文】

冉求曰:"非不说子之道,力不足也。"子曰:"力不足者,中道而废。今汝画。"

【注释】

（1）说:音 yuè,同"悦"。 （2）画:划定界限,停止前进。（3）力:用极大的力量,尽力。 （4）中道:中途,半路上。已经成功了一半,已经快得到利益了。

【译文】

冉求告诉老师:"学生我不是不专心学习您所讲的做人做事之道,而是我感觉自己很笨,力不从心。"孔子说:"你现在说力不从心,如果停止不前了,今日就会在人生的道路上擦肩而过,就等于半途而废,这些做人的根本就不能掌握了。从小不努力学习,长大就会毁了自己,幻想现在不学习以后也会达到理想有好的结果那都是妄想。说力不从心就是自己给自己划了一堵无形的墙,现在只是自己不想前进罢了。"

6.13 【原文】

子谓子夏曰:"汝为君子儒,无为小人儒。"

【注释】

君子儒:像样的,堂堂正正的君子。

【诠释】

老师耐心地对子夏说:"我对你们每个学生都非常了解,你一定要做一个具有真才实学像样的君子儒生,别让为师担心。不要听着口头懂得很多但身心空虚,根本没有达到自身解脱受益的程度,反而成了招摇过市的小人儒。"子夏施礼拜谢。

6.14 【原文】

子游为武城宰。子曰:"汝得人焉尔乎?"曰:"有澹台灭明者,行不由径,非公事,未尝至于偃之室也。"

【注释】

(1)武城:鲁国的小城邑,在今山东费县,平邑境内。(2)焉尔乎:助词,没有。 (3)澹台灭明:姓澹台名灭明,字子羽,武城人,孔子弟子。 (4)径:小路,引申为邪路。 (5)偃:言偃,即子游,这是他自称其名。

【诠释】

孔子的学生子游做了鲁国武城的长官。孔子关心地说:"国家很需要人才,你在那里发现人才没有?"子游回答说:"有一个叫澹台灭明的人,从来不游手好闲集众闹事,不干坏事不走邪路,而且爱仁德常学习,没有公事从不到我这里来说三道四,背后也不议论他人,我看这个人很正派还不错。"

6.15 【原文】

子曰:"孟之反不伐,奔而殿,将入门,策其马,曰:非敢后也,马不进也。"

【注释】

(1)孟之反:名侧,鲁国大夫。 (2)伐:夸耀。奔,败走。殿,大殿后面,今指走在全军最后作掩护。

【诠释】

孔子欣慰地说:"鲁国与齐国打仗,当时鲁国打了败仗,当鲁国孟之反领兵败退的时候,他总是自己在最后掩护全军,内心一点也不畏惧,从不自夸。即使打胜仗回国时,很多人都喜欢跑在队伍的前头,他却一直在队伍的后面。快进城门的时候,有人问他:'你怎么总是在后面呢?'他故意轻打着自己的马说:'不是我想在大家后面,是马跑得不快。'他始终不急不躁,真是难得的人啊!"

【解析】

公元前484年,鲁国与齐国打仗。鲁国右翼军败退的时候,孟之反在最后掩护败退的鲁军。对此,孔子给予了高度评价,认为"功不独居,过不推诿"才是人难能可贵的美德。

6.16 【原文】

子曰:"不有祝鮀之佞,而有宋朝之美,难乎免于今之世矣。"

【注释】

(1)祝鮀:祝,宗庙之官。鮀,卫国大夫,字子鱼。有口才,以能言善辩受到卫灵公重用。 (2)宋朝:宋国的公子朝,《左传》中记载他因美丽而惹起祸乱的事情。

【诠释】

老师摇着头无奈地说:"如今这个世道啊,小人当道会误国误民,就比如你们大家,很多学生已有真才实学,但有的人害怕重用你们。就当今的世道而言,如果没有卫国大夫祝鮀那样的口才,只有宋国宋子朝的美貌,是很难在社会上立足的!大家都想要全才全能的人,不现实啊!"

6.17 【原文】

子曰:"谁能出不由户,何莫由斯道也?"

【注释】

(1)谁能出不由户:谁能整天在屋里,出门不从门口经过呢? (2)何莫由斯道也:为什么没有人走我说的这条仁德大道呢?

【诠释】

老师这天指着大门说:"明摆着的仁德礼制是人最利己的捷径,是做人成事的根本,诸人偏偏不学。就好比一个人长期待在屋子里想出去但又不想经过'屋门'一样,怎能正常大大方方地来回进出呢? 为什么这些君王不想走祖先所指出的这条光明大道呢? 想行不走道,非得异想天开,即使绞尽脑汁得来的乖舛思想必早晚给自己、给社会带来灭顶之灾。而整天只想不劳而获,必会蒙蔽思想,哪能离得开人世间的正常品德礼仪交往呢? 哪能离得开大自然的养育,若干出违背危害自然、人类,伤天害理的举动,大自然又会回报给你什么样的实际利益呢?"

6.18 【原文】

子曰:"质胜文则野,文胜质则史。文质彬彬,然后君子。"

【注释】

(1)质:朴实、自然,无修饰的。 (2)文:文采,经过修饰的。 (3)野:言语粗略,平淡,过了。 (4)史:言词华丽,这里有虚伪、浮夸的意思。 (5)彬彬:指有礼,井井有条做事、说话。

【诠释】

老师教导说:"人的本质比如就是先天淳朴踏实做事的心,文比如就是通过后天学习得来的知识文化,需要口里说出来表达的话。一旦淳朴得一句话也不说了,只知做事,让人看了或跟人交往会很粗俗;而整天说话不干实事,也招人烦,如两者合一才不失为一个谦谦君子。质又比如是大山,文比如是树木,大山没有了树木就会显得光秃秃的,树木多得一点都看不到大山也不美,二者都能显现,相互衬托美丽壮观才会耐人寻味。"

6.19 【原文】

子曰:"人之生也直,罔之生也幸而免。"

【注释】

(1)罔:蒙蔽,诬陷,变化无常。 (2)直:真诚心,即正义、无私、坦率、直爽、正派。

【诠释】

老师叹息着说:"人一出生本来就淳朴直爽、诚实热情,就是靠'它'来生存的。而出生后是由父母亲人环境影响所致,教给了他自私为己的一面,使之变得贪利忘义虚伪狡诈,蒙蔽了自心。但有的人多少学了些仁道还能幸免保留些本身为善正直的一面,所以也多少侥幸地避免了些灾祸。有的人做事任性任为,伤天害理,不管良心不怕后果,请看身边自古谁能逃脱,真是愚蠢哪!"

6.20 【原文】

子曰:"知之者不如好之者,好之者不如乐之者。"

【诠释】

老师教导说:"我们不要对任何一件事物只看它的表面,就夸夸其谈好像什么都懂了似的,不如做一个认真全面去学习研究它的人。做一个认真全面去学习、研究它的人,不如做一个首先对一切事物都不抵触,都感恩理解愉快接纳的人。人人都学这样的心态,就会使自己幸福,使大家幸福,共同快乐无忧。"

6.21 【原文】

子曰:"中人以上,可以语上也;中人以下,不可以语上也。"

【诠释】

孔子深刻地体会道:"与人言谈要看对方是何等人,如是想学习修身大道之人,也就是心胸无私以万物为己、真心破己去腐存真之人,为上等人,才可畅谈修身安邦之道。否则共语会遭排斥羞辱;对于做人忠信孝悌贤良之道能接受不逆反的,诚心学习的为中道人,就可谈些清正廉洁、忠言逆耳的话来助人成道;对于只求名利不知廉耻,连忠恕做人都不管的称为下等人,只能敷衍几句,不能谈论高深知识以免遭人误解。贵在观察考验人品方能论道。"

6.22 【原文】

樊迟问知,子曰:"务民之义,敬鬼神而远之,可谓知矣。"问仁,曰:"仁者先难而后获,可谓仁矣。"

【注释】

(1) 质樊须,姓樊名须,字子迟,亦称樊迟。是孔子弟子。
(2) 知:认识,了解事物的原委。 (3) 务:从事,致力于。
(4) 义:公正合宜的道理,无私利他之举。

【诠释】

一天学生樊迟躬身施礼向老师问当上官以后怎样才能真正地去了解和领导百姓呢？老师开导说："要想真正了解百姓所需，领导百姓向善，就要像学习鬼神的态度先静静不动细致观察其言行生活。以负责的态度，听取老百姓的意见，就能了解他们的真实困苦。再实实在在的给予解决帮助。做官的不要藐视百姓，帮助了要不图名不图利，这才是做官的智慧，才能团结管理领导百姓。"樊迟又问怎样才能达到"仁呢"？老师说："首先要克服自己每天最难的、围着自己想的最多的'私欲'，把利己、分别、对立的想法放下了，就变成了无为的处事为人了，自己造成的思想压力没有了，仁心仁言仁行就出来了，这就得到'仁'了。"

6.23 【原文】

子曰："知者乐水，仁者乐山；知者动，仁者静；知者乐，仁者寿。"

【注释】

（1）知者：了解认清了事物本身曰水之自如。 （2）仁者：已明白人之本与曰山之稳。 （3）知者：明白自身与万物关系之道曰动。 （4）仁者：安住当下无所对立曰静。 （5）知者：懂得享受自然道理规律曰乐。 （6）仁者：身心光明磊落与自然合二为一没有生死之念曰寿。

【诠释】

老师这天特别高兴地说："认清事物本身的人就是智者，智者爱水,做事也像水一样周流自在,利万物而不争,有物自影而不留烦恼于心。仁德之人既爱山又像山一样泰然自若,随高就低没有自己;智者喜欢游山逛水从中领略自然道理,身心是活脱脱的自然,心性洒脱遇事不拘泥,利于万物故谓动。仁者本身长处静中,无忧无虑身心安逸无为故谓静;智者了解自然,无所事事,自在潇洒快乐无忧故乐;仁者无得无失,不思生命之长短,故曰之寿。"

6.24 【原文】

子曰:"齐一变,至于鲁;鲁一变,至于道。"

【诠释】

老师期盼地说:"齐国是个大国,离鲁国也很近,如果齐国一旦推行了仁政就会像鲁国一样兴盛了,而且还会影响到其他国家。鲁国再进一步重贤纳才,就会使得更多的人才来汇聚,大家再齐心合力就会使鲁国建设成为像文王在世时的繁荣景象了。"

6.25 【原文】

子曰:"觚不觚,觚哉!觚哉!"

【注释】

觚:古代盛酒的器具,上圆下方,有棱,容量约有二升。后来觚的器皿被改变了,等于礼仪被篡改了,所以孔子说觚不像觚了。

【诠释】

老师惋惜地说:"现在啊!这个盛酒的器具也不像个盛酒的器

具了,改来改去,快把礼仪都改没了,觚啊(礼呀)! 觚啊(礼呀),你还能延续保留原来的样子吗?"

【解析】

孔子为了维护社会安定,对周礼一直尊重和提倡,而当时"君不君,臣不臣,父不父,子不子",从音乐到酒具的礼仪等都随意地遭人改动,孔子认为很不遵从礼节已乱了德行。

6.26 【原文】

宰我问曰:"仁者虽告之曰井有仁焉,其从之也?"子曰:"何为其然也? 君子可逝也,不可陷也;可欺也,不可罔也。"

【注释】

(1)仁:这里指有仁德的人。 (2)逝:牺牲。 (3)陷:陷入。

【诠释】

宰我拱手施礼问老师说:"假如一个仁者,别人告诉他掉到井里一个人,他会随着跳到井里去救吗?"孔子说:"你为什么要这么想呢? 君子是可以为了值得的事去牺牲自己的,但不会鲁莽地把自己也陷害进去吧;君子可能会被一时欺骗,但不可能长期被欺骗,让人戏弄做出愚蠢的事情来吧! 有些人把他当成了傻子,不知君子是智者啊!"

6.27 【原文】

子曰:"君子博学于文,约之以礼,亦可以弗畔矣夫。"

【注释】

(1) 约：遵守，具备。 (2) 弗：不。 (3) 畔：同"叛"，边界。 (4) 矣夫：语气词，表示较强烈的感叹。

【诠释】

老师开导说："君子既要博学多闻古代典籍，又要用心以礼来约束住自己浮躁的心，不要受自己的妄念所牵所累，使得精神散失没有规矩，做事莽撞。这样也就可以不离经典的教诲，免得背道而驰了，这样也就能更好的为人处世了。"

6.28 【原文】

子见南子，子路不说。夫子矢之曰："予所否者，天厌之！天厌之！"

【注释】

(1) 南子：卫国灵公的夫人，在朝左右着卫国政权，有淫乱的行为。 (2) 矢：同"誓"，发誓。 (3) 否：不对，不是，指做了不正当的事。

【诠释】

(卫国国君卫灵公的夫人南子听说孔子来到了卫国，早已久仰大名，所以就派人召见孔子。据说南子以姿色惑乱朝纲。)孔子推脱不掉，就准备去见南子，子路感觉老师和这种人见面耻辱，所以很不高兴。孔子正直地对子路说："谢谢你为我着想，我不得已才去见她，也正好趁此机会来劝劝她的不良行为，也是为了卫国的朝政百姓啊,你放心吧!我向你保证:'假如我做的不对,上天会惩罚我的!上天会惩罚我的!'"

6.29 【原文】

子曰:"中庸之为德也,其至矣乎!民鲜久矣。"

【注释】

中庸:中,不左不右不偏执一方,不顺着自己孤僻的思想去行事。庸,不对立,不单立思想,平常心,不任自己的性子行事。

【诠释】

老师教导说:"能够把人世间的事物圆融的、不偏左也不偏右的做好,不偏激的固执一方,这就是具备仁德了,已经达到了做人的最高境界了,但能做到这些的在大众中是很少的,大家缺乏这种无私的精神意识已经为时很久了,作为我们这些学生一定要达到啊。"

6.30 【原文】

子贡曰:"如有博施于民而能济众,何如?可谓仁乎?"子曰:"何事于仁?必也圣乎!尧舜其犹病诸。夫仁者,己欲立而立人,己欲达而达人。能近取譬,可谓仁之方也已。"

【注释】

(1)施:动词。 (2)尧舜:传说中上古时代的两位帝王,也是孔子心目中的榜样。（3）病诸：病，担忧。诸，"之于"的合音。（4）能近取譬：能够就自身打比方。即推己及人的意思。

【诠释】

子贡躬身施礼向老师请教说："假如有一个人，他能从吃穿财产方面布施接济很多贫穷的人，又能从其他方面帮助很多苦难的百姓，你看这个人怎么样？可算是仁德之人了吧？"老师大声说："这样做何止是仁德，简直就是圣人了！就连先祖尧舜也不过如此吧！至于仁德的人，就是利于自己的，也想利于照顾别人。反过来不利于自己的，也不想强加推荐勉强伤害他人。自己有了好的条件，也想让大家一同富有，凡事先放到自己身上试试再为人处世，只有这样才是躬身实施仁德的妙方啊。"子贡高兴地施礼拜谢老师。

述而篇第七

本篇共包括 38 章，多记圣人谦己诲人之辞及容貌行事之实。

7.1 【原文】

子曰:"述而不作,信而好古,窃比于我老彭。"

【注释】

(1)述:传旧,继承,(2)引述。作,创造。 (3)窃:私,私自,私下,好比。 (3)我:指自己的学习方向和心态。 (4)老子:(约前570——前500),姓李名耳,字聃,古代楚国苦县人,伟大的哲学家、思想家,道家学派创始人,曾在东周国都洛邑任守藏史,孔子周游列国时曾向老子问礼。传说他晚年乘青牛西去,并在函谷关前写成了五千言的《道德经》,最后不知所终。老子思想的精华是朴素辩证法。例如:"祸兮,福之所倚;福兮,祸之所伏。"在修身方面,讲究性命双修、虚心实腹、不与人争。在政治上,主张无为而治、不言之教。 (5)彭祖:殷商时代商贤大夫。彭祖氏自尧帝起,历夏朝、商朝。商朝时为守藏史,官拜贤大夫,周朝时担任柱下史。据《史记·楚世家》载:"彭祖氏,殷之时尝为侯伯,殷之末世灭彭祖氏。"

【诠释】

　　老师思索着一个个圣人贤德感叹地说:"我只是学习继承了祖先的美好品德,把记录祖先智慧的典籍传述下来而已,我删诗书、定礼乐、赞周易、修春秋,皆传先王经典,并非我作。我真的感到有了祖先的道德仁义榜样和经典传诵,子孙不用再去创作学习改变什么了,没有比用此来教化世人齐家治国最好的办法了。就拿我自己还有老子和彭祖来说,不都是通过学习先祖的智慧才来完善自我,并希望人间和善,希望自己能够修身养性来超脱自我,以达到脱离尘世烦恼的地步吗?"

7.2 【原文】

　　子曰:"默而识之,学而不厌,诲人不倦,何有于我哉?"

【注释】

　　(1) 识:音 zhì,记住的意思。　(2) 诲:教诲。　(3) 何有于我哉:对我有什么难呢?

【译文】

　　老师说:"我每天静静地用心存心学习,有时在闲暇时也会产生出智慧的火花。每天坚持去思考记住每一个重点,越谦虚就会越不感到厌倦,内心很充实。再教给需要的人也不觉得疲惫,有了方向和目标就能成为现实,这些对于我来说又有什么困难呢?"

7.3 【原文】

　　子曰:"德之不修,学之不讲,闻义不能徙,不善不能改,是吾忧也。"

【注释】

(1)徙:音 xǐ,迁移。此处指靠近义、做到义。

【诠释】

孔子听到朝野混乱感叹地说:"我如果没有遇到祖先教给的仁德孝悌礼仪,不知道修身格物长养德行,头脑中就会整天装着名利是非,而害了自己。学习了知识也不能灵活运用去传播给需要的人,听到了真理又不能马上力行变通用于生活或灌输与他人,自身有了缺点又不知道又不想改,如果当时到了这种地步那真是我一生最忧虑最悔恨的事情啊!"

【解析】

春秋末年,天下大乱。孔子慨叹世人不能自见其过而自责,对此,他万分忧虑。他把道德修养、读书学习和知错即改三个方面相提并论,在他看来,三者之间也有内在联系,因为进行道德修养和学习各种知识,最重要的就是要能够及时改正自己的过失或"不善",只有这样,修养才可以完善,知识才可以丰富。

7.4 **【原文】**

子之燕居,申申如也,夭夭如也。

【注释】

(1)燕居:安居、家居、闲居。 (2)申申:安闲自在。

（3）夭夭：神情和悦高兴的样子。

【诠释】

这天孔子闲居在家，起床时就像小鸟一样伸伸胳膊懒懒腰，自由自在地走了几圈，安闲舒展地甩甩臂膀。他穿着宽松的衣服，体态温和悠闲自在，吼着嗓子唱了几声，心情非常舒畅活泼，神态安闲愉悦。

【解析】

在家是何等安闲，人人所该享乐也，可是多少人在家闲拿不住，不是跟父母争吵就是为琐事烦心，惜哉！

7.5 【原文】

子曰："甚矣，吾衰也！久矣吾不复梦见周公矣！"

【注释】

（1）周公：周公姬旦，姬姓，名旦，也称叔旦，（约公元前1100年）周文王姬昌第四子，周武王姬发同母弟。因封地在周（今陕西省宝鸡市），故称周公或周公旦。西周初期杰出的政治家、军事家、思想家和教育家，被尊为儒学奠基人，鲁国国君的始祖。他一生的功绩被西汉的《尚书大传》概括为"一年救乱，二年克殷，三年践奄，四年建侯卫，五年营成周，六年制礼乐，七年致政成王"。"文王有大德而功未就，武王有大功而治未成，周公集大德大功大治于一身。孔子之前，黄帝之后，于中国有大关系者，周公一人而已。"

【诠释】

　　这天孔子倚望着周公的画像叹息着说:"这段时间不知不觉,我也老了,我好久都没梦见周公了。是尧、舜、禹、周公的精神一直在激励着我,至于学习推广仁德到今天,我也该知足了。"

7.6 【原文】

　　子曰:"志于道,据于德,依于仁,游于艺。"

【注释】

　　(1)德:旧注云:德者,得也。能把道贯彻到自己心中而不失掉就叫德。能束缚住自己的妄念,能有孝悌忠信礼义廉耻的修养就叫德。　(2)艺:艺指孔子教授学生的礼、乐、射、御、书、数等六艺,都是日常所用。也指通过各种学习思考,力行在生活中的动脑动手能力为艺。

【诠释】

　　老师平稳地说:"我立志一生一定要向善避恶,弘扬倡导道义于天下,常要保持自己的仁德之心不被染污丢失,让其日日清新,使之私欲不生、依仁长存,日常本心才能相保无事。再去演示礼乐、射艺、六艺等心神就不会狂乱,精神就会内收,心就不会放任乱为,以此在生活中长养性德。所以我的生活是充满活力的。"

【解析】

　　《礼记·学记》曾说:"不兴其艺,不能乐学。故君子学之,藏焉,修焉,息焉,游焉。夫然,故安其学而亲其师,乐其及而信其道,是以虽离师辅而不反也。"这个解释阐明了这里所谓的"游于艺"的意思。孔子培养学生，就是以仁、德为纲领，以六艺为基本，使学生能够得到全面均衡的发展。

7.7 【原文】

子曰："自行束脩以上，吾未尝无诲焉。"

【注释】

（1）束脩：割成一条一条的晒干的肉，又叫脯。束脩就是十条干肉。当时以此作为贵重礼物来表明诚心，后来，就把学生送给老师的礼物叫做"束脩"。

【诠释】

孔子说："（本来老师传授知识是天经地义的事，是义务之举，但是很多学生对自己很不负责任，既看不起老师又不恭敬老师，所以为了精收学生，为了让他们尊师重教、知道知识来之不易，所以只要是父母、学生很重视老师真心想学习仁德礼仪的，必会自愿拿着礼物来拜师，我也从来没有不收留不教诲他们的。）只要是拿着礼物来的人说明他们渴望知识是诚恳的。我以后教给他们后，他们也会不怕吃苦照着去做。对于拿来的礼物，我也会用在照顾补给在条件差的人身上，我自己是不需要的。"

7.8 【原文】

子曰："不愤不启，不悱不发。举一隅不以三隅反，则不复也。"

【注释】

(1) 愤：苦思冥想但仍然领会不了的样子。 (2) 悱：音 fěi，想说又不能明确说出来的样子。 (3) 隅：音 yǔ，角落。

【诠释】

孔子说："教导学生，要讲究循序渐进，不到他想问题想到一定程度的时候郁闷到极点的时候，不去开导他，到时再开导他，就会容易明白了。不到他想出来而又说不出来的时候，不去启发他，到时一启发他，他就会豁然开朗智慧显现。教给他一方面的知识，他不能由此推知三个方面的学问，那就暂且不再教他了，让他暂且轻松一段时间，也许会使得知识在心中孕育的更好。所以也要看每个学生的接受能力而定。"

7.9 【原文】

子食于有丧者之侧，未尝饱也。

【诠释】

孔子严肃地说："我无论在哪里参加丧葬事仪，心里总是不自觉地就跟人家一起悲伤难过起来。从来未曾大口大口吃过饭，也未曾吃饱过，更未曾在这种场合开过玩笑。因为大家都有亲人都是一样的感受，我怎能在这个时候不知礼仪地放纵自己随便地大吃大喝呢！失去亲人是多么的难过啊！我会把亡者比作自己的亲人一样悲伤、怀念，怎会无动于衷呢？"

7.10 【原文】

子于是日哭，则不歌。

【诠释】

　　我还会在参加完别人的吊丧仪式后回到家里,整天情不自禁地为了人家失去亲人,替人家哀伤悲痛哭泣起来,以后几天也不高兴,也不唱歌。如果大家都这样孝悌悲悯他人,时人见丧如此,家家自会和善哪!

7.11 【原文】

　　子谓颜渊曰:"用之则行,舍之则藏,惟我与尔有是夫!"子路曰:"子行三军,则谁与?"子曰:"暴虎冯河,死而无悔者,吾不与也。必也临事而惧。好谋而成者也。"

【注释】

　　(1)舍之则藏:舍,舍弃,不用。藏,隐藏。 (2)夫:语气词,相当于"吧"。 (3)三军:是当时大国所有的军队,每军约一万二千五百人。 (4)与:在一起的意思。 (5)暴虎:空拳赤手与老虎进行搏斗。 (6)冯河:无船而徒步过河。 (7)临事不惧:惧是谨慎、警惕的意思。遇到事情便格外小心谨慎。

【诠释】

　　颜渊、子路和老师一起散步,孔子对颜渊说:"国家重用我呢,我就尽心去做;不需要我呢,我就在家里清闲地干些个人喜好的事情,现在好像只有我和你才能做到这样安心吧!"颜渊轻轻地点了点头。子路这时主动问老师说:"老师,您如果统帅三军,您愿意和谁在一起共事呢?"老师说:"子路啊,虽然你勇敢不惧,但如果你一个人赤手空拳和老虎搏斗,徒步涉水过河,死了都不后悔,我是不会和你在一起统帅三军的,要是这样咱俩的性命早晚都会被丢掉。假如你一遇到事情就小心谨慎善于谋划,绝对会成功的,我跟着你才会放心啊!"

7.12 【原文】

子曰:"富而可求也;虽执鞭之士,吾亦为之。如不可求,从吾所好。"

【注释】

(1)富:指升官发财。 (2)求:指合于道,可以去求。(3)执鞭之士:古代为天子、诸侯和官员出入时手执皮鞭开路的人,指虽然是这种职事。

【诠释】

孔子慷慨地说:"升官发财只要符合道德仁义是可以去努力争取的,即使有一个拿着鞭子开路的差事我也愿意去做。如果不是以道德为基础,把升官发财建立在他人的痛苦利益之上,甚至想动用心机来达到自己的目的而不择手段,像这样的行为到最后还是达不到当初的理想的,早晚会引火烧身的。我还不如按照我爱好的仁德礼义去替百姓国家做些实事得好。"

7.13 【原文】

子之所慎:齐、战、疾。

【注释】

齐:同斋,斋戒。古人在祭祀前要沐浴更衣,不吃荤,不饮酒,不与妻妾同寝,整洁身心,表示虔诚之心,这叫做斋戒。

【诠释】

老师一生一直最担心社会上的三件事:"即斋戒祭祀不诚,战争骤起,疾病蔓延百姓。斋戒不诚:人就会失去对天地祖先的恭敬敬畏之心,会使人对任何事物无所畏惧,那将是可怕的。灾难战争:是人心私欲膨胀堕落的表象,是人相互残杀最恐惧、灭亡最快的灾难。疾病:是怨恨恼怒烦所致慢性摧残的毒药,是撕心裂肺的地狱,缠绕自身摧残折磨自己的魔鬼,让人最无奈。三者的来临不但使得众人失去最宝贵的生命,还会使得众人丧失拥有的一切。万望大家居安思危,把'粮'心变成'良'心吧!"

7.14 【原文】

子在齐闻《韶》,三月不知肉味,曰:"不图为乐之至于斯也。"

【注释】

(1)《韶》:舜时古乐曲名,《竹书纪年》载:"有虞氏舜作《大韶》之乐。"《吕氏春秋·古乐篇》同载:"帝舜乃命质修《九韶》、《六列》、《六英》以明帝德。"由此可知,舜作《韶》主要是用以歌颂示范为帝的德行。 (2)早在三千多年前,我国周代的宫廷中就已经有了专门的音乐机构——大司乐,乐师达1 463人之多(《隋书·音乐志》)。所奏六朝大乐——黄帝之《大卷》、尧帝之《大咸》、舜帝之《大韶》、禹帝之《大夏》、商代之《大濩》、周代之《大武》。表现了武王征伐取天下的战争气势,经过不断发展,遂成汉、唐、宋、元代的雅乐。明清时期,雅乐演出(当时称《中和韶乐》)注重礼仪,崇尚肃雅。 (3)孔子闻《韶》处,现位于今中国山东省淄博市齐都镇韶院村北,为一处规模不大的淡灰色仿古建筑。门内北墙正中镶嵌着一方石碑,碑上隶书大字,题曰"孔子闻《韶》处"。

【译文】

　　学生发现老师在齐国听到了《韶》这首乐曲回来后,很长时间好像还沉浸在这首乐曲的喜悦之中,整天不思茶饭喃喃自语。后来老师说:"我不是只图曲子的优美贪恋它,因为《韶》乐表现了尧、舜以圣德受禅的仁德礼仪盛世,我是想让大家都能闻到祖先的崇高美德啊!"

7.15　【原文】

　　冉有曰:"夫子为卫君乎?"子贡曰:"诺,吾将问之。"入,曰:"伯夷、叔齐何人也?"曰:"古之贤人也。"曰:"怨乎?"曰:"求仁而得仁,又何怨。"出,曰:"夫子不为也。"

【注释】

　　(1)为:这里是帮助的意思。　(2)卫君:哀公二年,灵公卒,生前欲立郢为太子,郢辞,灵公卒后南子传其遗命令郢即位,郢又辞,并推举蒯聩之子即位,是为出公。出公辄,是卫灵公的孙子,是太子,公元前492年——前481年在位。他的父亲因谋杀南子而被卫灵公驱逐出国,灵公死后,辄被立为国君,其父回国与他争位。　(3)诺:答应的意思,好的,我去办,可以,是。

【诠释】

　　冉有疑惑地问师兄子贡说:"听说卫国新任的国君'出公辄派

人来请老师帮忙,老师打算去吗?"子贡说:"我现在就去问问。"于是就进屋去问老师。子贡婉转地说:"老师啊,伯夷、叔齐是什么样的人呢?"老师说:"古代的贤人,他们兄弟相互推让君位,都不去争夺。"子贡又问:"那他们兄弟二人可曾怨恨过人吗?"老师说:"他们一直心向仁德而也做到了仁,仁德之人又怎么会有怨恨他人之心呢,何况亲兄弟呢?"子贡拱手致谢退了出来。接着对冉有说:"老师是不会帮助卫君的,因为现在的卫君父子不惜反目为仇,不知廉耻,老师怎么会赞成他们这样的不仁呢,大家放心吧!"

【解析】

卫国国君辄即位后,其父与其争夺王位,这件事恰好与伯夷、叔齐两兄弟互相让位形成鲜明对照。这里,孔子赞扬伯夷、叔齐,说明对卫出公父子相互争位是不满的。

7.16 【原文】

子曰:"饭疏食饮水,曲肱而枕之,乐亦在其中矣。不义而富且贵,于我如浮云。"

【注释】

(1)饭疏食,饭,这里是"吃"的意思,作动词。疏食即粗粮。
(2)曲肱:肱,胳膊,由肩至肘的部位。曲肱,即弯着胳膊。

【诠释】

孔子很风趣地说:"我吃着家常饭,喝着白开水,能吃饱就行,困了就弯起胳膊当枕头,无忧无虑的,乐趣就在其中啊!如果用不仁义的手段来巧取富贵,那不是我所要的。那样的富贵对于我来说就像是天上的浮云一样,虽然一时看得见,但瞬间就会消失。过分的贪求荣华富贵使历代多少人身败名裂,以前的努力拼搏随即烟消云散,那是因为不义之举得来的财,才会招灾惹祸啊!"

7.17 【原文】

子曰:"加我数年,五十以学《易》,可以无大过矣。"

【注释】

(1)加:象。这里通"假"字,给予的意思。 (2)易:指《周易》一书。 (3)过:错误,遗憾。

【诠释】

老师自语道:"如果头些年多给我些闲暇时间,我不至于到五十岁左右才深入研究学习《周易》。学习《周易》,从中能让我们明白吉凶祸福的消长之理,进退存亡之道,故能警示人生,时时警策,能让我们一生无大过矣!"

【解析】

孔子自己说,"五十而知天命",可能是学《易》和"生活"的体会。《易》是引导人的作为要符合于"自然"。《史记·孔子世家》中说:"孔子读《易》,韦编三绝。"曾把穿竹简的皮条翻断了很多次,勤勉不断。

7.18 【原文】

子所雅言,《诗》、《书》、执礼,皆雅言也。

【注释】

（1）雅言：是中国周文王都城陕西本地的地方方言，口音听起来朴实、天真、柔、亲，语调酣畅淋漓，后被敬仰周文王的其他诸侯国称为雅言。孔子平时谈话时用鲁国的方言，但在诵读《诗》《书》和赞礼时，则用雅言吟诵。

【诠释】

老师在教《诗》、《书》、赞礼时、经常使用雅言吟诵！因为雅言为周文王家乡口音，也听着朴实、天真、柔美，听起来很亲切舒服。用时也能时时想起周文王，感受当时周朝的兴盛。所以他自己在读、教时，很喜欢用雅言吟诵。

7.19 【原文】

叶公问孔子于子路，子路不对。子曰："汝奚不曰，其为人也，发愤忘食，乐以忘忧，不知老之将至云尔。"

【注释】

（1）叶公：叶（shè），叶公姓沈名诸梁，楚国的大夫，封地在叶城（今河南叶县南），所以叫叶公。 （2）云尔：云，代词，如此的意思。尔同耳，而已，罢了。

【诠释】

楚国的大夫叶公向子路打听孔子是个什么样的人？子路不答。（因为孔子是自己的老师，又是人人皆知诸侯相望贤德之人，知书达理的一代圣人。谁人不知，然叶公明知故问子路，想从中探听点孔子的私事,子路看出叶公不敬老师,故说而无用、不语)。孔子后来听说此事,对子路说:"你怎么不这样说呢?你说他这个人啊,只顾为别人着想只顾自己不懈地学习所以连吃饭都忘了。整天心中无私宽广快乐的把他人的忧虑都忘了。脑子里只有孝悌根本不知道自己的身体和年龄大小了。"

7.20 【原文】

子曰:"我非生而知之者,好古,敏以求之者也。"

【译文】

孔子微笑着诚恳地对大家说:"有人说我从小学识渊博,知道的学问很多,其实我不是生下来就什么都懂的,而是我从小就感到祖先留下来的仁德礼仪实在是太好了。我就爱学习古代的典章制度和文献经典,所以我就一心一意的秉承了祖先的教诲,又以勤敏谦虚的态度到处学习不耻下问,才求得这些知识到如今地步啊!"

7.21 【原文】

子不语怪、力、乱、神。

【诠释】

孔子一般不喜欢讲,也不愿意听那些谈论怪异的事件和暴力的、动乱的,还有鬼神之事。虽然这些问题有些人喜爱议论,好奇探寻,但这些问题并不是人类的根本、实际的问题。我们每个人只要抓住做人的根本"孝悌仁德"对待一切,各种矛盾对立、痛苦、烦恼将迎刃而解,不用再耗费脑力为这些事物去学习去忙碌了,只有有了正念才诸事皆明,没有正念一切无用。

7.22 【原文】

子曰:"三人行,必有我师焉。择其善者而从之,其不善者而改之。"

【诠释】

老师说:"在社会上要把每个人都当成自己各方面的老师,来虚心学习。假如平常三个人在一起,说不定有哪一个人的特长经历值得大家注意,选择利于自然万物的善举善者来接近受益。即使看到危害大众夭折暴病身亡的还得感谢他们,正是因为他们提前显现恶果,才会让大家警惕和防范以便改正。从而避免、减少了自己无休止的不良念头和行为,才使得自己不再迷惑,所以人人都是我的老师啊!"

7.23 【原文】

子曰:"天生德于予,桓魋其如予何?"

【注释】

(1)桓魋:任宋国主管军事行政的官叫司马,是宋桓公的后代。传说他参与宋国叛乱,失败后逃跑。桓魋有个弟弟叫司马牛,当时也被迫离宋逃亡到鲁跟孔子学习。 (2)予:我。

【诠释】

(公元前492年,孔子领弟子从卫国去陈国时经过宋国。想叛乱的桓魋听说孔子崇尚仁义反对叛乱,怕以后孔子被别国所用对其造成威胁,所以带兵去害孔子。当时孔子正与弟子们在大树下演习周礼的仪式,桓魋砍倒大树,想威胁孔子。孔子与其交涉并在学生保护下,离开了宋国。)当时老师喃喃自语道:"上天厚爱仁德让我继承了,宋国的桓魋又能把我怎么样呢?我没有什么可担心的!"

7.24 【原文】

子曰:"二三子以我为隐乎?吾无隐乎尔。吾无行而不与二三子者,是丘也。"

【注释】

二三子:这里指孔子的学生们。

【诠释】

老师这天激动地说:"学生们啊,你们大家一直跟我在这里学习,有些学生怕老师我没有把知识全教给你们,要留一手或者隐瞒什么的,我是没有什么可以隐瞒的!我学到的圣贤知识及自己的思想行为和见解从来没有不跟你们说的,我孔丘就是这样的人啊!我倒希望你们把我所掌握的都学去,都做到,以后要比老师强,国家就会多些人才,就会有更多有能力的人出来平息战争,来减少一切灾难状况,才能为人类造福,这才是我孔丘所想的啊!"

7.25 【原文】

子以四教:文、行、忠、信。

【注释】

（1）文：知识文化，文献、古籍等。 （2）行：指德行，修养品行。 （3）忠：以不伤害万物为忠。 （4）信：以诚实无欺为信。

【诠释】

老师一生特别注重自身和教授学生四种重点学问和践行次第：一、学习祖先传承的圣贤文化思想典籍。二、要必须从内心到生活各方面，身体力行地践行品德修养。三、做人必须以忠义仁德之心来待人处事。四、必须以诚实无欺对待万事万物才能根本树立人格道义。

【解析】

从本书中，我们可以看到孔子经常带领学生周游列国，一方面向各国统治者进行游说仁德之益处，一方面让学生在实践中增长知识和才干，把书本知识社会实践相结合，使道德修养贯穿自身力行于生活中。

7.26 【原文】

子曰："圣人吾不得而见之矣！得见君子者，斯可矣。"子曰："善人吾不得而见之矣！得见有恒者，斯可矣。亡而为有，虚而为盈，约而为泰，难乎有恒矣。"

【注释】

（1）斯：就。 （2）恒：指恒心。 （3）约：穷困。 （4）泰：这里是奢侈的意思。

【诠释】

有人问孔子现在有圣人吗？老师叹息着说："圣人我很想见到,但是目前好像还没有看到过,今天能看到君子就已经不容易了。"孔子又说："善人也是很难见到的呀！能见到品德始终如一的人已经不容易了。没有修养却装作有,本来空虚却还不谦虚学习,故意装作充实,本来穷困却装作富足,这样的人倒是不少,现在难以找到能够始终保持美好品德的人啊！"

【解析】

对于春秋末期社会"礼崩乐坏"的状况,孔子似乎感到一种绝望,很希望圣人、善人多起来,来帮助社会国家。直到今天还有许多假"善人"自满封闭虚而为盈,倒是我们应该警觉的。

7.27 【原文】

子钓而不纲,弋不射宿。

【注释】

（1）纲：钢丝做的鱼钩,简称纲。 （2）弋(yì)：带绳子的箭。（3）宿：指在树枝上歇宿的鸟儿。

【诠释】

春秋时代战争不断,百姓生活拮据粮食很少,许多人就以打猎垂钓为生。当别人约孔子垂钓的时候他就随着前往,等垂钓的时候也做做样子,吊线上却没有鱼钩,只是游玩一下。跟别人一起想练射箭的时候,便在箭尾绑上绳子再冲着树枝上休息的鸟儿练习,以免射中鸟儿。他认为："无论游玩也好练习也好,能达到锻炼的目的和陶冶情操就可以了,何必非要杀生害命呢?只有心存慈爱才是人之根本,才能体会出人间的幸福。大家如若不信,自己可去实践一下便会知道这是不虚的道,这是不变的理!"

7.28 【原文】

子曰:"盖有不知而作之者,我无是也。多闻,择其善者而从之,多见而识之,知之次也。"

【诠释】

这天老师说:"目前有很多人可能他什么都不懂,却在那里凭空创造,我却没有这样做过。我一般多听,选择其中为善的道理来力行,多看,然后记在心里去体悟,这样才有分辨认识事物主次的能力,用这种方法已经算是次一等的了。"

7.29 【原文】

互乡难与言,童子见,门人惑。子曰:"与其进也,不与其退也,唯何甚?人洁己以进,与其洁也,不保其往也。"

【注释】

(1)互乡:地名,今山东省滕州市,地处鲁中南山区的西南麓延伸地带。春秋合乡故邑城:在今山亭区城头乡驻地。《元和郡县志九,徐州》载:"滕县东二十三里有合乡古城,即春秋时之互乡。"合乡早为春秋邑城,汉又置合乡县。《续滕县志·金石志》载有汉"合乡令印"的印鉴。其地在县城东23里漷河之域,今名城头,故址今在地面之上虽难考其迹,然查城头距滕州城东15公里潮河之畔。城头之名,意为城之一端,遗迹方正,其状如城之一角。此处常水溢为患,古城或为历代河水所逼,陆沉成为古合乡城之一头,头在其东。　(2)童子:未满二十的就叫童子,古人二十而行成人礼冠。　(3)与:我只是赞许。　(4)进,已来了。(5)退,会去。　(6)洁己:想进步。　(7)不保其往:不想他以前的缺点弊端。

【诠释】

　　当时鲁国附近有一个"互乡"的地方,这个地方当时是出了名的思想固执,听说与那里的人交往、沟通起来很困难。恰逢一天一位互乡的童子来求见孔子,孔子接见了他,学生们都大感不解,议论纷纷。孔子说:"他既然来了我怎么可以不跟他说话,让他失望而归呢?有什么大不了的事情吗?(他这么小的年纪都有想进步学习的心,只要他想进步就说明他不想落后,我们要真诚赏识他的思想才对,为什么要老是想着对方的缺点抓着不放呢?)自己的心里没有灰尘了就会看到人家的优点了,自己才能进步,如果自己只赏识自己的优点,就会忘掉自己的陋习,再也没有机会再改正进步了!"

7.30　【原文】

　　子曰:"仁远乎哉?我欲仁,斯仁至矣。"

【诠释】

　　很多人都说,做一个人人都称赞的仁德之人很不容易。孔子说:"仁德这两个字难道离我们很远吗?很难做到吗?不远不难哪!仁本身就是人天生的本性,并不是外加到人身上的,是本来就具备的,只是自己让周围的环境给引导地迷失了。只要我们自己想成为仁德的人,仁德马上就会有了,这种力量会使自己有福,使子孙有福,使众人敬佩的。"

7.31 【原文】

陈司败问:"昭公知礼乎?"孔子曰:"知礼。"孔子退,揖巫马期而进之曰:"吾闻君子不党,君子亦党乎?君取于吴,为同姓,谓之吴孟子。君而知礼,孰不知礼?"巫马期以告。子曰:"丘也幸,苟有过,人必知之。"

【注释】

(1) 陈司败:陈国主管司法的官,姓名不详,也有人说是齐国大夫。 (2) 昭公:鲁国的国君,名裯,公元前 510——541 年在位。"昭"是谥号。 (3) 揖:作揖行礼。 (4) 巫马期:姓巫马名施,字子期,孔子的学生,比孔子小 30 岁。 (5) 党:偏袒包庇。 (6) 取:同娶。 (7) 为同姓:鲁国和吴国的国君同姓姬。周礼规定:同姓不婚,昭公娶同姓女,是违礼的行为。 (8) 吴孟子:鲁昭公夫人。春秋时代,国君夫人的称号,一般是她出生的国名加上她的姓,但因她姓姬,故称为吴孟子,而不称吴姬。

【诠释】

孔子在陈国时,当时掌管外交的官员陈司败会见孔子,相互问礼后,陈司败问孔子:"鲁国国君鲁昭公懂得礼吗?"孔子说:"应该懂吧。"等孔子从屋里出来,陈司败向孔子的学生巫马期作了个揖,请他走近自己,低声对他说:"我听说,君子是没有偏私的,难道君子还包庇别人吗？大家都知道不能同姓婚配，而鲁君在吴国娶了一个同姓的女子做夫人，称她为吴孟子。如果鲁君算是知礼，还有谁不知礼呢？你老师反倒说他知礼，说着愤愤地走了。"巫马期回去把这件事告诉了老师，孔子说："我非常幸运哪！我平时如果有错误的言论，人家一定会议论纠正知道的，我怎能不感激呢？其实我并非不知道国君是违礼，因为这是国君的私事，国君并没有在国事面前违理。如果我们看别人是非，传别人是非才是失礼而不是知礼呀！陈司败怎么能知道我当时回答的意思呢？不说是非就是不造是非，就能把人与人之间的矛盾降到最低，不管他人私事，只看自己做得对不对，只要管好自己以身作则就是尊礼、知礼、守礼，即真君子。他说我袒护君主对也不对，对的是：哪个子民不像孩子袒护父母一样袒护自己的国家呢？不袒护就不正常了。不对的是：他误解我的苦心了，我的用意是要他管好自己，莫论人非，才是我们应懂的礼。"

7.32 【原文】

子与人歌而善，必使反之，而后和之。

【诠释】

有时候老师和大家一起游玩唱歌的时候，如果哪个人唱得好，老师一定要再欢喜地请人家再唱一遍，然后像个小孩子一样随和着那人的韵律一起唱一起笑很是开心。

7.33 【原文】

子曰："文，莫吾犹人也。躬行君子，则吾未之有得。"

【注释】

莫：约莫、大概、差不多。

【诠释】

孔子微笑着说："大家都说我是一个学问实践者，就书本知识来说，大约我和别人差不多，如果要说我是一个把各种知识融会贯通已践行到了的君子，那我还没有做到。"

7.34 【原文】

子曰："若圣与仁，则吾岂敢？抑为之不厌，诲人不倦，则可谓云尔已矣。"公西华曰："正唯弟子不能学也。"

【注释】

（1）抑：语气词，"只不过是"的意思。 （2）为之：从来。
（3）云尔：只能这样。

【诠释】

孔子笑着说："如果大家说我是圣人说我是仁者，那我怎敢承当呢？只不过我有一种一直努力向圣贤学习的心，教人也从不感到厌倦的精神，就只能是这样了。"公西华说："老师啊！这正是学生我们还做不到的啊！"

【解析】

这几节看得出夫子始终是多么谦虚诚实啊，是今人真的所不及啊!

7.35 【原文】

子疾病,子路请祷。子曰:"有诸?"子路对曰:"有之。《诔》曰:'祷尔于上下神祇。'"子曰:"丘之祷久矣。"

【注释】

(1)疾病:疾指有病,病指病情严重。 (2)请祷:请求天地允许自己把罪过说出,以求天地神灵原谅。 (3)有诸:有这样的事吗? (4)诔:祈祷文,写上当事人的生辰年月、名字、性别以及祈求的详细情况和想达到的要求目的,祈愿实现。 (5)神祇:古代称天神为神,地神为祇。

【诠释】

一天老师有病了,子路就设祭坛摆上贡品诚心跪下流着眼泪向天地祈祷,希望老师的身体能早日康复。孔子在病床上听说了,问:"子路啊,有这回事吗?"子路说:"有的,我是写了一篇祷告文,祈请天地神鬼保佑您早日康复,这也是我们弟子盼望的啊!"孔子说:"我也暗暗祈祷很久了。说实话你们知道我担心什么吗?"子路摇摇头,孔子接着说:"与其说我是担心自己的病,倒不如说我是在担心一旦我倒下了,道德仁义谁来在社会君主中推广提倡呢?谁去持久地去做这件事呢?"

【解析】

古今多少事都是如此,只要心地赤诚善良,都会因其感动天地,精诚所至金石为开的!

7.36 【原文】

子曰:"奢则不孙,俭则固。与其不孙也,宁固。"

【注释】

（1）不孙：逊，落后，不会让别人看不起。 （2）固：简陋，寒酸。

【诠释】

这天老师说:"一个国家的兴盛就和建立一个家庭是一样的道理,有些家庭富裕了,父母就会随心所欲的想要什么就买什么、需要什么就马上置办什么,这样奢侈淫逸就会让外人看着富贵了、不贫穷了、不低贱了。其实不是这样的,只有勤俭持家,廉政为国,以实际需求出发才能固守住这个家,才能兴盛这个国。要想真正让外人看得起,不至于家庭败落,不至于使子孙游手好闲、荒淫无度、家庭惨败,就必须要勤俭持家才能永固基业,福佑后代。对于国家而言,要想真正让外国不笑话,不至于诸侯大夫腐败堕落,只有国内内部清正廉洁了才能使国家长期稳固不至败落。"

7.37 【原文】

子曰:"君子坦荡荡,小人长戚戚。"

【注释】

（1）坦荡荡：心胸宽广、举止高昂。 （2）长戚戚：经常苦闷萎靡不振的样子。

【诠释】

孔子说:"因为君子的心始终都是宽广无私的,他的心里遇到事情始终都会想到对方、国家、人民,不想自己得失,对于自己修养很是重视,所以身心快乐无惧,无论处于何时何地都会坦荡自如。小人心胸狭窄,他所重视的始终都是自己的名利得失,会经常盘算着自己怎样受益,不管他人如何,所以总是与人敌对不满,内心经常苦闷,忐忑不安,萎靡不振。"

7.38 【原文】

子温而厉,威而不猛,恭而安。

【诠释】

弟子们都说:"我们的老师无论是对谁,都是无私善良的,他的一举一动,言语劝谏既温和又严厉,态度既威严又不粗鲁,真诚恭敬尊重他人,不管谁跟着他在一起,始终都会感到愉悦安详。"

泰伯篇第八

【引语】

本篇共计21章,其中著名的文句有:"鸟之将死,其鸣也哀;人之将死,其言也善";"任重而道远";"死而后已";"民可使由之,不可使知之";"不在其位,不谋其政"等。本篇的基本内容,涉及孔子及其学生对尧舜禹等古代先王的评价;孔子教学方法和教育思想的进一步发挥;孔子道德思想的具体内容以及曾子在若干问题上的见解。

8.1 **【原文】**

子曰:"泰伯,其可谓至德也已矣。三以天下让,民无得而称焉。"

【注释】

(1)泰伯:一作吴泰伯,吴太伯,周部落首领古公亶父长子,姬姓,名不详,周代诸侯国吴国第一代君主。古公亶父欲传位三子季历及孙姬昌(即周文王),长子太伯乃与二弟仲雍让位三弟季历而出逃至荆蛮(古代中原人对楚、越或南人的称呼。湖南新化,古为"梅山蛮"所居之地),建立国家,号勾吴(今江苏无锡梅村)。

（2）三：多次的意思。 （3）民无得而称焉：百姓找不到合适的词句来赞扬他。

【诠释】

孔子说："（对于职位地位的高低，财产的多少，现在的人争来争去，不惜兄弟反目，父子相残，希望大家以后不要跟任何人夺权争势。大家看史书记载，周代古公亶父，知道自己的第三子季历的儿子姬昌有圣德，想传位给季历，长子泰伯知道后便与二弟仲雍一起避居到吴。古公亶父死了以后，长子泰伯不回来奔丧，怕人认为他想继位，后来就断发文身，表示终身不返，把君位让给了三弟季历。季历就按父亲的愿望以后又传给了儿子姬昌，即周文王。武王时，灭了殷商，统一了天下。这一历史事件在我看来，是值得津津乐道的。）泰伯可以说是品德最高尚的人了，他三次让王位给季历，老百姓都尊敬仰慕地找不到合适的词句来称赞他呢！他不是照样被大家尊崇敬仰吗？人生何必非得争得你死我活到最后让人厌恶，搞得身败名裂呢？只有不图名利，把自己把天下让与贤者、圣者，才有可能得到安逸。让位者更是德高仁厚品格高尚，老百姓更是会无比地称赞怀念啊。"

8.2 【原文】

子曰："恭而无礼则劳，慎而无礼则葸，勇而无礼则乱，直而无礼则绞。君子笃于亲，则民兴于仁，故旧不遗，则民不偷。"

【注释】

（1）劳：辛劳、劳苦、忧愁。 （2）慎：谨慎。 （3）葸(xǐ)：

拘谨,畏惧害怕的样子。 (4)绞:说话尖刻,出口伤人。
(5)笃:厚待、真诚。 (6)故旧:原来的老朋友。 (7)偷:淡薄、刻薄。

【诠释】
　　老师耐心地教导说:"对人只是外表恭敬而内心不真诚对待,就会使自己身心增添忧愁苦闷;只知谨慎做事而不考虑多方面因素,不会用礼节度就会畏缩害怕;勇猛的人不知尊礼就会扰乱社会。耿直的人不懂礼仪就会说话尖刻伤人。在上位的人如果真诚地孝敬自己的父母兄弟厚待亲人邻人,老百姓就会相互友善仁义,不会遗弃老人长辈朋友,大家就不会相互刻薄冷漠无情相互伤害了。"

【解析】
　　恭、慎、勇、直等德目不是孤立存在的,必须以"礼"作指导,只有在"礼"的指导下,这些德目的实施才能符合中庸的准则,否则就会出现"劳、葸、乱、绞",就不可能达到生活幸福。

8.3 【原文】
　　曾子有疾,召门弟子曰:"启予足!启予手!《诗》云:'战战兢兢,如临深渊,如履薄冰。'而今而后,吾知免夫,小子!"

【注释】
　　(1)启:开启,曾子让学生掀开被子看自己的手脚。 (2)诗云：以下三句引自《诗经·小雅·小旻》篇，指时常担心害怕而小心谨慎。　(3)免：指身体免于损伤。　(4)小子：对自己或弟子的谦称。

【诠释】

　　曾子这几天因病卧床不起了，对服侍他的弟子们说道："掀开被子看看我的脚吧，掀开被子看看我的手吧，看有没有损坏呢！"《诗经》上说："做人处事啊始终要小心谨慎，好像站在深渊的旁边，好像走在薄冰的上面，一不留神就会做错事情，就会丧失生命。从这次得病呢，我更加知道要好好爱护我的身体了，不要让它再受到损伤了，损伤身体既是对父母的不孝又使自己难受，我知道警惕了，弟子们啊！"

8.4 【原文】

　　曾子有疾，孟敬子问之。曾子言曰："鸟之将死，其鸣也哀；人之将死，其言也善。君子所贵乎道者三：动容貌，斯远暴慢矣；正颜色，斯近信矣；出辞气，斯远鄙倍矣。笾豆之事，则有司存。"

【注释】

　　(1)孟敬子：孟敬伯，姬姓，鲁国孟孙氏第11代宗主，名捷，世称仲孙捷，谥号敬，是孟武伯的儿子，鲁国大夫。据说他是孟子的曾祖父。　(2)问：探望、探视。　(3)动容貌：使自己的内心感情显露于面容上。　(4)暴慢：粗暴。　(5)正颜色：约束自己使自己的脸色庄重严肃。　(6)出辞气：出言，说话的口气。

(7) 鄙倍：鄙，粗野。倍同背，背理。 (8) 笾豆之事：古代祭祀和典礼中用笾和豆做祭食。 (9) 有司：指主管某一方面事务的官吏，这里指主管祭祀、礼仪事务的官吏。

【诠释】

曾子有病了，鲁国大夫孟敬子去看望他。曾子对他说："我就好比鸟儿一样快要死了，它的叫声是很真诚悲哀的；人将死的时候说话也是诚恳善良的。我再一次劝你，作为君子应当重视三个方面：1. 自己的容貌要庄重严肃，这样可以避免在多种场合下遭受粗暴的伤害、怠慢及侮辱。2. 做事时自己的身心外表一定要一本正经，要细心诚信对人。3. 自己说话的言辞和声调要态度温和，这样细心考虑可避免以后他人对你的不良危害。至于祭祀和礼节方面，自有主管这些事务的官吏来负责，其他没什么了。"

8.5 **【原文】**

曾子曰："以能问于不能，以多问于寡；有若无，实若虚；犯而为校。昔者吾友尝从事于斯矣。"

【注释】

（1）校，同较，计较。 （2）吾友：我的朋友。旧注上一般都认为这里指颜渊。

【诠释】

曾子向老师学习后体会出："自己虽在某方面有才能却还要向表面看来没有才能的人请教，自己知识虽多却还要向表面看来没有知识的人请教;有学问却像没学问一样谦虚;知识很充实让人看似好像很平常;被人触犯却也不计较,这样的人在哪都自身受益也使别人尊敬。从前我的朋友就是这样的人。"

【解析】

曾子希望人们始终要保持谦虚的心态,现实生活中许多人看似平常但是实用知识很强,看似信口开河其实很肤浅,而真正有知识学问的人当有人诚恳地问时才适当地讲一些,平时真的很平凡,但内心智慧充盈。

8.6 【原文】

曾子曰:"可以托六尺之孤,可以寄百里之命,临大节而不可夺也。君子人与?君子人也。"

【注释】

(1) 托六尺之孤:孤,死去父亲的小孩叫孤,六尺,指 15 岁以下,古人以七尺指成年。托孤,受君主临终前的嘱托辅佐幼君。(2) 寄百里之命:寄,寄托、委托。百里之命,指掌握国家政权和命运。

【诠释】

曾子又说:"可以把年幼的君主托付给这个人,可以把国家的政权托付给这个人,面临生死存亡的紧急关头从不动摇屈服。有人问这样的人是君子吗?我肯定地说,这样的人就是君子啊,一个君子就应该急人之危,助人之困哪!"

8.7 【原文】

曾子曰:"士不可以不弘毅,任重而道远。仁以为己任,不亦重乎?死而后已,不亦远乎?"

【注释】

弘毅:弘,广大。毅,强毅。

【诠释】

曾子立志说:"作为一个人,不能没有远大的志向和推广道义的宏伟之心,虽然这条道路很漫长很坎坷,我还是要向老师一样以仁德为自己一生的重任,利己利他不是很重要吗?即使面临死亡也不损人利己,也要为了国之民风、子孙后代的素质着想,难道不值得吗?"

8.8 【原文】

子曰:"兴于诗,立于礼,成于乐。"

【注释】

兴:开始。

【诠释】

老师说:"除了学习经典外,还要学习《诗》才能使自己的思想纯正丰富起来,吟诵时可养其定慧,与别人交谈时言语才能和善含蓄。想要在社会上立足必须要学习礼,只有恭敬的心才能体现出对人的诚恳礼仪态度。用善乐来陶冶自己的心志,怡养人性情雅致,避其邪念,才会使得整个人生修养提升充实愉快。"

8.9 【原文】

子曰:"民可使由之,不可使知之。"

【注释】

(1)民:百姓。可使,愿意服务于……由,任用。 (2)不可:不要让知道听到看到。

【诠释】

(1)孔子说:劳动人民本身是善良明理的,愿意服从于国家的调配和管理,只要别让他们看到、听到官府的腐败与堕落,不对国家失望,他们会很拥护有德君王来管理的。 (2)孔子说:在治理国家、调配、法度、整治腐败官员、行使军事等重大计划初步实施的时候,不能使下层任何人,任何集体人民百姓知道走漏任何消息,只能让大家按命令听从安排,不能让他们知道详细计划和目的,甚至都可以搪塞隐蔽,等到目的达成后才可告知原委,以免计划失败失去机会和丧失无辜生命。

8.10 【原文】

子曰:"好勇疾贫,乱也。人而不仁,疾之已甚,乱也。"

【注释】

(1)疾:恨、憎恨。 (2)不仁:没有仁德之心,不符合仁德者的做法。 (3)已甚:已,太。已甚,即太过分。

【诠释】

孔子说：一个粗鲁好勇的人又嫌自己穷困又愤世不公，很容易因感情冲动而制造出事端和乱子来。人如果没有仁德之心就会做事过分心急、做出不义之举，他的私欲之念很快也会引起祸端扰乱社会，所以要提前了解，决策制止。

【解析】

好勇者和不仁者本质都不是什么恶人，只是没有受过良好的教育而已，如果能听从仁者的教育是会转变正常的。

8.11 【原文】

子曰："如有周公之才之美，使骄且吝，其余不足观也已。"

【注释】

之美：才能品德。

【诠释】

老师说："假如有一个人即使有周公那样难得的才能和品德，但是既骄傲自大又对百姓刻薄小气，那么其他方面也就不值得去看了。假如真有真才实学是不会骄傲吝啬的，反之根本没有才能。"

8.12 【原文】

子曰："三年学，不至于穀，不易得也。"

【注释】

(1)榖：古代以谷作为官吏的俸禄，这里用"榖"字代表做官。不至于榖，即做不了官。

【诠释】

老师看着我们学生说："大家发奋学习了几年，不可能考不到官位，但即使得到官位了，也不见得很理想，也不容易守好本分保持清正廉洁。所以学习不要单纯的只是想着为了挣取俸禄，当官显耀，养家糊口，越是这样想心中越困苦，越不容易达到理想的目的。要始终立志尽己之力长养仁德，尽心努力，才能在日后得到保守禄位。"

8.13 【原文】

子曰："笃信好学，守死善道，危邦不入，乱邦不居。天下有道则见，无道则隐。邦有道，贫且贱焉，耻也；邦无道，富且贵焉，耻也。"

【注释】

(1)善道：利于天下之道。　(2)有道：重用人才时。
(3)见：出来任职。

【诠释】

老师说："作为一个君子，一定要坚定信念努力学习修为自己，誓死也要尽心推行仁德礼仪来完善治国方略，践行推广为人民为天下的大道。遇到政局不稳的区域或国家不进入，在动乱的国家不停留。天下重用贤德人才时就出来参政议事；天下不重用时就隐居或在家不出，闭口不言是非。国家任贤重才时自己没有才能是耻辱；国家不任贤重才时自己富贵了也是耻辱。（说明自己没有替国家百姓分忧，只顾自己荣华富贵了。）"

8.14 【原文】

子曰："不在其位，不谋其政。"

【诠释】

孔子说：对于一个国家官员和在任何职位或已离职的权臣而言：就不应该再因私插手、越位、干涉本不属于本职内的事物了，这样会直接扰乱国家，损害到每一个人的利益。对于一个外国君王而言：更不应该插手扰乱别国内政，这样会搅乱天下，危害人民制造矛盾，引起世界战争，无疑是在火上浇油，同样也会引火自焚，殃及自身。对于一个家庭而言：做父母的上年纪了，也应该放手不要再管儿女子孙了，他们大了有自立自主的主见了，让他们锻炼吃些亏是有好处的，不要攥在手心里，免得儿女儿媳子孙生厌。对于夫妻而言：要平等相爱，但是自古女主内，男主外，若反了就会阴阳颠倒，不合乎礼仪，女霸天多得是，都会祸国害家的。对于子女而言：不管父母慈不慈，只管自己孝不孝，才能阖家幸福。所以管好自己也就是福也就是尽义务、尽天职，也就能天下归仁焉，不要再争强好胜了，到头来争得自己全身是病招灾惹祸，多不值啊。"

8.15 【原文】

子曰："师挚之始，《关雎》之乱，洋洋乎盈耳哉！"

【注释】

(1) 师挚之始：师挚是鲁国的太师。"始"是乐曲的开端，即序曲。古代奏乐，开端叫"升歌"，一般由太师演奏，师挚是太师，所以这里说是"师挚之始"。"始"是乐曲的开端，"乱"是乐曲的终了，合奏乐。此时奏《关雎》乐章，所以叫"《关雎》之乱"。

【诠释】

老师高兴地说："在这次鲁国的奏乐中，由鲁国的太师师挚演奏《关雎》的序曲，从一开始直到最后的合奏乐，韵律高昂优美嘹亮，一直在我耳边旋绕回荡！"

8.16 【原文】

子曰："狂而不直，侗而不愿，悾悾而不信，吾不知之矣。"

【注释】

(1) 狂：急躁、急进。　(2) 侗：幼稚无知。　(3) 愿：精进。　(4) 悾悾：音 kōng，同"空"，诚恳的样子。

【诠释】

孔子慷慨地说："做人为什么非得狂妄自大而不正直诚实呢？为什么非得任性幼稚无知而不学习精进呢？为什么非得表面上装诚恳的样子而实际不守信用呢？我真不知道这样子的人这样做有什么好处？"

8.17 【原文】

子曰:"学如不及,犹恐失之。"

【诠释】

老师若有所思地说:"现在我已感到以前学习的知识老是不够用,如果不抓紧学习,以后还会像现在一样总是害怕会丢弃掉,用时更来不及了。趁年轻抓紧学习掌握大量知识,就能做事运筹帷幄有先见谋略。如不时时努力,若以明日复明日地推脱就会书到用时方恨少,车到山前没有路啊!到时后悔莫及晚矣。"

8.18 【原文】

子曰:"巍巍乎,舜禹之有天下也而不与焉!"

【注释】

(1) 巍巍:崇高、高大的样子。 (2) 舜禹:舜是人类的始祖之一,传说中的圣君明主。禹是夏朝的第一个国君。传说古时代,尧禅位给舜,舜后来又禅位给禹。 (3) 与:参与、相关的意思。

【诠释】

孔子激动地说:"多么崇高威武的品德啊,本普通的舜、禹先王之所以取得天下人的信赖与支持来治理天下,全靠的是他的仁德而不是其他啊!"

8.19 【原文】

子曰:"大哉尧之为君也!巍巍乎,唯天为大,唯尧则之。荡荡乎,民无能名焉。巍巍乎其有成功也,焕乎其有文章!"

【注释】

(1) 尧:中国古代人类始祖的圣君。 (2) 则:效法、为准。(3) 荡荡:广大的样子。 (4) 名:形容、称说、称赞。 (5) 焕:光辉。

【诠释】

孔子继续说:"伟大的尧是百姓的君主啊!多么崇高啊,像天一样大,唯有尧的功绩能与天比。无边无际的百姓谁不知道他的名字呢?多么崇高的仁德之举才有了今天的英名,真不知道该用什么语言来表达称赞,他制定的礼仪制度是多么的有功绩,他制定的礼乐法度一定会载入史册的!"

8.20 【原文】

舜有臣五人而天下治。武王曰:"予有乱臣十人。"孔子曰:"才难,不其然乎?唐虞之际,于斯为盛,有妇人焉,九人而已。三分天下有其二,以服事殷。周之德,其可谓至德也已矣。"

【注释】

(1) 舜有臣五人:传说是禹、稷、契、皋陶、伯益等人。(2) 乱臣:据《说文》乱,治也。此处所说的"乱臣",有谦虚之意,指"在一起的治国人员"。 (3) 十人:周公旦、召公奭、太公望、毕公、荣公、太颠、散宜生、南宫适和文母。 （4）唐虞之际：唐虞，以尧为首领的氏族是陶唐氏，称唐尧；以舜为首领的氏族是有虞氏，称虞舜。传说尧在位的时代叫唐，舜在位的时代叫虞。 （5）斯：指周武王时期。 （6）有妇人焉：指武王的大臣十人中有武王之妻邑姜。 （7）三分天下有其二：《逸周书·程典篇》说："文王令九州之侯，奉勤于商。"相传当时分九州，文王得六州，是三分之二。九州分别是：冀州、徐州、兖州、青州、扬州、荆州、梁州、雍州和豫州。

【诠释】

当年舜帝有五位贤臣，就把天下治理好了。周武王也说过："我有不同年龄的十个贤德人才，也统一了天下。"孔子感慨地说："人才很难找很难得呀，难道不是这样吗？自宏大的唐尧和虞舜及周武王时代，人才是最多的了。有一个是妇女其他九个都是男士大臣。周文王得了天下的三分之二，仍然侍奉殷朝，周朝所体现出来的仁德，其可以说是最高的了。贤者团结天下可治，天下定太平矣。"

8.21 【原文】

子曰："禹，吾无间然矣。菲饮食而致孝乎鬼神，恶衣服而致美乎黻冕；卑宫室而尽力乎沟洫。禹，吾无间然矣。"

【注释】

（1）无间：没有空隙，没有异议的意思。 （2）菲：薄，不丰厚。 (3)致：致力、努力。 (4)黻冕：祭祀时穿的礼服叫黻、祭祀时戴的帽子叫冕。 (5)卑：低矮简陋。 (6)沟洫：洫，沟渠。

【诠释】

孔子崇敬地说："对于禹这位帝王，我没有什么可以挑剔的了；他不但吃的简单还很孝敬父母、恭敬鬼神；连平时穿的衣服也很简朴，而祭祀时则把礼服和帽子整理得很干净端庄，他自己住的宫室很低矮简陋，他把身心全部都投入在了修治水利事宜上，对于禹，我确实没有什么可以说的了。"

【解析】

以上这几章，孔子非常敬佩先祖尧、舜、禹的言行，始终鼓舞了华夏大地的炎黄子孙。他们生活简朴，心系百姓，恭敬祖先及天地自然，是执政者的榜样。古今不少人拼命追逐权力、地位和财富，根本不管百姓疾苦和法律的制约，到头来还是免不了自然的惩罚。以古喻今，孔子是在向今天的人们发出警告啊！

子罕篇第九

【引语】

本篇共包括31章。其中著名的文句有:"出则事公卿,入则事父兄;后生可畏,焉知来者之不如今也;三军可夺帅,匹夫不可夺志也;岁寒然后知松柏之后彫也;知者不惑,仁者不忧,勇者不惧。"本篇涉及孔子的道德教育思想、活动及弟子对其师的议论。

9.1 【原文】

子罕言利与命与仁。

【注释】

(1)罕:稀少,很少。 (2)与:赞同、肯定。

【诠释】

老师平时与人谈话时很少谈及关于国与国之间,人与人之间怎样才能得到利益和财富的问题。因为人在不明礼前一旦贪图利益,就会作出违背仁义道德之举来,所以总是首先教人怎样认识自己及生命的重要意义和具备"仁"在生活中所起的重要作用,才能认清人类和自然,才能发现觉察体会出人生的美好意义。

9.2 【原文】

达巷党人曰:"大哉孔子!博学而无所成名。"子闻之,谓门弟子曰:"吾何执?执御乎?执射乎?吾执御矣。"

【注释】

(1) 达巷党:达巷:地名,始于春秋。"五家为邻,五邻为里,五百家为一党"是当时的行政区划,也就是达巷这个地方的乡亲们。(孔子51岁出任中都宰,今汶上县的官)来回经过之地。达巷党人中诞生过神童项橐,还上演过仲尼师项橐的故事。在今山东省济宁市兖州区滋阳县(兖州治所)城西北五里。 (2) 博学而无所成名:知识渊博,因而不能以某一方面来称道他。

【诠释】

在鲁国附近有一个叫达巷的地方,这里有一个乡亲说:"太了不起了孔子这个人!他知识非常渊博,无论做什么没有做不成的,做什么都很有名气。"孔子听说后笑着对学生说:"我的专长是什么呢?驾车呢?还是射箭呢?我还是给大家老老实实驾车吧。"

【解析】

为什么还是老老实实驾车呢?因为这种车很多人都不愿意驾驶,他驾的是一辆"仁德"之车,希望个个诸侯国及整个人类都能坐上,他的心始终仁爱宽厚期盼和善。

9.3 【原文】

子曰:"麻冕,礼也;今也纯,俭,吾从众。拜下,礼也;

今拜乎上,泰也。虽违众,吾从下。"

【注释】

(1)麻冕:麻布制成的礼帽。 (2)纯:丝绸,黑色的丝。(3)俭:俭省,麻冕费工,用丝则俭省。 (4)拜下:大臣面见君主前,先在堂下跪拜,再到堂上跪拜。 (5)泰:这里指骄纵、傲慢。

【诠释】

孔子看着这些礼服说:"用麻布制成祭祀时戴的帽子,是符合于礼的。现在大家都用黑丝绸制作,这样比过去节省了,我很赞同节俭,我赞成大家的做法。臣见国君时首先要在堂下跪拜,这也是符合于礼的,现在大家都跑到堂上跪拜去了,这是骄纵的表现,我想的虽然与大家的做法不一样,我还是主张在堂下拜见国君比较恭敬。"

9.4 【原文】

子绝四:毋意,毋必,毋固,毋我。

【注释】

(1)毋:不要,不可以妄言。意:同臆,猜疑。 (2)必:必定。 (3)固:固执己见。 (4)我:这里指自私之心。

【诠释】

孔子一生杜绝了人生常犯的四种弊病:"不妄言以自己的意思

主观猜测评判,不要把自己的想法和理想固定成不可更改的目标,做事对人没有固执己见之举,对待各种事物没有以我个人自私之心办理,都是以无我之心处之。"

9.5 【原文】

子畏于匡,曰:"文王既没,文不在兹乎?天之将丧斯文也,后死者不得与于斯文也;天之未丧斯文也,匡人其如予何?"

【注释】

(1)畏于匡:匡,地名,在今河南省长垣县西南。畏,受到威胁。公元前496年,孔子从卫国到陈国经过匡地。匡人曾受到鲁国阳虎的掠夺和残杀。孔子的相貌与阳虎相像,匡人误以孔子就是阳虎,所以将他围困。 (2)文王:周文王,姓姬名昌,西周开国之君,周武王的父亲,是孔子认为的古代圣贤之一。 (3)兹:这里,指孔子自己。 (4)后死者:孔子这里指自己。 (5)与:拥有的意思。 (6)如予何:能把我怎么样?

【诠释】

孔子当时正领着学生从卫国到陈国去,经过匡地时被匡地的人们突然所围困了,他们误认孔子是恶人阳虎,当时大家跟匡地的人解释,匡地的人不听还要加害孔子,老师当时自语说:"周文王不在了,周代的礼乐文化不都在我这里继承和发扬下来了吗?上天如果想要消灭我阻止这种礼仪传承,那我就不可能有能力继承和传承了。所以上天一直以来才未伤害我,希望我推行这种礼数,今天他们这些匡人又能把我怎么样呢?"

【解析】

当孔子被误围困时,每次孔子都有自己坚定的信念,那就是自己根本不是恶人,遇到困厄时自然用内心的仁德来充实,谓之"听天由命"顺其自然,人间无所惧焉。

9.6 【原文】

太宰问于子贡曰:"夫子圣者与?何其多能也?"子贡曰:"固天纵之将圣,又多能也。"子闻之,曰:"太宰知我乎?吾少也贱,故多能鄙事。君子多乎哉?不多也。"

【注释】

(1)太宰:官名,掌握国君宫廷事务。这里的太宰,有人说是吴国的太宰伯,但不能确认。 (2)纵:让,使,不加限量。(3)贱:出身贫寒贫苦。 (4)鄙事:平常的技艺。

【诠释】

有一位太宰拱手相问子贡说:"孔夫子是位圣人吧?为什么有那么多才能呢?"子贡说:"这本是上天要推崇让他成为圣人的吧,而且又使他多才多艺的吧。"孔子听到后说:"太宰怎么会了解我呢?我是因为少年时家计贫寒,所以学了许多平凡的技艺。一般的君子会有这么多的技艺吗?不会是那么多吧!当今富贵的家庭不愿让孩子从小吃苦,尽情玩乐,长大后也怕其吃苦,纵情娇惯怎能事事通达呢？"

9.7 【原文】

牢曰："子云：'吾不试，故艺。'"

【注释】

（1）牢：孔子的学生，姓琴，字子开。 （2）试：用，被任用。

【诠释】

学生子牢也听老师说过："因为老师年轻时没有被君主及时任用，所以年轻时才有时间去学习理想中的礼仪仁德及许多技艺，所以知识渊博，思维敏捷。"

【解析】

这一章同样说明孔子不认为自己是"非生而知之，圣人，天才"，是由于年轻时生活清贫困苦，所以学习了许多谋生技艺。

9.8 【原文】

子曰："吾有知乎哉？无知也。有鄙夫问于我，空空如也。我叩其两端而竭焉。"

【注释】

（1）知：懂得多。 （2）鄙夫：乡村的农民。 （3）空空如也：自己心中并没有提前装着什么。 （4）叩：抓住问题、事物的主要部分。两端，两个关键地方。 （5）竭：完、尽。

【诠释】

一天老师对大家说:"有人说我懂得很多知识,我懂得很多吗?我其实心里并不知道什么。曾经有一位乡下的伯伯问我问题,一开始我心里其实什么都不知道,问我时我只是细心地听,便能随着思路来了解、思考问题的上下关键部分了,这时就会把问题搞清楚回答上来了。"

9.9 【原文】

子曰:"凤鸟不至,河不出图,吾已矣夫!"

【注释】

(1)凤鸟:古代传说中的一种神鸟。传说凤鸟在舜时来仪,周文王时鸣于岐山。它的出现象征着"圣王"将要出世。 (2)河不出图:传说在上古伏羲氏时代,黄河中有龙马背负八卦图而出。它的出现也象征着"圣王"将要出世。

【诠释】

孔子遥望着西方叹息道:"传说凤鸟在舜时来过,周文王时也鸣于岐山,它是一种灵鸟,在上古伏羲氏时,黄河中也出现过龙马背负八卦图而出的事情。这两种都是吉祥之兆。这些年来凤鸟不来了,黄河中也不出现龙马背图了,证明目前这个世道也就完了,我也就这样吧!"

9.10 【原文】

子见齐衰者,冕衣裳者与瞽者,见之,虽少,必作;过之,必趋。

【注释】

（1）齐衰：丧服,古时用麻布制成。　（2）冕衣裳者：冕,官帽;衣,上衣;裳,下服,这里统指官服。冕衣裳者指贵族。(3)瞽：盲人。　（4）作：站起来,表示敬意。　（5）趋：快步走,表示敬意。

【诠释】

孔子每次只要遇到穿丧服的人、当官的人、盲人及少年人,见到他们在面前经过时都特别恭敬,即使遇见年少的盲哑鳏寡也马上去帮扶照顾,与这些人走路相遇了也一定要快步走过去让道给他们,需要的就恭敬地弯着腰慢慢地搀扶着送他们。

9.11 【原文】

颜渊喟然叹曰："仰之弥高,钻之弥坚,瞻之在前,忽焉在后。夫子循循然善诱人,博我以文,约我以礼,欲罢不能。即竭吾才,如有所立卓尔。虽欲从之,末由也已。"

【注释】

（1）喟：叹息的样子。　（2）弥：更加,越发。　（3）钻：钻研。　（4）瞻：视、看。　（5）循循然善诱人：循循然,有次序地。诱,劝导,引导。　（6）卓尔：高大、超群的样子。　（7）末由：末,无、没有。由,途径,路径。这里是没有办法的意思。

【诠释】

颜渊激动地说:"我抬头仰望老师的学问,越想越觉得高;我努力钻研,越钻研越觉得不可穷尽。看着很容易、很近,忽然又感觉很难、很遥远。老师不断地教导耐心地启发,用不同的方法来引导我们不同的人,又让我们学习礼节来约束我们的言行,我想停下来不学习都不可能。直到我自己都感觉快要用尽全身之力了,好像面前还有一个十分高大的吸引力在我前面,我很想追随上去,却好像还没有找到快捷前进的途径。"

9.12 【原文】

子疾病,子路使门人为臣。病间,曰:"久矣哉,由之行诈也。无臣而为有臣。吾谁欺?欺天乎?且予与其死于臣之手也,无宁死于二三子之手乎?且予纵不得大葬,予死于道路乎?"

【注释】

(1)为臣:帮助主人做事的家臣,总管。孔子当时不是大夫,没有家臣,但子路叫门人充当孔子的家臣,准备由此人负责总管安葬孔子之事。 (2)病间:病情减轻。 (3)无宁:宁可。无,是发语词,没有意义。 (4)大葬:指大夫的葬礼。

【诠释】

子路这几天一直伺候着老师,老师得病不起好几天了。子路此时让学生们扮作老师的家臣,让外人好看着气派以便负责料理后事。这时,孔子听说了就说:"你跟我这么长时间了,怎么仲由你也会弄虚欺诈呢,我知道你是好心,但我们明明没有家臣,你却偏偏要为我扮家臣,你难道不知道按礼来说没有家臣招设家臣是对国家不忠吗?是在搞欺诈陷我于不仁吗?我欺骗谁呢?我欺骗上天吗?与其我死在家臣的恭维下,还不如我死在你们这些学生手里呢。即使我真的死了不能以大夫之礼来安葬了,难道我死在路边就没人管了吗?"

【解析】

老师当时一直没有受到过国家长期的最大重视,作为学生是很难过的,子路希望老师受到应受的地位礼仪。夫子是痛恨那些有家臣的想篡权的大夫们,所以说死于家臣之手,不如死在自己的学生手里。

9.13 【原文】

子贡曰:"有美玉于斯,韫匵而藏诸?求善贾而沽诸?"子曰:"沽之哉,沽之哉!我待贾者也。"

【注释】

(1)韫匵:收藏物件的柜子。 (2)善贾:识货的商人。(3)沽:卖出去。

【诠释】

子贡深知老师修为才德少见,但老师一直不愿意就任不重用自己的官场。这天子贡幽默地说:"有一块美玉在我这里,是把它收藏在柜子里呢?还是找一个识货的商人卖掉呢?"孔子说:"卖掉吧,卖掉吧！虽然要卖掉也不要心急,也要等待时机等待识货的人,我正在等着能够识货的人呢。如真找不到理想的位置我也会弘道利人的。"

【解析】

"待贾而沽"也充分说明了孔子内心期盼自己或学生能够早日被重用,能以德治天下,才是目的。

9.14 【原文】

子欲居九夷。或曰:"陋,如之何?"子曰:"君子居之,何陋之有?"

【注释】

(1)九夷:古代对于东方少数民族的通称。 (2)陋:鄙野,文化闭塞,不开化。

【诠释】

老师了解到边远地区之人文化闭塞,就想要搬到九夷的地方去居住,为的是想启发那里的人。有人说:"那里非常落后闭塞,不开化,怎么能去住呢?"孔子说:"如有君子去住,还有什么闭塞落后的呢?"

9.15 【原文】

子曰:"吾自卫反鲁,然后乐正,雅颂各得其所。"

【注释】

(1)自卫反鲁:公元前484年(鲁哀公十一年)冬,孔子从卫国返回鲁国,结束了 14 年游历不定的生活。 (2)乐正:调整乐曲的篇章。 (3)雅颂:这是《诗经》中两类不同的诗的名称。也是指雅乐、颂乐等乐曲名称和用雅音来读诵诗。

【诠释】

老师解释说:"我自周游列国数年来,今从卫国返回到鲁国,以在四周不断参访考订,虽说礼乐在鲁国,然诗乐残缺不全,今才有时间整理纠正国内这些礼乐,对于雅乐和颂乐才各有适当的安置。"

9.16 【原文】

子曰:"出则事公卿,入则事父兄,丧事不敢不勉,不为酒困,何有于我哉。"

【诠释】

老师教导大家:"在外要尽职尽责做好本职工作,恭敬扶持国君尽心为国尽忠;到了家里要孝敬父母,友爱兄弟姐妹是为孝悌,遇到丧事不敢不恭敬尽心去办是尽义务,遇到筵席不被酒食劝酒所吸引困住是知廉耻,要想使自己成为君子,这些事对于我来说又有什么困难呢?"

9.17 【原文】

子在川上曰:"逝者如斯夫,不舍昼夜。"

【注释】

川:河流。

【诠释】

孔子在河边悠闲地散着步,但内心十分感叹,警醒地说:"消逝的时光啊就像这河水一样,不分昼夜地向前流去,如生命的岁月悄悄而逝,做人一定要厚德载物自强不息才能如这河流一样纯亦不已啊。"

9.18 【原文】

子曰:"吾未见好德如好色者也。"

【诠释】

孔子有所忧虑地说:"很多人都知道卫灵公喜好仁德人才,可是当他邀请我与他和他夫人南子同坐其车时,我不同意,他也不让他夫人下车,反让我做第二辆车,这是违礼啊。我还走过很多地方,确实还真的没有见过喜好仁德的人像喜好美色那样贪恋不舍呢。如果过分地贪图财、色、名和利就会难使贤德之人靠近自己,国家无忠臣会堕入危难,如能远离好色之心,就能安邦定国永定基业,万事可成啊!"

9.19 【原文】

子曰:"譬如为山,未成一篑,止,吾止也;譬如平地,虽覆一篑,进,吾往也。"

【注释】

篑:土筐。

【诠释】

老师看着眼前的山脉和我们说:"一个人的成功与否就看他眼

前是不是持之以恒的在努力进取？比如用土堆山，只差一筐土就完成了，这时如果中间停下来，那是自己要停下来的；比如在平地上本来一筐土也没有，只要下定决心开始倒下第一筐土，这时一直继续始终添加，也是自己要添加的，必然会堆起你想要达到的理想高度。"

【解析】

这里孔子用土堆山来说明一个问题："做事的选择和成败都在自己，说明功亏一篑和持之以恒的深刻道理。"

9.20 【原文】

子曰："语之而不惰者，其回也与！"

【注释】

惰：懒，懈怠，怠慢。

【诠释】

孔子叹息着说："听到善意正确的教诲后而不懈怠，能马上去做的，也只有颜回还可以吧！人贵在听到利己利他的善举而能马上去做，这是最智慧的成功者。"

9.21 【原文】

子谓颜渊曰："惜乎！吾见其进也，未见其止也。"

【诠释】

孔子在和我们谈论颜回时说："这个孩子太难得了！我总是见

他不断地学习不断地进步,从来没有看见他对任何善事善为停止懈怠过。"

9.22 【原文】

子曰:"苗而不秀者有矣夫;秀而不实者有矣夫!"

【注释】

(1)秀:稻、麦等庄稼吐穗扬花称为秀。 (2)矣:语气词,感叹。

【诠释】

老师边走边看着庄稼苗说:"有些学生跟庄稼苗是一样的,庄稼出了苗而不能吐穗扬花的情况是有的;吐穗扬花了而不能结果实的情况也是有的,都取决于自身,都怨不得任何人,何必胡思乱想呢!"

【解析】

人的一生像庄稼苗一样,如从求学到做官的过程,有的人其根(德行)扎得稳,所以很有前途。有的人也努力上进,但不能坚持始终(德行),最终达不到目的,且夭折身败名裂。这里,孔子希望自己的学生既能勤奋学习,又能诚实做人,才能做官出仕德治国家。

9.23 【原文】

子曰:"后生可畏,焉知来者之不如今也?四十、五十而无闻焉,斯亦不足畏也已。"

【诠释】

孔子感慨地说:"下一代是值得敬畏的,只要他们认真进取、发奋图强、立宏图伟志,怎么就知道不如现在的一代强呢? 如果到了四五十岁时自己还不觉醒,再不努力去改变自己,那他就没有什么可以敬畏的了。"

9.24 【原文】

子曰:"法语之言,能无从乎? 改之为贵。巽与之言,能无说乎? 绎之为贵。说而不绎,从而不改,吾末如之何也已矣。"

【注释】

(1)法语之言:法,指礼仪规则。这里指以礼法规则正言规劝。 (2)巽与之言:巽,恭顺,谦逊。 (3)与:称许,赞许。这里指恭顺赞许的话。 (4)说:同"悦"。 (5)绎:原义为"抽丝",这里指推究,追求,分析,鉴别。 (6)末:没有。

【诠释】

老师开导说:"符合礼法的正道规劝,谁不愿意听从呢? 知道错误马上改正才是最可贵的。恭顺赞许的话,听了还能再说什么呢? 但只有认真推究它的真伪是非之意,才是最可贵的。只是高兴而不去分析,只是表示听从而不改正错误,对这样的人来说我也是实在拿他没办法呀!"

9.25　【原文】

子曰:"主忠信,毋友不如己者,过则勿惮改。"

【诠释】

一天老师说:"做人千万要以忠信为主,一生才能立足立稳世间,平时千万不要想身边的人如何如何不如自己,那是因为还不了解别人的长处与内心,是自己想错了。越是有本事的人越谦虚,没花架子不摆样子,所以你看不清。自己如果错了就不要推迟时间,不要害怕和隐藏碍于面子,要及时改正,当面向他人赔礼道歉以挽回时机和最大损失,才会更好的利于双方,而且会收到意想不到的益处。"

9.26　【原文】

子曰:"三军可夺帅也,匹夫不可夺志也。"

【注释】

(1) 三军:一万两千五百人为一军,三军包括大国所有的军队。此处言其多。　(2) 匹夫:指男子,大丈夫。

【诠释】

孔子豪迈地说:"人从正念中产生出来的志气是非常巨大的。比如一个有谋略才能的人,想陷害或夺取一个三军的主帅是有可能的,但是想用这种方法改变一个真正为了人民国家,为了世界和平而不惜奋斗终生的君子之志来说,是不可能的。他的人格、方向一旦确立了是任何力量都不能改变的,能改变的就并非是君子之志了!"

9.27 【原文】

子曰:"衣敝缊袍,与衣狐貉者立而不耻者,其由也与?'不忮不求,何用不臧?'"子路终身诵之。子曰:"是道也,何足以臧?"

【注释】

（1）衣:穿,当动词用。 （2）敝缊袍:敝,坏。缊,旧的丝绵絮。这里指破旧的丝棉袍。 （3）狐貉:就是动物狐狸和貉子的皮做的裘皮衣服。 （4）不忮不求,何用不臧:这两句见《诗经·邶风·雄雉》篇。忮,害的意思。臧,善,好。

【诠释】

孔子说:"穿着破旧的丝棉袍子,与穿着狐貉皮袍的人站在一起而不认为自己是贫穷的,大概只有仲由吧。《诗经》上说:'不嫉妒,不贪求,为什么不好呢?'"子路听后,反复的背诵这几句。孔子又说:"虽然能够做到这样已经符合道义了,但为什么要满足呢?还要用道义使人人更好,都富裕起来幸福起来最好。"

9.28 【原文】

子曰:"岁寒,然后知松柏之后彫也。"

【诠释】

一天孔子漫步在林间,深情地仰望着不远的松柏,感叹地说:"只有冬天到了,凄厉的寒风都将其他树木吹得凋谢了,而只有松柏依然是那么的挺拔,郁郁葱葱,青翠无比枝叶繁茂,一直都不会凋落。您的气质就好比是君子的心,一样也会遇到各种利害关系,一点都不动心,依然是那样的有贞节,不畏严寒,依然屹立在那里。所以好的人品是经得起考验的,它不在一时而在一世,是可以经得起风吹雨淋的。"

9.29 【原文】

子曰:"知者不惑,仁者不忧,勇者不惧。"

【诠释】

老师这天说:"智慧之人他能以点带面了解事物本质,所以遇事是不会迷茫疑惑的。具有仁德之心的人,心是宽广敞亮无私的,所以从不忧虑担心什么。本心善良心忧万民,心怀天下之人才是勇者,勇者只有具备仁德之心才会产生出阳刚之浩然正气,怎会畏惧害怕邪事呢?所以知、仁、勇,三者天下之达德也。"

9.30 【原文】

子曰:"可与共学,未可与适道;可与适道,未可与立;可与立,未可与权。"

【注释】

(1)适道:适,往。这里是志于道,追求道的意思。 (2)立:坚持道而不变。 (3)权:秤锤。这里引申为权衡轻重。

【诠释】

孔子说:"比如自己和很多人在一起,从表面上看谈谈笑笑志同道合,现在也能在一起学习,但以后未必是一样的理想,走的是同一条道路,是一样的理想也未必走的是同一条道路,到时候未必能够坚守仁者之道达到自立目的,能够坚守仁者之道好似也能自立了,未必有权位了能够随机权衡轻重来利于国家,所以做人应自律自强,以免成社会蛀虫。"

9.31 【原文】

"唐棣之华,偏其反而。岂不尔思,室是远而。"子曰:"未之思也,夫何远之有?"

【注释】

(1)唐棣:一种植物,属蔷薇科,落叶灌木。 (2)偏其反而:形容花摇动的样子。 (3)室是远而:住的地方离你太远了。

【诠释】

有一首诗这样写道:"唐棣的花朵啊,翩翩地摇摆,我岂能不想念你吗?只是由于我住的地方太远了。"老师说:"这个人还是没有真正的想念它、想拥有它、想帮助他,如果真的需要它了,就会排除困难与其相见了,还说什么遥远不遥远呢?"

乡党篇第十

【引语】

本篇共 27 章,集中记载了孔子的容色神情动作,衣食住行,孔子是一举一动都符合礼的正人君子。例如孔子在面见国君时、面见大夫时的态度;他出入于公门和出使别国时的表现,都显示出正直、仁德的品格。本篇中还记载了孔子日常生活的一些侧面,为人们全面了解孔子、研究孔子,提供了生动的素材。

10.1 **【原文】**

孔子于乡党,恂恂如也,似不能言者。其在宗庙、朝廷,便便言,唯谨尔。

【注释】

(1)恂恂:温和恭顺。 (2)便便:辩,善于辞令。

【诠释】

孔子虽然常年在外做官、弘道,可每次回到家乡时对乡邻百姓温和恭敬、默不多言、谦虚有礼,好像是不会说话的样子。但他在宗庙里、朝廷上,该说话的时候侃侃而谈非常有条理,只是很谨慎小心而已。

10.2 【原文】

朝,与下大夫言,侃侃如也;与上大夫言,訚訚如也。君在,踧踖如也,与与如也。

【注释】

(1)侃侃:说话理直气壮,不卑不亢,温和快乐的样子。(2)訚訚:正直,和颜悦色而又能直言诤辩。(3)踧踖:恭敬而不安的样子。(4)与与:小心谨慎、威仪适中的样子。

【诠释】

孔子上朝后,国君还没有到来,他同下大夫说话时温和而快乐的样子;同上大夫说话时和颜悦色又正直公正的样子;国君要来了,提前神色恭敬而心中不安的样子;言行始终谨慎小心威仪适中。开始说话了,说起话来既庄重诚恳又有威仪。他对学生说:"作为臣子要对不同的事有不同的恭敬之情,尽量不失礼仪。"

10.3 【原文】

君召使摈,色勃如也;足躩如也。揖所与立,左右手,衣前后,襜如也。趋进,翼如也。宾退,必复命曰:"宾不顾矣。"

【注释】

(1)摈(宾):动词,负责招待国君的官员。 (2)色勃如也:

脸色立即庄重起来。 （3）足躩：脚步快的样子。 （4）襜：整齐之貌。 （5）翼如也：如鸟儿展翅一样。

【诠释】

国君希望孔子去接待来宾，孔子到了那里，脸色即时庄重起来，脚步轻快地去迎接客人，他向和他站在一起的人作揖，双手抬起，拱起手来向左或向右施礼，衣服前后摆动，却整齐不乱。招待宾客向前走的时候，快步而行，像鸟儿展开双翅一样舒展。宾客走后，他就必定回到朝上向国君回报说："客人已经走了，看不到回头张望了我才回来的，您放心吧，把事情办好了。"

【解析】

招待国外使者既要亲切庄重又要诚恳礼让，客人走后又以臣子之礼汇报工作，做到了人之本分。"不是玩忽职守，目无领导。"所谓在其位，谋其政，如理如法的尽义务才是君子的为人之道。

10.4 【原文】

入公门，鞠躬如也，如不容。立不中门，行不履阈。过位，色勃如也，足躩如也，其言似不足者。摄齐升堂，鞠躬如也，屏气似不息者。出，降一等，逞颜色，怡怡如也。没阶，趋进，翼如也。复其位，踧踖如也。

【注释】

（1）鞠躬如：谨慎而恭敬的样子。 （2）履阈：门槛，脚踩门坎。 (3)摄齐(音 zī)：衣服的下摆。摄，提起。提起衣服的下摆。 (4)降一等：从台阶上走下一级。 (5)逞：舒展开，松口气。 (6)没阶：走完了台阶。 (7)踧踖如也：恭敬而不安的样子。

【诠释】

孔子上朝时一旦走进朝廷的大门里，见人就恭敬地鞠躬，谦虚的好像没有他的容身之地，对任何人都很和气。闲站立时，他不站在门的中间闲聊，怕影响经过门的人，来回走路时，也不踩门槛。经过国君的座位时，神情庄重快步走过，怕有其他群臣和国君商议事务而受到影响。说话时好像中气不足一样，以免声大不敬大家。提起衣服下摆向堂上走的时候，恭敬谨慎的样子，憋住气好像不呼吸一样，免得别人误解自己傲慢。退出来走下台阶时脸色便放松舒展开了，怡然自得的样子。走完了台阶，快快地向前走几步，姿态像鸟儿展翅一样，回到自己的位置上表现得还是恭敬而不安的样子，始终清醒控制自己的心使之平静，谨慎自己的言行举止，以免招使他人不满。

【解析】

做人待人时时谦虚恭敬，生怕自己哪里做得不到位，招致大家不满，这种思想言行本身就是修养自己的仁德之心。

10.5 【原文】

执圭，鞠躬如也，如不胜。上如揖，下如授。勃如战色，足蹜蹜，如有循。享礼，有容色。私觌，愉愉如也。

【注释】

(1) 圭：一种上圆下方的玉器礼器，举行典礼时，不同身份的人拿着不同的圭。出使邻国，大夫拿着圭作为代表君主的凭信。(2) 战色：战战兢兢的样子。 (3) 蹜蹜：小步走路的样子。(4) 如有循：循，沿着。好像沿着一条直线往前走一样。 (5) 享礼：享，献上。指向对方贡献礼物的仪式。使者受到接见后，接着举行献礼仪式。 (6) 觌：会见。

【诠释】

孔子出使他国参见国君时，拿着礼器圭恭敬地走向前去慢慢地鞠躬施礼，好像很沉重的样子，向上起身时如作揖般恭敬，双手放下来时好像是接到了对方馈赠的礼物。精神开始萌发，需要走动时小步轻轻地向前移动，好像是沿着一条直线一样。在贡献礼物或接受馈礼时喜悦轻松。应君臣私下邀请时，更轻松愉快了。

【解析】

以上这五章，集中记载了孔子在朝、在乡的言谈举止，音容笑貌，给人留下十分深刻的印象。孔子在不同的场合，对待不同的人和事物，容貌、神态、言行都不同。他在家乡时，给人的印象是谦逊、和善的老实人；他在朝廷上，则态度恭敬而有威仪，不卑不亢，敢于讲话，他在国君面前，温和恭顺，局促不安，庄重严肃又诚惶诚恐。所有这些，体现了孔子平时的修养德行及礼仪的功夫是多么深，心是多么平静细致和做人做事多么谦卑提供了具体的资料。

10.6 【原文】

君子不以绀緅饰，红紫不以为亵服。当暑，袗絺绤，必表而出之。缁衣,羔裘;素衣,麑裘;黄衣,狐裘。亵裘长,短右袂。必有寝衣,长一身有半。狐貉之厚以居。去丧,无所不佩。非帷裳,必杀之。羔裘玄冠不以吊。吉月,必朝服而朝。

【注释】

(1) 不以绀緅饰:绀,深青透红,斋戒时服装的颜色。緅,黑中透红,丧服的颜色。这里是说,不以深青透红或黑中透红的颜色布给平常穿的衣服镶上边作饰物。 (2) 红紫不以为亵服:亵服,平时在家里穿的衣服。古人认为,红紫不是正色,便服不宜用红紫色。 (3) 袗絺绤:袗,单衣。絺:细葛布。绤,粗葛布。这里是说,穿粗的或细的葛布单衣。 (4) 必表而出之:把麻布单衣穿在外面,里面还要衬有内衣。 (5) 缁衣:黑色的衣服。 (6) 羔裘:羔皮衣。古代的羔裘都是黑羊皮,毛皮向外。 (7) 麑:小鹿,白色。 (8) 短右袂:袂,音mèi,袖子。右袖短一点,是为了便于做事。 (9) 寝衣:睡衣。 (10) 狐貉之厚以居:狐貉之厚,厚毛的狐貉皮。居,坐。 (11) 帷裳:上朝和祭祀时穿的礼服,用整幅布制作,不加以裁剪,折叠缝上。 (12) 必杀之:一定要裁去多余的布。杀,裁。 (13) 羔裘玄冠:黑色皮礼帽。 (14) 不以吊:不用于丧事。 (15) 吉月:每月初一。一说正月初一。

【诠释】

按照礼仪,君子的穿着是要有讲究的,上衣不能用深青透红的或铁红的布镶边,红色或紫色的布不能做平常在家穿的便服。夏天穿粗的或细的葛布单衣,但里面一定要有一层内衬,穿的时候还要套在内衣外面。黑色的羔羊皮袍,配黑色的罩衣。白色的鹿皮袍,配白色的罩衣。黄色的狐皮袍,配黄色的罩衣。平常在家穿的皮袍做得长一些,右边的袖子短一些。睡觉一定要有睡衣,要有一身半长。用狐貉的厚毛皮做坐垫。如遇到丧事丧服期满,脱下丧服后,便佩带上各种各样的装饰品。如果不是礼服,一定要加以剪裁。不穿着黑色的羔羊皮袍和戴着黑色的帽子去吊丧。每月初一,一定要穿着礼服去朝拜君主。

10.7 【原文】

齐,必有明衣,布。齐必变食,居必迁坐。

【注释】

(1)齐:同斋。 (2)明衣:斋前沐浴后穿的浴衣。 (3)变食:改变平常的饮食。指不饮酒,不吃葱、蒜等有刺激味的食品。(4)居必迁坐:指从内室迁到外室居住,不和妻妾同房。

【诠释】

斋戒沐浴的时候,一定要有浴衣,用布做的。斋戒的时候,一定要改变平常的饮食,自己居住也要搬移地方独居一室不与妻妾同房。

10.8 【原文】

食不厌精,脍不厌细。食饐而餲,鱼馁而肉败,不食。色恶,不食。臭恶,不食。失饪,不食。不时,不食,割不正,不食。不得其酱,不食。肉虽多,不使胜食气。唯酒无量,不及乱。沽酒市脯,不食。不撤姜食,不多食。

【注释】

(1) 食:在这指的是五谷类粮食。(1) 胲:指的是祭祀分给的肉。 (2) 饐:陈旧。食物放置时间长了。 (3) 餲:变味了。(4) 馁:鱼腐烂,这里指鱼变腐了。 (5) 败:肉腐烂,这里指肉不新鲜。 (6) 饪:烹调制作饭菜。 (7) 不时:应时,时鲜。(8) 割不正:肉切得不方正。 (9) 气:同"饩",音 xì,即粮食青菜。(10) 不及乱:乱,指酒醉。不到酒醉时。 (11) 脯:熟肉干。

【诠释】

粮食不嫌舂得细,祭祀的肉不嫌切得细。食物陈旧和变味了,鱼和肉腐烂了,都不要吃。食物的颜色变了不吃。气味变了不吃。烹调煳了不吃。不时时节的食物不吃。软硬切在一起,不吃。佐料放得不适当,不吃。席上的肉虽多,但不如吃些粗粮青菜。只有喝酒不限制你,但不要喝醉。从市上买来的肉干和酒,不吃。每餐必须有姜,但也不多吃。

【解析】

怎样看待这些事呢？在古代家境贫寒,富裕的人家也是到年关才得以吃上一点肉(或腊肉)及新鲜的蔬菜,或用珍贵的肉来祭祀祖先以表诚意,即使在朝为官者才有可能得到国君赏给的一点祭肉,已经是很稀少的了。而那时的鸡鸭都是自家饲养,不舍得吃,都是以素食为主,所以人们头脑清醒学习也好。很多家庭即使肉、菜坏了也舍不得丢弃,故孔子谈及此事以免人食之得病,而孔子本人对肉食不是粗食者。

10.9 【原文】

祭于公,不宿肉,祭肉不出三日。出三日,不食之矣。

【注释】

(1) 不宿肉:不使肉过夜。古代大夫参加国君祭祀以后,可以得到国君赐的祭肉。但祭祀活动一般要持续二三天,所以这些肉就已经发霉了。 (2) 祭肉:祭祀时用的肉。

【诠释】

孔子说:参加国君祭祀典礼时分到的肉,最好不要留到第三天。超过三天,就不要吃了。"

10.10 【原文】

食不语,寝不言。

【诠释】

吃饭的时候最好不要言语、说笑、生气,训斥他人,这样容易使食物卡住嗓子或饭粒从口中喷到他人身上,或噎住嗓子等造成危险,也会使被训斥的人和全家不愉快。睡觉的时候也不要说话,也不要讲、看些鬼神、残暴的事情,既会直接影响邻居又会造成自己的思想混乱,容易造成失眠噩梦等,这些都是做人必备的修养知识。

10.11 【原文】

虽疏食菜羹,瓜祭,必齐如也。

【注释】

(1)菜羹:用菜做成的汤。 (2)瓜祭:古人在吃饭前,把宴席上各种食品分出少许,放在食具之上祭祖。 (3)齐:同斋。如也,一样庄重恭敬。

【诠释】

即使是粗米饭,蔬菜汤,吃饭前也要把它们取出一些来祭祖,而且内心要同斋戒过的一样严肃恭敬,这样会对当事者起到意想不到的静心作用,对后代会起到延续孝悌示范作用。

10.12 【原文】

席不正,不坐。

【注释】

席:用稻草或芦苇编成的方形席子,古代桌椅很少,大都坐在铺于地面的席子上。

【诠释】

把席子放端正了再座,不要坐得东倒西歪。以免让众人看上去无有教养礼法行为懒散。来了客人即使亲人也要起身迎接,这样亲人朋友才会亲上更亲,反之大家已看到,亲情越来越淡薄。

10.13 【原文】

乡人饮酒,杖者出,斯出矣。

【注释】

（1）乡人饮酒：指当时的乡间饮酒礼仪。 （2）杖者：拿拐杖的人，或老人或残疾人。

【诠释】

有时回到家乡时，父老乡亲会聚在一起饮酒，只要孔子在场时，都会帮助让拄着拐杖的还有年老的人喝完酒后提前离去，然后自己才离去，怕这些人喝醉了没人照顾。

10.14 **【原文】**

乡人傩，朝服而立于阼阶。

【注释】

（1）傩：古代迎神驱鬼的仪式。 （2）阼阶：阼，东面的台阶。主人立在大堂东面的台阶，在这里欢迎客人。

【诠释】

乡里人举行迎神驱鬼的仪式时，孔子总是穿着朝服站在东边的台阶上观看，心里总是在思索着什么？

10.15 **【原文】**

问人于他邦，再拜而送之。

【注释】

（1）问：问候。古代人在问候时往往要致送礼物。 （2）再拜而送之：在送别客人时，两次拜别。　（3）邦：接近自己国家的国家，邻国。

【诠释】

　　孔子在向其他诸侯国的朋友问候时，便托人带些礼物过去，时常嘱咐受托者，为表示感谢双手施礼恭拜两次才起身相送，等朋友走远了，自己目光看不见人了才回去。

10.16　【原文】

　　康子馈药，拜而受之。曰："丘未达，不敢尝。"

【注释】

　　（1）馈：赠送。　（2）未达：还不明白，不了解。

【诠释】

　　季康子给孔子赠送草药来了，孔子拜谢之后接受了，诚恳地说："虽然按理说只要是送来的药都要尝一尝，有了什么不良的状况才会没有对方的责任，我是相信您的，我对药性也不太了解，未敢尝，还望您多多指点包涵啊！"季康子说："没关系。"

10.17　【原文】

　　厩焚。子退朝，曰："伤人乎？"不问马。

【注释】

　　厩：养马的地方，马棚。

【诠释】

　　孔子家的马棚不小心失火烧着了。老师退朝回来,急切地问:"伤着人了吗?"有人告诉他说没有。他才放心。并没有急着问马的情况。

【解析】

　　孔子家里马棚失火后,首先问人是否受伤。这说明他的思想是重人轻财,以人为本。

10.18 【原文】

　　君赐食,必正席先尝之。君赐腥,必熟而荐之。君赐生,必畜之。侍食于君,君祭,先饭。

【注释】

　　(1)赐:奖赏。腥,牛肉。荐,供奉。生,活物。畜,饲养。

【诠释】

　　国君赐给熟食后,要先摆正座席后再尝一尝,以表恭敬。国君赐给生肉,一定煮熟了再供奉给长者及宗亲,以表孝道。国君赐给活物,一定要饲养起来,以表仁慈。同国君一道吃饭时,国君祭礼祖先,自己也要跟随着祭礼祖先,以示不忘先祖伟德。

10.19 【原文】

　　疾,君视之,东首,加朝服,拖绅。

【注释】

（1）东首：头朝东。 （2）绅：束在腰间的大带子。

【诠释】

老师整天思国忧民终于病倒了，躺在床上，国君来探望他时，他头朝东躺着，他无法起身穿朝服，于是就把朝服盖在身上以示尊敬，朝服衣服上的大带子好像挨着了地。

10.20 【原文】

君命召，不俟驾行矣。

【注释】

俟：等待。

【诠释】

国君要召见孔子，孔子听到后不等车马驾好就先向前走去。因为国君召见可能有要事，再者自己也要态度积极以示敬重国事。

10.21 【原文】

入太庙，每事问。

【注释】

此章重出。译文参见《八佾》篇第三之第 15 章。

【诠释】

孔子不论走进太庙、修行的道观、寺院或其他任何地方都要事先详细咨询学习一些注意事项和自身想要学习的想法,这样就会有人帮你解决,就不会迷信、盲目崇拜造成乱闯失礼等行为。也会学得知识更多,使自己更加有修养,有方法可以去实际力行,所以多问是最好的学习态度。

10.22 【原文】

朋友死,无所归,曰:"于我殡。"

【注释】

(1)朋友:指与孔子志同道合的人。 (2)殡:停放灵柩和埋葬都可以叫殡,这里是泛指丧葬事务。

【诠释】

孔子只要是听说有朋友死了,没有条件安葬的,就会说:"丧事由我来承办吧!"对于社会上的其他不认识的也是这样对待,即使自己再拮据也要想办法解决,他说:"这事是大事啊,我怎能忍心不管呢?"

10.23 【原文】

朋友之馈,虽车马,非祭肉,不拜。

【诠释】

在交往过程中,虽然朋友馈赠的是车马那样的大礼件也不用行大礼拜谢。如果是祭肉,虽小也要行礼拜谢。因为祭肉是祭祀祖先的珍贵贡品,所以要把祭肉看得比车马还要重要,但无论是何礼物都是要感恩的。

10.24 【原文】

寝不尸,居不客。

【诠释】

睡觉不要像死尸一样仰面挺着,要右侧躺卧双腿上曲松弛如弓,一晚上会缓解劳累还不会压迫心脏。回到家里就应该放松自我,心情不要向对待客人一样停留在工作上,最好也把在外烦心的事情放下,这样就会放松心情,放下严肃板正的神态,和家人愉快的相处,全家没有了紧张的外表才会幸福每一天。如来了客人要把对方当成亲人招待,这样双方都会欢心愉快的。

10.25 【原文】

见齐衰者,虽狎,必变。见冕者与瞽者,虽亵,必以貌。凶服者式之。式负版者。有盛馔,必变色而作。迅雷风烈必变。

【注释】

(1)齐衰:指丧服。狎,亲近的意思。瞽者,盲人,指乐师。(2)亵:常见、熟悉。凶服:丧服。 (3)式:同轼,古代车辆前部的横木。这里作动词用。遇见地位高的人或其他人时,驭手身子向前微俯,伏在横木上,以示尊敬或者同情。这在当时是一种礼节。 (4)负版者:背负国家图籍的人。当时无纸,用木版来书写,故称"版"。　（5）馔:饮食。盛馔,盛大的宴席。作,站起来。

【诠释】

　　孔子看见穿丧服的人,即使是关系亲密的,也一定要把态度变得严肃起来。看见当官的和盲人,即使是常在一起的,也一定要有礼貌的问候。在乘车时遇见穿丧服的人,便俯伏在车前横木上以示同情。遇见背负国家图籍的人,也这样做以示敬意。作客时,如果有丰盛的筵席,就要神色变得高兴一点,并站起来致谢。遇见迅雷大风,一定要改变神色以示对上天的敬畏,做人要时时有礼,处处才欢喜。

10.26 【原文】

　　升车,必正立,执绥。车中,不内顾,不疾言,不亲指。

【注释】

　　（1）执绥:上车时扶手用的索带。　（2）内顾:左右看。（3）疾言:大声说话。　（4）不亲指:不用自己的手指画。

【诠释】

　　准备上车时,一定要先小心站立好,然后拉着扶手的长布袋子上车。坐在车上不要到处张望,不高声说话,不用手指指点点。以免车子不稳自己还没觉察就摔下来碰伤了,处处小心为妙。

【解析】

　　以上几章,都是讲礼在生活中的重要性。关系到自己和他人,礼并非会约束自己,而是在时时利于自己。

10.27 【原文】

色斯举矣,翔而后集。曰:"山梁雌雉,时哉时哉!"子路共之,三嗅而作。

【注释】

(1)色斯举矣:色,脸色。举,鸟飞起来。 (2)翔而后集:飞翔一阵,然后落到树上。鸟群停在树上叫"集"。 (3)山梁雌雉:聚集在山梁上的母野鸡。 (4)时哉时哉:得其时呀!得其时呀!这是说野鸡时运好,能自由飞翔,自由落下。共,同"拱"。 (5)三嗅而作:嗅应为臭字之误。臭,鸟张开两翅。一本作"戛"字,鸟的长叫声。

【诠释】

孔子和子路在路边散步,惊起了一群野鸡飞了起来,孔子脸上的神色跟着喜悦了起来,野鸡在空中盘旋了几圈集落在不远的树梢上。孔子感叹地说:"这些山梁上的野鸡啊!现在飞吧,正是时候啊,现在飞吧正是时候啊!"子路向前走上几步冲着野鸡拱拱手,口里"去、去、去"的叫了三声,野鸡便张开两翅吱吱的飞走了。

先进篇第十一

【引语】

本篇共有 26 章,其中著名的文句有:"未能事人,焉能事鬼?""未知生,焉知死","过犹不及"等。这一篇中包括孔子对弟子们的评价,并以此为例说明"过犹不及"的中庸思想;学习各种知识与日后做官的关系;孔子对待鬼神、生死问题的态度。最后一章里,孔子和他的学生们各述其志向,反映出孔子政治思想上的倾向。

11.1 【原文】

子曰:"先进于礼乐,野人也;后进于礼乐,君子也。如用之,则吾从先进。"

【注释】

(1)先进:指先学习礼乐而后再任用做官或其他要职的人。(2)野人:(朴实厚道的人)朴素粗鲁的人或指乡野平民。(3)后进:任用后才学习礼乐的人。 (4)君子:这里指贵族后裔,(任用后才学习礼乐的人)。

【诠释】

孔子阐释说:"进朝为官,先学习礼乐而后再任用为官的人,是原来没有爵禄的朴实厚道的普通平民;而先当了官然后再学习礼乐的人,是在他人看来就成了'君子'的人。如果让我做主为国家选拔人才的话,那我便主张选用先学习过礼乐的人,要比那些不尽心学习虚伪应付的'假君子'以后会从德行上强得多。"

【解析】

在西周时期,人们因社会地位和居住地的不同,就有了贵族、平民和乡野之人的区分。孔子这里认为要选过硬人才:即原来就有爵禄的人,在为官以前,他们没有接受过礼乐知识的系统教育,没有德根,还不知道怎样为官便当上了官,这样的人能力德行自然稍差些。而那些本来没有爵禄的平民百姓,他们从小为了出人头地已经下功夫全面系统地学习了礼乐仁德,知道谦卑和感恩地去为人处事,所以官前学习的要比官后学习得强。

11.2 【原文】

子曰:"从我于陈、蔡者,皆不及门也。"

【注释】

(1)陈、蔡:陈国、蔡国,当时中国两个诸侯小国。 (2)不及门:门,这里指受教的场所。不及门,是说不在我门下,都不在我身边了。

【诠释】

孔子感叹地说:"曾经跟随我从陈国到蔡国去的学生,品德都非常好,现在都不在我身边了,我也很想念他们哪!"

【解析】

公元前489年,孔子和他的学生从陈国到蔡国去。途中,他们被陈国的士兵所包围,绝粮7天,许多学生饿得不能行走。当时跟随他的学生有子路(姓仲名由)、子贡(端木赐,字子贡)、颜渊(姓曹别名颜子渊、颜渊)、闵子骞(别名闵损)、仲弓(别名冉雍、犁牛氏)、冉伯牛(姓冉,名耕。字伯牛)等人。公元前484年,孔子回鲁国以后,子路、子贡等先后离开了他,颜回(颜渊)也死了。所以,孔子时常想念他们。这段话,反映了孔子对学生们的怀念之情。

11.3 【原文】

德行:颜渊、闵子骞、冉伯牛、仲弓。言语:宰我、子贡。政事:冉有、季路。文学:子游、子夏。

【注释】

(1)德行:指能立身于孝悌、忠恕等道德仁义于一身的人。(2)言语:善于表达辞令,有办理外交的能力。 (3)政事:指能从事政治事务。 (4)文学:指偏于通晓诗书礼乐等古代文献的研究。

【诠释】

在老师的学生里,长期跟随的、在德行方面比较好的有:颜渊、闵子骞、冉伯牛、仲弓。善于辞令的有:宰我、子贡。擅长政事的有：冉有、季路。偏于通晓文献知识的有：子游、子夏。

11.4 【原文】

子曰："回也非助我者也，于吾言无所不说。"

【注释】

（1）非助：不是故意要帮我。 （2）无所不说：没有不心悦诚服高兴的。说，通"悦"。

【诠释】

有人说颜回在学习时故意不吱声专听老师的话，老师解释说："颜回并不是故意要听我的，而是对于我所教授给他的各种知识，他认为非常有道理，所以才对我说的话没有不心悦诚服的。"

11.5 【原文】

子曰："孝哉闵子骞！人不间于其父母昆弟之言。"

【注释】

（1）间：不一致，指责，批评、挑剔。 （2）昆：兄、弟，引申为友好亲爱。

【诠释】

孔子高兴地称赞闵子骞说："孝顺的闵子骞啊，真是孝顺啊！对于闵子骞的亲人赞许闵子骞孝敬亲人的事人们是不会怀疑和有异议的。"

11.6 【原文】

南容三复白圭,孔子以其兄之子妻之。

【注释】

(1)南容:孔子的学生。三复,多次重复。 (2)白圭:《诗经·大雅·抑之》的诗句:"白圭之玷,尚可磨也,斯兰之玷,不可为也"。意思是白玉上的污点还可以磨掉,我们言论中有毛病,就无法挽回了。这是告诫人们要谨慎自己的言语。 (3)玷:白玉上面的斑点,亦喻人的缺点、过失。 (4)子:这里指女儿。妻,以女儿嫁人。

【诠释】

老师的学生南容反复在诵读"白玉上的斑点还可以磨掉,我们言论中有毛病,就无法挽回了"的诗句,以便牢记在心,时时能够警策自己。孔子看到南容学习很刻苦,人品也非常好,就把兄长的女儿许配给了南容做妻子。

【解析】

孔子提倡"慎言",不该说的话绝对不说。因为,白玉被玷污了,还可以把它磨去,而说错了的话,则无法挽回,希望人们言语要谨慎。这里,孔子把自己的侄女嫁给了南容,表明他很了解南容的为人处事。

11.7 【原文】

季康子问:"弟子孰为好学?"孔子对曰:"有颜回者好

学,不幸短命死矣,今也则亡。"

【注释】

(1) 亡:通"无"。　(2) 孰:谁。　(3) 为:最。

【诠释】

哀公七年,鲁国正卿季康子想在孔子门下寻求一位学生任用,来咨询孔子:"你的学生中谁最爱好学习呢?"孔子回答说:"有一个叫颜回的学生很好学,不幸早早地死了,今天再也没有像他那样的了。"

11.8　【原文】

颜渊死,颜路请子之车以为之椁。子曰:"才不才,亦各言其子也。鲤也死,有棺而无椁。吾不徒行以为之椁。以吾从大夫之后,不可徒行也。"

【注释】

(1) 颜路:颜无繇,字路,颜渊的父亲,也是孔子的学生,生于公元前545年。　(2) 椁:古人所用棺材,内为棺,外为椁。(3) 才不才:不论有才能或没有才能。　(4) 鲤:孔子的儿子,字伯鲁,死时50岁,孔子70岁。　(5) 从大夫之后:跟随在大夫们的后面,意即当过大夫。孔子在鲁国曾任司寇,是大夫一级的官员。　(6) 以:因为。之后,之间。徒行,步行,走路。

【译文】

颜回死了,颜回的父亲颜路请求孔子卖掉车子,给自己的儿子买个外椁。孔子说："不论颜回有没有才能，他和鲤都是你我各自的儿子。我的儿子鲤死的时候，也是有棺无椁，我之所以现在出门能坐上车没能步行是因为我没卖掉车为他买椁。因为我上朝的时候还要跟随在大夫之间，按礼仪是不可以步行的，这是上朝必须遵守的礼仪啊！"

【解析】

颜回是孔子的得意门生，品德很好，孔子虽十分悲痛，但因他为大夫一级官员，不能步行，再说椁又是棺木外面的一层，贫穷人家没条件是可以安葬的，再说接济人不是一个，来卖掉车子去安葬也不是救众人安葬的长久办法。

11.9 【原文】

颜渊死，子曰："噫！天丧予！天丧予！"

【注释】

噫：哎呀。

【诠释】

颜回死了，孔子情不自禁地哀声说："哎呀！老天爷啊！你真是想要我的命呀！老天爷啊！你真是想要我的命呀！这么好的孩子怎么走得这么快呀？"

11.10 【原文】

颜渊死，子哭之恸。从者曰："子恸矣。"曰："有恸乎？

非夫人之为恸而谁为?"

【注释】

(1)恸:哀伤过度,过于悲痛。 (2)夫:这个人,指示代词,此处指颜渊。

【译文】

颜回死了,孔子哭得极其悲痛。跟随孔子的人看到说:"夫子悲痛极了,快去劝劝吧!"孔子痛心地说:"是我悲伤极了吗? 我再不为这个人悲伤又能再为谁悲伤呢?"

11.11 【原文】

颜渊死,门人欲厚葬之,子曰:"不可。"门人厚葬之。子曰:"回也视予犹父也,予不得视犹子也。非我也,夫二三子也。"

【注释】

(1)厚葬:隆重地安葬。 (2)予不得视犹子也:我不能把他当亲生儿子一样安葬啊! (3)夫:语助词。

【诠释】

颜回死了以后,孔子的学生们想要隆重地安葬颜回。孔子为难地说:"不行啊,颜回家境贫寒,不能这样做啊。"学生们可怜颜回,还是凑了些钱安葬了颜回。孔子无奈地说:"颜回平常把我当做父亲一样看待,我却不能把他当做亲生儿子一样料理后事。

现在你们厚葬他,不是我要厚葬的啊,是我的那几个学生们干的呀!"

【解析】

厚葬颜渊使得孔子内心既愿意又不愿意,愿意的是颜回学习努力,年轻早折,孔子可怜他。不愿意的是厚葬浪费违背了礼。所以孔子曰:"不可。非我也,二三子",心中不愿强加管束,乃真情流露。

11.12 【原文】

季路问事鬼神。子曰:"未能事人,焉能事鬼?"曰:"敢问死。"曰:"未知生,焉知死?"

【注释】

敢:能不能,表示尊敬的意思。

【诠释】

一天子路突然问老师:"怎样去看待和侍奉鬼神呢?"老师说:"大家还不知道怎样把人来侍奉好,怎么就要想着去侍奉鬼神呢?如果能把别人当做自己一样来体贴爱护,那肯定鬼神也会满意。"子路又说:"我能不能问一下死后会到哪里去呢?"老师回答说:"你还不知道自己是从哪里来的,怎么就会知道死后去向哪里呢? 若想知道死后状况,先要通过修行悟道才能懂得,当下贵在善对身边所有的一切人、事、物,能做到这些就知道鬼神和死后的事情了。"

11.13 【原文】

闵子侍侧,訚訚如也;子路,行行如也;冉有、子贡,侃侃如也。子乐。"若由也,不得其死然。"

【注释】

（1）訚訚:恭敬正直,和颜悦色的样子。 （2）行行:刚强的样子。 （3）侃侃:说话理直气壮。 （4）得其死:当时俗语,即得善终。

【诠释】

这天闵子骞侍立在老师身旁,一派恭敬温顺的样子;子路是一副刚强的样子;冉有、子贡是温和快乐的样子。孔子笑笑说:"像仲由这样的脾气啊,如果不改的话,只怕不得善终啊!大家笑了起来,又思索了起来,子路的脸上泛起了红晕。"

【解析】

孔子看到其他学生和蔼温和,以后踏入社会会随机应变,不会吃亏也就放心了。而子路虽勇敢但性格刚强,不会随机应变反而会吃亏,为之担心,惟恐他日后脾气不改不会有好的结果,故警示。师之爱生,人之常情,如自己孩子一般疼爱。

11.14 【原文】

鲁人为长府。闵子骞曰:"仍旧贯,如之何？何必改作？"子曰:"夫人不言,言必有中。"

【注释】

(1) 鲁人：这里指鲁国的执政大臣。为长府：为，这里是改建的意思。藏财货、兵器等的仓库叫"府"，长府是鲁国的国库名。
(2) 仍旧贯：贯，事，例。沿袭老样子。如之何，有什么用呢。
(3) 夫人：这个人。中，要害。

【诠释】

鲁国的执政大臣要翻修改建长府的国库。闵子骞对老师说："如果照老样子翻修，有什么作用呢？何必改建呢？"孔子道："我这个学生平日不怎么说话，一说话就说中要害上了，你能分析注意到返修的工程给国家人民带来是利是弊，说明你很为国家着想，很好啊！"

11.15 【原文】

子曰："由之瑟奚为于丘之门？"门人不敬子路。子曰："由也升堂矣，未入于室也。"

【注释】

(1) 瑟：音 sè，一种古乐器，与古琴相似。 (2) 奚为于丘之门：奚，为什么。为，弹奏。为什么在我这里弹呢？ (3) 升堂入室：堂是正厅，室是内室。进入正厅，即做学问的几个阶段，先入门再升堂，再入内室。用以形容学习程度的深浅。 (4) 未：还需要。入于室，到家了。升堂后入内室，表示学问极好，成语，升堂入室本于此。

【诠释】

老师这天正在屋里思考问题,子路拿着瑟进来,坐在一边就开始弹奏。老师说:"仲由今天怎么跑到这里来弹奏呢?"子路的其他几位同学也感觉子路妨碍了老师,因此都不高兴。孔子一看又婉转地说道:"仲由嘛,他本来到这里来是想让我听一下他弹瑟的技艺,我看他的技艺好比从入门已经到了厅堂里了,但是下一步还需要进得屋里,再继续努力吧,会达到的!"

【解析】

这一段文字记载了老师对子路的一点小事,本来是想责备一下子路,当其他学生都嫌弃子路时,老师便改口说子路已经技艺不错了。如责备了子路怕其他学生瞧不起子路,所以老师因势利导来教育学生。既让学生认识到自己的错误,同时又能鼓起信心。

11.16 【原文】

子贡问:"师与商也孰贤?"子曰:"师也过,商也不及。"曰:"然则师愈与?"子曰:"过犹不及。"

【注释】

(1)师与商:师,颛孙师,即子张。商,卜商,即子夏。(2)孰贤:孰,谁。贤有道德有才能的人。 (3)愈:胜过,强些,好一些。犹:如同。

【诠释】

子贡拱手施礼问老师说:"子张和子夏二人从才能上谁能更好

一些呢?"孔子回答说:"子张有才能但做事过了些,子夏有才能但目前做起事来还是有些欠妥。"子贡迷惑地问:"那么是子张好一些吗?"孔子说:"过了和欠妥是一样的,都还需要历练自己。"

【解析】

"过犹不及"即中庸思想的具体说明。《中庸》说:"过犹不及为中。道之不行也,我知之矣。知者过之,愚者不及也。道之不明也,我知之矣。贤者过之,不肖者不及也。执其两端,用其中于民,其斯以为舜乎?"这是说,舜这个帝王当时在教化百姓时:"于两端取其中,既非过,也非不及,以中道教化百姓,所以为大圣。"这就是对本章孔子"过犹不及"的具体解释。既然子张做得过分,子夏做得不足,那么两人都不好,就是"过犹不及"。

11.17 【原文】

季氏富于周公,而求也为之聚敛而附益之。子曰:"非吾徒也。小子鸣鼓而攻之可也。"

【注释】

(1)季氏富于周公:季氏比周朝的公侯还要富有。 (2)聚敛:积聚和收集钱财,即搜刮。 (3)小子:指孔子的学生。(4)益:增加。 (5)攻:谴责。

【诠释】

有人说:"鲁国的季氏比当时的周公还要富有,而冉求还帮季氏搜刮钱财来增加他的财产。"孔子知道后说:"冉求不是我的学生了,你们可以大张旗鼓地去谴责他吧!"

【解析】

鲁国的三家曾于公元前562年将公室,即鲁国国君直辖的土地和附属于土地上的奴隶瓜分,季氏分得三分之一,并用封建的剥削方式取代了奴隶制的剥削方式。公元前537年,三家第二次瓜分公室,季氏分得四分之二。由于季氏推行了新的政治和经济措施,所以很快富了起来。孔子的学生冉求帮助季氏积敛钱财,搜刮人民,所以孔子很生气,表示不承认冉求是自己的学生,而且让其他学生打着鼓去声讨这个学生。

11.18 【原文】

柴也愚,参也鲁,师也辟,由也喭。

【注释】

(1)柴:高柴,字子羔,孔子学生,比孔子小30岁,公元前521年出生。 (2)愚:旧注说愚直之愚,指愚而耿直,不是傻的意思。 (3)鲁:迟钝。 (4)辟:偏,偏激,邪。 (5)喭:刚猛。

【诠释】

目前这些学生里面看似高柴有些耿直,曾参有些迟钝,颛孙师(子张)有些偏激,仲由有些刚猛。

11.19 【原文】

子曰:"回也其庶乎,屡空。赐不受命,而货殖焉,亿则屡中。"

【注释】

（1）庶：庶几，相近，差不多了。这里指颜回的道德知识可以了。　（2）屡：经常。空，贫困、匮乏。　（3）货殖：做买卖，囤积。　（4）亿：同"臆"，猜测，估计。

【诠释】

孔子说："虽说颜回的学问道德接近于完善了吧，可是他就安于现状，生活再贫困自己也很知足，不去做其他的事。而端木赐（子贡）不接受命运安排不安于现状，不但学习还做买卖囤积财产，猜测行情，往往常常猜中了也发了财，也很快乐。这两个人倒有意思！"

11.20　【原文】

子张问善人之道，子曰："不践迹，亦不入于室。"

【注释】

（1）善：高明。之道：快一步，方法。　（2）践迹：迹，脚印。踩着前人的脚印走。　（3）入于室：比喻学问和修养达到了精深地步。

【诠释】

子张向老师问怎样才能做一位善人。老师说："如果不脚踏实地的做人，不沿着祖先诚实仁德的脚印走，就好像人想进入屋里而不知道门在那里一样。"

11.21 【原文】

子曰:"论笃是与,君子者乎? 色庄者乎?"

【注释】

(1)论笃是与:论,言论。笃,诚恳。与,赞许。意思是对说话笃实诚恳的人表示赞许。 (2)色:表面。庄者,指诚实守信之意。

【诠释】

老师说:"当听到这个人正在谈论笃实诚恳这些话时,你就表示肯定这个人是个好人,那就错了,还要看他的作为是否是真君子,还是伪装成诚实守信的伪君子呢?"

11.22 【原文】

子路问:"闻斯行诸?"子曰:"有父兄在,如之何其闻斯行之?"冉有问:"闻斯行诸?"子曰:"闻斯行之。"公西华曰:"由也问闻斯行诸,子曰,'有父兄在';求也问闻斯行诸,子曰,'闻斯行之'。赤也惑,敢问。"子曰:"求也退,故进之;由也兼人,故退之。"

【注释】

(1)诸:"之乎"二字的合音。 (2)兼人:好勇过人。

【诠释】

一天子路问老师:"知道了道理就开始去做是吗?"老师说:"有父兄在,怎么能听到就行动起来呢? 要请示一下长辈方能行动。"子路答应:好的。冉有又问老师:"我听到了就行动起来吗?"老师说:"你听到了就行动起来吧,不要迟疑了。"公西华疑惑地问老师:"老师,你对仲由说听到了再请示长辈才可去做,对冉求说听到了就去做就行了。他们两个同时问你,怎么教他两人的不一样呢? 我听到后很疑惑想问个明白。"孔子耐心地说:"因人而异,冉求总是退缩,所以我鼓励他,仲由好勇过人,所以我让他缓一下再多问一些人办起事来才最稳妥。教育要因材施教,有教无类才适合每个人啊!"

【解析】

孔老夫子当时就运用提出了因材施教,有教无类的好方法,为教育事业贡献了不可磨灭的功勋。

11.23 【原文】

子畏于匡,颜渊后。子曰:"吾以汝为死矣。"曰:"子在,回何敢死?"

【注释】

(1)畏:被困。指在匡遭困后心有余悸。 (2)匡:春秋时属于卫国地名,在今河南省长垣县西南。是通往鲁、陈、蔡、宁、楚、郑等国的必由之路。

【诠释】

　　公元前496年,老师从卫国到陈国去经过匡地,匡人曾受到鲁国阳虎的掠夺和残杀,老师的相貌与阳虎相像,匡人误认老师就是阳虎,所以把大家围困了起来。大家给当地人解释他们不听,经过商议冲了出去,发现少了几个同学,其中包括颜回。老师正在担心时,颜回正好回来了,老师看到后心痛地说:"颜回啊,我还怕你死了呢。"颜回说:"老师还健在,我怎么就敢提前死了呢?"

11.24 【原文】

　　季子然问:"仲由、冉求可谓大臣与?"子曰:"吾以子为异之问,曾由与求之问。所谓大臣者,以道事君,不可则止。今由与求也,可谓具臣矣。"曰:"然则从之者与?"子曰:"弑父与君,亦不从也。"

【注释】

　　(1)季子然:鲁国三桓之一季氏的族人。　(2)曾:竟然,原来是再问……。　(3)具臣:具备为臣的各种条件。　(4)之:代名词,这里指季氏。当时冉求和子路都是季氏的家臣。(5)弑:杀害。

【诠释】

　　鲁国的季子然来拜见孔子问道:"仲由和冉求可以算是大臣吗?"孔子说:"我以为你是问谁呢,原来是问由和求啊。所谓能当大臣的人,是能以天下百姓万物为重之心来侍奉君主的。如果君主不是这样的心,做臣子的也就会辞职不干。现在仲由和冉求这两个人,可以说是合格的臣子了。"季子然说:"那么他们会一切都听从安排吗?"孔子说:"杀父亲、害君主的事,他们是不会跟着干的,相反的其他事情绝对是能干好的。"

【解析】

孔子这里指出"以道事君"的原则,他告诫冉求和子路应当用周公之道去规劝季氏,不要犯上作乱,如果季氏不听,就辞职不干。由此可见,老师对待君臣关系是以道和礼为准绳的。这里,他既要求臣,也要求君,双方都应遵循道和礼。如果季氏干杀父杀君的事,冉求和子路就要劝诫了。

11.25 【原文】

子路使子羔为费宰。子曰:"贼夫人之子。"子路曰:"有民人焉,有社稷焉,何必读书,然后为学?"子曰:"是故恶夫佞者。"

【注释】

(1) 子羔:高柴,齐国人。《家语》小孔子40岁。孔子的学生,略愚。费,春秋时鲁国地名,在今山东省费县,为当时季孙氏私邑。宰,大管家。　(2) 贼:害。夫,发语词。之子,指子羔这个人。孔子认为他没有经过很好的学习就去从政,这会害了他自己的。民人,老百姓。　(3) 社稷:社,土地神。稷,五谷神。这里"社稷"指祭祀土地神和谷神的地方,即社稷坛。古代国都及各地都设立社稷坛,分别由国君和地方长官主祭,故社稷成为国家政权的象征。也指国家。佞,善辩论。

【诠释】

一天子路告诉老师想让同学子羔去作费地季氏的大管家。孔子说:"这简直是害了人家的孩子。"子路急忙说:"那个地方也有很多老百姓,像个小国家一样,需要个长官,难道一定要先读书然后才能当官吗?"孔子说:"就因为你这样,我才讨厌那种善辩的人。如果人没一定的知识能力怎么能当好官呢? 不是要既害自己又害百姓吗?"

11.26 【原文】

子路、曾晳、冉有、公西华侍坐。子曰:"以吾一日长乎尔,毋吾以也。居则曰:'不吾知也!'如或知尔,则何以哉?"子路率尔而对曰:"千乘之国,摄乎大国之间,加之以师旅,因之以饥馑,由也为之,比及三年,可使有勇,且知方也。"夫子哂之。"求,尔何如?"对曰:"方六七十,如五六十,求也为之,比及三年,可使足民。如其礼乐,以俟君子。""赤,尔何如?"对曰:"非曰能之,愿学焉。宗庙之事,如会同,端章甫,愿为小相焉。""点,尔何如?"鼓瑟希,铿尔,舍瑟而作,对曰:"异乎三子者之撰。"子曰:"何伤乎? 亦各言其志也。"曰:"莫春者,春服既成,冠者五六人,童子六七人,浴乎沂,风乎舞雩,咏而归。"夫子喟然叹曰:"吾与点也!"三子者出,曾晳后。曾晳曰:"夫三子者之言何如?"子曰:"亦各言其志也已矣。"曰:"夫子何哂由也?"曰:"为国以礼。其言不让,是故哂之。""唯求则非邦也与?""安见方六七十如五六十而非邦也者?""唯赤则非邦也与?""宗庙会同,非诸侯而何? 赤也为之小,孰能为之大?"

【注释】

(1) 曾晳：名点，字子晳，曾参的父亲，也是孔子的学生。(2) 以吾一日长乎尔，毋吾以也：虽然我比你们的年龄稍长一些，而不敢说话。居，平日、平时。则何以哉，何以，即何以为用。(3) 率尔：轻率、急切，不假思索的样子。摄，迫于、夹于。(4) 饥馑：谷不熟曰饥，菜不熟曰馑，饥馑泛指荒年。比及，等到。(5) 方：道义的方向。哂，音 shěn，讥讽地微笑。 (6) 方六七十：长宽(纵横)各六七十里之地。如，或者。 (7) 宗庙之事：指祭祀。会同，诸侯会盟叫会，诸侯朝见天子叫同。 (8) 端章甫：古人用正块布做的衣服叫玄端，古代礼服的名称。章甫，古代礼帽的名称。相，赞礼人，司仪，开会的主持人。 (9) 希：同"稀"，指弹瑟的速度放慢，节奏逐渐稀疏。作，站起来。 (10) 撰：才干。莫春，莫同"暮"，莫春指三月。 (11) 冠者：刚成年的人。古代孩子到 20 岁时行成人(冠礼)，表示已经成年。 (12) 浴乎沂：沂，水名，发源于山东南部，流经江苏北部入海。在水边洗头面手足。

(13) 舞雩：雩，地名，原是祭天求雨的"坛"(地方)，在今山东曲阜。 (14) 喟然：长叹的样子。与，赞同。唯，语首词，没有什么意义。

【诠释】

子路、曾晳、冉有、公西华四个人这时在老师身边。老师说："我年龄比你们大一些，不要因为我年长而不敢说。你们平时总说：'没有人了解我呀！'假如有人了解你们，那你们要怎样去做呢？"子路赶忙回答："如果有一个拥有一千辆兵车的国家，夹在大国中间，常常受到别的国家侵犯，又加上国内闹饥荒，让我去治理，只要三年，我就可以使人们勇敢善战，而且懂得礼仪。"老师听了微微一笑。老师又问："冉求，你怎么想的呢？"冉求答道："有一个国土有六七十里或五六十里见方的国家，让我去治理，三年以后就可以使百姓有了饱暖。至于这个国家的礼乐教化，就要等君子来施行了。"老师又问："公西赤，你怎么想的？"公西赤答道："我不敢说能做到，而是愿意学习，在宗庙祭祀的活动中，或者在同别国的盟会中，我愿意穿着礼服，戴着礼帽，做一个小小的赞礼人。"这时老师又问正在弹瑟的曾点："你怎么想的呢？"这时曾点弹瑟的声音逐渐小了，接着"铿"的一声演奏收尾，离开瑟站起来，回答说："我想的和他们三位说的不一样。"老师说："那有什么关系呢？在这里也就是各人随便谈谈自己的志向而已。"曾点说："暮春三月，已经穿上了春天的衣服，我和五六位成年人，六七个少年，去沂河里洗洗澡，在求雨祭祀的台上吹吹风，唱唱歌走回来。"老师长叹一声："嗯！我赞成曾皙的想法。"过了一会子路、冉有、公西华三个人都出去了。曾皙到最后问老师："他们三人的话怎么样？"老师说："也就是各自谈谈自己的志向罢了。"曾皙说："老师为什么要笑仲由呢？"老师说："治理国家要讲礼让，可是他讲的话一点也不谦让，所以我笑他。"曾皙又问："那么是不是冉求讲的不是治理国家呢？"老师说："怎么六七十里或五六十里见方的地方就不是国家呢？"曾皙又问："公西赤讲的是不是治理国家呢？"老师说："宗庙祭祀和诸侯会盟，这不是诸侯国的事又是什么呢？像赤这样的人如果只能做一个小相，那谁又能做大相呢？是他太谦虚了。"

【解析】

夫子所认同的当然不是战争而是仁德、礼仪的治国方策，并希望天下太平，都自得其乐，散步、吹风、唱歌，礼乐之下的景象。

颜渊篇第十二

【引语】

本篇共计 24 章。其中著名的文句有:"克己复礼为仁,一日克己复礼,天下归仁焉";"非礼勿视,非礼勿听,非礼勿言,非礼勿动";"己所不欲,勿施于人";"死生有命,富贵在天";"四海之内,皆兄弟也";"君子成人之美,不成人之恶";"君子以文会友,以友辅仁"。本篇中,孔子的几位弟子向他问怎样才是仁。这几段,是研究者们经常引用的。孔子还谈到怎样算是君子等问题。

12.1 【原文】

颜渊问仁。子曰:"克己复礼为仁。一日克己复礼,天下归仁焉。为仁由己,而由人乎哉?"颜渊曰:"请问其目。"子曰:"非礼勿视,非礼勿听,非礼勿言,非礼勿动。"颜渊曰:"回虽不敏,请事斯语矣。"

【注释】

(1) 克己复礼:克己,克制、管住自己的心。复礼,由自己的心指导自己的言、行符合于仁德。 (2) 礼:人人彼此都喜欢都能接受的交往方式,和谐万物的举动。 (3)归仁:归,归顺,成为。仁,即仁道、仁者。 (4)目:具体的条目。目和纲相对。 (5)礼:孝悌忠信,礼,礼义廉耻,礼,仁义礼智信,礼,符合于任何仁德的事。 (6)不敏:愚笨迟钝。请,我一定要。事,按照这件事,这个说法去做、实行。斯,代词,这个,好好地。语,说的话,教育的。矣,去做。

【诠释】

颜渊施礼问老师怎样做才能成为仁者？老师说:"做人先要明白真正长远的利人、隐害关系,才能认清,克制、约束管住自己的心不被事物牵引,从而避免冲动为私,换位思考自然心中就会升起仁爱之心。就会在言行上流露出恭敬之态,就符合于礼了,就做到仁了。只要我们每个人每天管住自己,一旦这样做下去,天下自然都会变成仁者了。想达到仁德,完全在于自己,难道还在于他人吗？"颜渊接着问老师:"请问一步步怎么做呢？"老师说:"不合于孝悌忠信的不要看,不合于礼义廉耻的不要听,不合于仁义礼智信的不要说,不合于仁慈的事不要做。"颜渊说:"我颜回虽然愚笨,也要好好照您所说的这些话去做啊！"

【解析】

"能克服自己的种种不良行为就符合人性之大礼了,就成仁了。"天下每一个人在一日内都要求自己做到,不看不管他人是非,不是天下归仁吗？每个人还会有痛苦矛盾吗？

12.2 【原文】

仲弓问仁。子曰:"出门如见大宾,使民如承大祭;己所不欲,勿施于人;在邦无怨,在家无怨。"仲弓曰:"雍虽不敏,请事斯语矣。"

【注释】

(1)出门如见大宾,使民如承大祭:这句话是说,出门办事和役使百姓,都要像迎接贵宾和进行大的祭祀时那样亲切恭敬。(2)在邦无怨:邦,诸侯统治的国家,今指世界各国。 (3)在家无怨:家,古指卿大夫统治的封地。今指国家,家庭,或在职的岗位。 (4)事:从事,照着去做。

【诠释】

仲弓施礼问老师说怎样做才具备仁者素质呢?老师开导说:"出门办事为人像对待贵宾一样亲切,派遣老百姓时如同像举行重大的祭祀一样尊敬他们。本来自己都不愿意接受的,对己对他都不利的,有伤万物的,就不要再想方设法强加陷害给他人了;要做到在邻国之间没人怨恨自己,在自己的国家和职位上也没有人怨恨自己。"仲弓感慨地说:"我虽然愚笨,也要好好地照您讲的话去做,感谢您啊!"

12.3 【原文】

司马牛问仁。子曰:"仁者,其言也讱。"曰:"其言也讱,斯谓之仁已乎?"子曰:"为之难,言之得无讱乎?"

【注释】

(1)司马牛:姓司马名耕,字子牛,孔子的学生。 (2)讱:

音 rèn,话难说出口。这里引申为说话谨慎。 (3)斯:就。得无,怎能不。

【诠释】

司马牛躬身施礼问老师怎样做才算仁呢？孔子说:"仁者平时说话是很慎重的。"司马牛又问:"说话慎重,就算是仁了吗？"孔子耐心地说:"能说话谨慎首先证明自己能控制自己的心,不会使其乱跑,情绪稳定、为对方考虑、对别人尊重,不易跟对方出现矛盾和对立现象,这就是仁的内涵。听着简单,一旦真做起来是很困难的,说的时候怎能不慎重呢？"

12.4 【原文】

司马牛问君子。子曰:"君子不忧不惧。"曰:"不忧不惧,斯谓之君子已乎？"子曰:"内省不疚,夫何忧何惧？"

【诠释】

司马牛拱手施礼问老师怎样做才能成为一个君子。老师回答说:"能做到遇事不忧愁,不恐惧就是君子了。"司马牛又问:"难道不忧愁,不恐惧,这样就可以达到君子了吗？"老师说:"是的！只要能做到省查自心,检点自己没有危害愧疚他人之处,能做到对他人无怨无悔,那还有什么可忧可惧的呢？"

【解析】

据说司马牛是宋国大夫桓魋的弟弟。桓魋在宋国"犯上作乱",遭到宋国当权者的打击,全家被迫出逃。司马牛逃到鲁国,拜孔子为师,并声称桓魋不是他的哥哥。所以在这一章里,孔子在教育司马牛的同时也是在教育大家。

12.5 【原文】

司马牛忧曰:"人皆有兄弟,我独亡。"子夏曰:"商闻之矣:死生有命,富贵在天。君子敬而无失,与人恭而有礼,四海之内,皆兄弟也。君子何患乎无兄弟也?"

【注释】

(1)亡:无,没有的意思。商,指的子夏。 (2)四海:古代以为中国四周都有海,故中国叫海内,外国叫海外,四海即指天下。

【诠释】

司马牛忧虑地说:"别人都有兄弟,唯独我没有,感觉很无奈。"子夏说:"我听老师说过:'生死有定数,富贵天安排。'君子对待所做的事情只要用心认真,不出差错,对人恭敬而彬彬有礼,那么天下的人不都变成了自己的兄弟姐妹了吗,君子何愁没有兄弟呢?"

【解析】

如上章所说,司马牛宣布他不承认桓魋是他的哥哥,是由于他的哥哥"犯上作乱",子夏同样劝慰司马牛,只要自己做到了"礼",那就会赢得天下人的称赞,都会是亲兄弟的。

12.6 【原文】

子张问明:子曰:"浸润之谮,肤受之愬,不行焉,可谓明也已矣。浸润之谮,肤受之愬,不行焉,可谓远也已矣。"

【注释】

（1）浸润之谮:谮,谗言。这是说像水那样一点一滴地渗进来的谗言,不易觉察。 （2）肤受之愬:愬,诬告。这是说像皮肤感觉到疼痛那样的诬告,即直接的诽谤。远,明之至,明智的最高境界。

【诠释】

子张施礼问老师,在现实生活中怎样才算明智？老师说:"假如在你的周围不断地有像水滴一样一点一点地渗透进来的谗言和暗中挑拨的坏话,还有直接对待你,像切你肌肤那样疼痛那样直接的诽谤诬告,在你那里都行不通,那你可以算是明智的了。暗中挑拨的坏话和直接的诽谤,在你那里都起不了作用,那你可以算是有远见的了。"

12.7 **【原文】**

子贡问政。子曰:"足食,足兵,民信之矣。"子贡曰:"必不得已而去,于斯三者何先？"曰:"去兵。"子贡曰:"必不得已而去,于期二者何先？"曰:"去食。自古皆有死,民无信不立。"

【诠释】

子贡问老师怎样做才算达到为国为民的最高标准？孔子说,"粮食、军备充足,老百姓信任统治者。"子贡说:"如果国家因客观原因不得不去掉一项,那么在三项中先去掉哪一项呢？"孔子说:

"去掉军备,因为军备劳民伤财。"子贡说:"如果不得不再去掉一项,那么这两项中去掉哪一项呢?"孔子说:"去掉粮食,自古人都有一死,但死有所不同。人一时没有粮食还可以相互信任来种地生产,如果老百姓对统治者连信任都没有了,证明统治者只有死路一条。那么国家就不能存在了,所以统治者始终要和老百姓站在一起,尊敬百姓才会有一切希望。"

【解析】

孔子认为,治理一个国家,应当具备三个最起码的条件:食、兵、信,信是最重要的。

12.8 【原文】

棘子成曰:"君子质而已矣,何以文为?"子贡曰:"惜乎夫子之说君子也!驷不及舌。文犹质也,质犹文也,虎豹之鞟犹犬羊之鞟。"

【注释】

(1)棘子成:卫国大夫。古代大夫都可以被尊称为夫子,所以子贡这样称呼他。 (2)驷不及舌:指话一说出口,就收不回来了。驷,拉一辆车的四匹马。鞟,去掉毛的皮,即革。

【诠释】

卫国大夫棘子成拜见子贡谈论时说:"君子只要具有内在的真才实学就行了,何必再有那些口头的文采呢?"子贡说:"真遗憾,没想到您这样认识君子。按你说不需要表面文采了?打一个比方:

'比如和人约定,一言既出,驷马难追,这句话既是必须做到的本质,也是需要说出口的文采,此语才能让人听到重视。所以文采就是本质,本质就是文采,它们同等重要。'又比如:'去掉了毛的老虎皮和豹子皮,就好比去掉了毛的犬皮和羊皮是一样的,如果没有了各自外表上的毛,就区别不明显了。毛就好比表面文饰,皮就好比本质。所以良好的本质应当有适当的外表文饰来表现,才能体现出它的特别来。君子也是一样:'既要有内在的才能又要有外表的文饰口才,才能与人相互沟通学习、服务国家。'"

12.9 【原文】

哀公问于有若曰:"年饥,用不足,如之何?"有若对曰:"盍彻乎?"曰:"二,吾犹不足,如之何其彻也?"对曰:"百姓足,君孰与不足? 百姓不足,君孰与足?"

【注释】

(1)盍,何不。彻,西周奴隶主国家的一种田税制度,旧注曰:"十分之一的税率、谓之彻。" (2)二:抽取十分之二的税。(3)孰与:怎么。

【诠释】

鲁哀公向有若请教说:"遭了饥荒,国家财政用度困难,怎么办?"有若回答说:"为什么不实行彻法,只抽十分之一的田税呢?"哀公说:"现在抽十分之二,还不够用,怎么能实行彻法呢?"有若说:"如果百姓的用度够,您怎么会不够呢? 如果百姓的用度不够,您怎么又会够呢?"只要百姓富足了,国家就不可能贫穷。反之,如果对百姓征收过甚,这种短期行为也必将使民不聊生,国家经济也就会随之衰退了。富民就是富国,望各国国君以节俭财政开支为核心才是父母官哪!哀公频频点头。

12.10 【原文】

子张问崇德辨惑。子曰:"主忠信,徙义,崇德也。爱之欲其生,恶之欲其死,既欲其生,又欲其死,是惑也。'诚不以富,亦祇以异。'"

【注释】

(1)崇德:提高道德修养的水平。 (2)惑:迷惑,不分是非。 (3)徙义:徙,迁移。向义靠拢。 (4)诚不以富,亦祇以异:这是《诗经·小雅·我行其野》篇的最后两句。此诗表现了一个被遗弃的女子对其丈夫喜新厌旧的愤怒情绪。孔子在这里引此句。 (5)祇:只是。

【诠释】

子张问老师怎样能提升自己的道德修养和辨别是非解惑的能力呢?老师说:"掌握住忠和信,使自己的起心动念合于道义,要重视向身边有仁德的人学习以提高自身修养才能提高自身道德。以自身具备了忠、信、义、才能以忠、信、义为基点来辨别判断他人,这样也就能辨惑解疑了。假如爱一个人,就希望他活下来,厌恶起来就恨不得他立即死去,既要他活,又要他死,此时就没有忠信义了,这就要迷惑了。正如《诗》所说的:'即使不是嫌贫爱富,也是喜新厌旧之意,能不痛苦迷惑吗?'"

【解析】

　　个人的道德修养关系到自己的家庭、事业、生命、社会、国家、世界等。如人们不按照"忠信、仁义"的原则去办事为人,自己就会陷于泥潭之中,最终无法自拔被人丢弃。

12.11 【原文】

　　齐景公问政于孔子。孔子对曰:"君君、臣臣、父父、子子。"公曰:"善哉! 信如君不君,臣不臣,父不父,子不子,虽有粟,吾得而食诸?"

【注释】

　　(1)齐景公:名杵臼,齐国国君,公元前547年——公元前490年在位。 (2)粟:指粮食。

【诠释】

　　齐景公向孔子请教如何治理国家? 孔子回答说:"做君主的要像个君主的样子,要端正身心廉洁自律、勤政慈爱忠心为国。对国内臣下要团结一致,分工有序,严惩腐败,对外对诸国要以礼友好相待,通贸往来;做臣子的要像个臣子的样子,对上尽忠辅佐君王献计献策,替国分忧。对己持守仁义。对下应以仁德孝悌引导群臣廉洁奉公,敬让群臣清政爱民,调查部下违法乱纪行为严管官僚势力行为,关心照顾百姓生活当好父母官;倡导做父亲的要像父亲的样子,父为一家之主,应正色务实勤劳爱家,不可淫秽赌博醉酒耍赖,贪名妄义违背人伦不像父亲的样子;做儿子的要孝悌两全续祖贤德,不能游手好闲作出不仁不义之举,悖理伤天不像儿子的样子。没有了五伦血缘关系和分工次序若叫喊着平等了,心就变成唯我独尊,天下第一了,相互就目无尊亲不尊敬不感恩了,接下来就会欲望膨胀不仁不义,不忠不孝,没有了廉耻之心,天下能不大乱吗?"齐景公说:"讲得好呀!如果君不像君,臣不像臣,父不像父,子不像子,虽然有粮食,大家能吃到嘴里吗?能吃的安心吗?"

12.12 【原文】

子曰:"片言可以折狱者,其由也与?"子路无宿诺。

【注释】

(1)片言:诉讼双方中一方的言辞,即片面之词,古时也叫"单辞"。打官司时原告和被告两方叫两造。 (2)折狱:狱,案件。即断案。 (3)其由也与:大概只有仲由吧。 (4)宿诺:宿,久。拖了很久不兑现的事。

【诠释】

孔子说:"只听了单方面的供词就可以判决案件的,大概只有仲由吧。子路从说话到办起事来没有不兑现的,从不让事情过夜等到第二天再处理。这样做有利也有弊,在确有把握调查清楚的情况下是可以断案的。假如一时不细心,在听到单方供词的情况下断案就容易出错了,仲由还是要谨慎的好。在处理事情不过夜上这也是仲由的性格,值得大家学习。"

12.13 【原文】

子曰:"听讼,吾犹人也。必也使无讼乎!"

【注释】

(1) 听讼：诉讼。审理诉讼案件。　(2) 使无讼：使人们之间没有诉讼案件之事。

【诠释】

孔子说："在审理诉讼案件时，我同别人的方法差不多。重要的是官府要大力提倡用真人真事来宣扬善人善行，让官员定期下乡到村帮扶老弱残寡等义务活动，再不断开展邻居之间要相互献爱心孝敬老人，使之在社会上形成人人参与家家受益户户光荣的心态，使每一个人都是仁义的受益者，自能避免百姓之间的冲突，使全民善风大开，这样就会使诉讼的案件不会再发生了！"

12.14 【原文】

子张问政。子曰："居之无倦，行之以忠。"

【诠释】

子张施礼问老师如何治理政事？老师说："居于官位工作不懈怠，对于自身待遇不要不满意，名利不要贪求。做事以仁德忠心诚实的心要求自己，以礼的范畴治理国家，通过利人的实际行动来执行政令，要先己后人、以民为本、忠于国家。子张拜谢。"

12.15 【原文】

子曰："博学于文，约之以礼，亦可以弗畔矣夫！"

【注释】

（1）畔：通叛，指违道。本章重出，见《雍也》篇第 27 章。

【诠释】

老师耐心地劝导学生："趁年轻一定要学古通今博览群书，才能增长智慧，把经典中教的善为力行在身心行为上，待人做事一定要按礼来成全自己对待他人，这样就不会离开祖先的教诲，违背道义了，就可以在生活中更好地生活了。"

12.16 【原文】

子曰："君子成人之美，不成人之恶。小人反是。"

【诠释】

孔子说："君子能认清真实困难的，最需要帮助的那些人，来帮助他们达到理想才算成人之美。但一定要以仁义道德为核心，才能去分辨去帮助，看清楚了是利于万物的才叫善行，才可帮助成全他人，这叫不出差错，才能不助纣为虐不误邦害国。小人做事正好相反，常想自己眼前得失，不考虑后果是否危害自己和一切周围及自然，等自己丢了命才后悔。"

12.17 【原文】

季康子问政于孔子。孔子对曰："政者正也。子帅以正，孰敢不正？"

【注释】

帅：带头。

【诠释】

　　鲁国的正卿季康子,向孔子请教如何更好地治理朝政管理民众? 孔子说:"政就是正的意思。您本人带头走正路,那么还有谁敢不走正道呢? 无论为民还是为官,首在一个'正'字,正人先正己。只要时时正己,那么手下的大臣就不敢唯利是图,平民百姓就不会犯上作乱,全国都会效仿称赞您的美德,社会都会归于正道了。"

12.18 【原文】

　　季康子患盗,问于孔子。孔子对曰:"苟子之不欲,虽赏之不窃。"

【注释】

　　(1)患:担忧,苦于。　(2)不欲:无贪欲,没有私欲。(3)之:也。

【诠释】

　　季康子担忧自己家里遭到盗窃,问孔子怎么办? 孔子对他说:"假如你自己不贪图财利,家里的财产就会和平常人家的一样简洁,自身再廉洁奉公遵守法纪,就会使得周围民风良善,谁还会去贪利盗窃呢? 即使你奖励人去偷窃,也没有人去做让自身遭受羞耻之事。相反的,自己贪图财利,家里聚集了搜刮来的民脂民膏,其他大臣自然也会效仿贪财,大家都不认为这是可耻犯罪行为,使得贫穷之人就会贪利冒险盗窃,现今自己家的财宝多了能不担心失窃丢命吗?"

12.19 【原文】

季康子问政于孔子曰:"如杀无道,以就有道,何如?"孔子对曰:"子为政,焉用杀?子欲善而民善矣。君子之德风,人小之德草,草上之风,必偃。"

【注释】

(1)无道:指乱臣贼子,不顾人民利益的诸侯霸主或唯利是图者。(破坏自然者,不顺应自然之道的人谓之无道)。 (2)有道:指君子,服务于劳动人民的切身利益者。(和谐顺应自然之道的人谓之有道) (3)草上之风:指紧依附在草上的那些风。 (4)必偃:伏倒为仆,仰倒为偃。即倒伏,也会跟着趴在了地上。

【诠释】

季康子向孔子请教如何治理政事?他提问到:"如果杀掉乱臣贼子来成全善良的君子,怎么样?"孔子对他说:"您治理政事,哪里用得着杀戮的手段呢?您只要想行善,老百姓也会跟着行善,善良的在位者他的品德好比风,不善良的人其品德好比草,善风吹到草上,草就必定会倒下,还用杀掉那些唯利是图的小人吗?"

12.20 【原文】

子张问:"士何如斯可谓之达矣?"子曰:"何哉,尔所谓达者?"子张对曰:"在邦必闻,在家必闻。"子曰:"是闻也,非达也。夫达也者,质直而好义,察言而观色,虑以下人。在邦必达,在家必达。夫闻也者,色取仁而行违,居之不疑。在邦必闻,在家必闻。"

【注释】

(1) 达：通达，显达。 (2) 家：大夫家。闻，有名望。(3) 察言：仔细推敲其所说的话。色，外表。 (4) 虑以下人：常怀对人谦恭有礼的心。下，动词。 (5) 居：自居。

【诠释】

子张恭敬地施礼向老师请教问道："士大夫怎样做才能通达呢？"孔子说："什么？你说的通达是什么意思呢？"子张答道："在朝政里人人都知道你恭维你，在大夫的封地里人人都知道你恭维你。"孔子听后感叹地说："这只是虚名而已，不是通达。所谓通达，那就是要本身正直而愿意有道义，遇到事情时会观察对方的言行举止，推敲对方的话以便再据善行事，心中还经常有一颗谦恭谦下的心。这样的人在朝廷里处理政事就会很顺畅，在大夫的封地里办事就会很恰当，这就是实名实干的人。你听到那些虚名的人，外表掩饰得很仁慈，而做事违背了常理，自己还以仁人自居不惭愧。像这样的人常常是他无论在朝廷里也好，在大夫的封地里也好，大家都知道他的名字，其实都是虚名。"

【解析】

本章孔子对"闻、达、虚名、实名"做了彻底的解释。记得老子《道德经》里有一句："智慧出有大伪。"讲的就是有些人为了自私目的，故意动用头脑来装饰自己，出现了大伪的虚名。

12.21 【原文】

樊迟从游于舞雩之下，曰："敢问崇德、修慝、辨惑。"子曰："善哉问！先事后得，非崇德与？攻其恶，无攻人之恶，非修慝与？一朝之忿，忘其身，以及其亲，非惑与？"

【注释】

（1）舞雩：古代求雨祭天，设坛命女巫为舞，故称舞雩。是鲁国求雨的土台，在现在山东省曲阜县东。 （2）修慝：慝，邪恶的念头，未表露之怨恨。修，改正。这里是指改正邪恶的念头。 （3）其：自己。 （4）先事后得：先致力于事，把利禄放在后面。 （5）其身：自己。 （6）忿：愤怒，气愤。

【诠释】

学生樊迟陪着老师在散步，走着走着走到了鲁国求雨的祭台旁边。樊迟说："请问老师怎样增长德行？怎样去掉内心的邪念怨恨？怎样辨别是非呢？"老师回答说："问得好！先尽心做事，再从做事过程中慢慢体会，就一定会有所收获的，不就是增长德行了吗？从内心检查自己的邪念，遇事再去理解他人，自会去掉怨恨别人的心和害人的心，这不就是改正自己的邪念了吗！由于一时的气愤，就忘记了自身的安危，粗暴的行事会使自己受害更会牵连到自己的亲人，如果经常警醒，这不就能辨别是非，减少后悔了吗！"

12.22 【原文】

樊迟问仁。子曰："爱人。"问知。子曰："知人。"樊迟未达。子曰："举直错诸枉，能使枉者直。"樊迟退，见子夏曰："乡也吾见于夫子而问知，子曰'举直错诸枉，能使枉者直'，何谓也？"子夏曰："富哉言乎！舜有天下，选于众，举皋陶,不仁者远矣。汤有天下,选于众,举伊尹,不仁者远矣。"

【注释】

(1) 知:了解。 (2) 举直错诸枉:举,推荐。错,同"措",放置。诸,这是"之于"二字的合音。枉,不正直,邪恶。意为选拔直者,罢黜枉者。乡:音 xiàng,同"向",过去。 (3) 乡:一向。 (4) 皋陶:gāo yáo,传说中舜时掌握刑罚的大臣。 (5) 远:动词,远离,远去。 (6) 汤:商朝的第一个君主,名履。 (7) 伊尹:汤的宰相,曾辅助汤灭夏兴商。

【诠释】

樊迟恭敬地向老师请教什么是仁?老师告诉他说:"对一切人平等关爱。"又请教什么是智?老师回答:"了解自己和他人就会举措有方灵活善待。"樊迟还不明白。老师说:"选拔正直无私的人,罢黜邪恶图利的人,这样就能使邪者归正。"樊迟退出来,见到子夏说:"刚才我拜见老师,问他什么是智,他说'选拔正直的人,罢黜邪恶的人,这样就能使邪者归正。'这是什么意思?"子夏说:"这话说得多么深刻呀!舜有天下,在众人中淘选人才,才把皋陶选拔出来,不仁的人就被疏远了。汤有了天下,在众人中挑选人才,把伊尹选拔出来,不仁的人就被疏远了。大家看到这些就知道了还是善良者受人尊敬,不善者受人歧视,谁还愿意做不仁的人呢?天下不就都是好人了吗!"

12.23 **【原文】**

子贡问友。子曰:"忠告而善道之,不可则止,毋自辱也。"

【注释】

（1）告：劝告。 （2）不可：不听从。

【诠释】

子贡恭敬地向老师请教问怎样对朋友友善？老师说："和朋友相处，贵在'诚信'。发现朋友有不对的地方，要坦诚，推心置腹地劝告，并讲明他自身的作为会引起的不利关系，耐心恰当地开导他，如果发现他固执己见不听也就罢了，不要等到让朋友不耐烦甚至侮辱了自己时才后悔。有些事情是慢慢来急不得的，管好自己就是善待他人。"

12.24 **【原文】**

曾子曰："君子以文会友，以友辅仁。"

【诠释】

曾子体会到："君子通常会以志同道合、以修身养性琴棋书画来以文会友，又经常会在大家的谈文载道中相互激励提高仁德义理，来完善自己的道业。所以生活会很充实愉悦，不会像平常人那样生活沮丧。"

子路篇第十三

【引语】

本篇共有30章,其中著名的文句有:"名不正则言不顺,言不顺则事不成";"欲速则不达";"父为子隐,子为父隐";"居处恭、执事敬、与人忠";"言必信,行必果";"君子和而不同,小人同而不和";"君子泰而不骄,小人骄而不泰"。本篇包含的内容比较广泛,其中有关于如何治理国家的政治主张,孔子的教育思想,个人的道德修养与品格完善,以及"和而不同"的思想。

13.1 【原文】

子路问政。子曰:"先之劳之。"请益,曰:"无倦。"

【注释】

(1)先之劳之:先,引导,先导,即教化。之,指老百姓。做在老百姓之前,使老百姓勤劳。 (2)益:多,请求增加一些。(3)无倦:不厌倦,不松懈。

【诠释】

子路恭敬地向老师请教:对于政事一开始应该怎样来实施

呢？老师告诉他说："自己先廉洁勤政任劳任怨，再引导教化百姓安心勤劳农耕。"子路请求多讲一点。老师说："对待老百姓要时常体贴关心，不要厌倦要有耐心。"

13.2 【原文】

仲弓为季氏宰，问政。子曰："先有司，赦小过，举贤才。"曰："焉知贤才而举之？"曰："举尔所知。尔所不知，人其舍诸？"

【注释】

（1）有司：古代负责具体事务的官吏。 （2）赦：宽恕，不计较。 （3）人其舍诸：别人会埋没他吗？

【诠释】

冉雍做了季氏的家臣，想让老师告诉他怎样管理事宜？孔子说："先要设立告知民众选拔官吏制度，赦免宽恕以前小的过错，让大家推举贤德之人任职。并责成手下人各就各职。"冉雍又问："怎样知道是贤才而把他们选拔出来呢？"孔子说："选拔你所了解知道的，至于你不知道的贤才，别人难道还会埋没他们吗？肯定会因你爱贤德举贤上报的。"

13.3 【原文】

子路曰："卫君待子为政，子将奚先？"子曰："必也正名乎！"子路曰："有是哉，子之迂也！奚其正？"子曰："野哉，由也！君子于其所不知，盖阙如也。名不正则言不顺，言不顺则事不成,事不成则礼乐不兴,礼乐不兴则刑罚不中,刑罚不中,则民无所措手足。故君子名之必可言也,言之必可行也。君子于其言,无所苟而已矣。"

【注释】

(1)卫君:卫出公,名辄,卫灵公之孙。其父蒯聩被卫灵公驱逐出国,卫灵公死后,蒯辄继位。蒯聩要回国争夺君位,遭到蒯辄拒绝。这里,孔子对此事提出了自己的看法。 (2)奚:什么。 (3)正名:即正名分。 (4)迂:迂腐。 (5)野:鄙陋。 (6)阙如:阙,同"缺",存疑的意思,即阙不论。 (7)中:得当。 (8)苟:苟且,马马虎虎。

【诠释】

子路恭敬地问老师:"假如卫国国君要您去治理国家,您打算先从哪些事情做起呢?"老师说:"首先必须让国君在大臣中宣布任职者的官位,明确任职者的权力,这叫正名分。"子路浮躁地说:"有这样做的吗?您想得太不合时宜了,这名怎么正呢?"老师不急不慢地回答:"你说话先不要那么鲁莽好不好,仲由,君子对于他所不知道的事情,虽有疑惑先不要下结论。如果在朝政上不宣布任职者的职位和给予的权限,新上任者执行其任何事务时就会没人听,没人听就会没人按照指令办事,没人去力行办事,仁德礼乐就不能兴起,礼乐不能兴起没有善恶区别,则刑罚的执行就很难执行,刑罚不得当,百姓就不知该怎么办好。所以,一开始必须当众宣布任职者的官位和给予他的权力,这样他说话才有人听从啊!君子对于自己的职责言行,是从来不马马虎虎对待的。"子路施礼拜谢。

【解析】

　　以上三章所讲的中心问题都是如何从政。前两章讲当政者应当以身作则。要求百姓做的事情,当政者首先要告诉百姓,使百姓能够搞清楚国家的政策,即孔子所讲的引导百姓。但在这三章中讲得最重要的问题是"正名"。有其公正的职位权限才可使人服从,便于调配办理事情。

13.4 【原文】

　　樊迟请学稼。子曰:"吾不如老农。"请学为圃。曰:"吾不如老圃。"樊迟出。子曰:"小人哉,樊须也!上好礼,则民莫敢不敬;上好义,则民莫敢不服;上好信,则民莫敢不用情。夫如是,则四方之民襁负其子而至矣,焉用稼?"

【注释】

　　(1)稼:种庄稼。　(2)圃:种瓜果蔬菜的菜园子,种菜。(3)不敬:在这指不敢不守礼。　(4)用情:情,情实。以真心实情来对待。　(5)民:在这指不安分的人。　(6)襁:背婴孩的背篓。

【诠释】

　　樊迟向老师请教如何种庄稼,孔子说:"你问我种地的事,我不如专业的老百姓。"樊迟又请教如何种菜。孔子说:"我还是不清楚,你不如问专业的老菜农。"樊迟默默地退了出去。孔子生气地说:"樊迟这个学生真是呆板,我又不是研究种地的,我现在做的是社会上没人做的、最需要的、最缺的道义推广。如果能让在上位者遵从礼德,大众就不敢不学习仁德;在上位的官员只要重视道义,不安分的人就不敢胡作非为;在上位的官员只要做到诚信,不安分的人就不敢不用真心实情来对待你。你只要做到这些,四面八方的老百姓就会背着自己的孩子来投奔你,哪里还用得着官员再去种庄稼呢?"

【解析】

孔子指责樊迟,是感觉他不通情达理,明知老师学礼、昌德、参政,并非种地之专业老农,樊迟应该问些仁德治国的方策,反倒问起种地之事。老师责备他不明社会分工,并非说不劳动,应在其位谋其职为要。

13.5 【原文】

子曰:"诵诗三百,授之以政,不达;使于四方,不能专对。虽多,亦奚以为?"

【注释】

(1)达:通达。这里是会运用的意思。 (2)专对:古代人受命不受辞,随机应变即专对,独立对答。 (3)奚以为:有何用,以:用。

【诠释】

孔子说:"很多人把《诗》三百篇背得很熟,当让他参政议事时,有想法却表达不清,吞吞吐吐说话愚钝,耽误国家政事;让他当四方外交使节,又不能独立畅达地跟对方交涉。学得不少,又有什么用呢?"

【解析】

孔子教学生诵诗,是为了丰富思想,学习情感表达,使人更真切更舒畅的与人沟通。不主张死背硬记,当书呆子,而是要学以致用,服务应用到社会实践中去。

13.6 【原文】

子曰:"其身正,不令而行;其身不正,虽令不从。"

【译文】

孔子说:"作为当政者,自身心正意诚,全身全意为人民了,洁身自好做示范了,即使不去故意调度别人或发布命令,群臣百姓也会跟着效仿去听从的;自身不正污秽了,即使发布命令指使他人,大家也不会服从,而且早晚会毁坏自身。"

13.7 【原文】

子曰:"鲁、卫之政,兄弟也。"

【诠释】

孔子说:"鲁国是周公旦的封地,卫国是康叔的封地,周公旦和康叔是兄弟,因为两国的政治情况又有些相似,再者你说全世界这些人向上排一排数一数还不都是一个爷爷奶奶吗?张王李赵还不是一家人吗?哪个人不是大家的亲兄弟亲姐妹啊!所以我说,鲁国的国事和卫国的国事,就像兄弟一样。"

13.8 【原文】

子谓卫公子荆："善居室。始有,曰:'苟合矣。'少有,曰:'苟完矣。'富有,曰:'苟美矣。'"

【注释】

（1）卫公子荆：卫国大夫，字南楚，卫献公的儿子。 （2）善居室：善于管理经济，居家过日子。 （3）苟：差不多，姑且，暂且，如果。 （4）合：再多凑一点，足够。 （5）美：在此指到位了，好了，够了，再多凑一点。

【诠释】

孔子在谈到卫国的大夫公子荆时说："他善于管理经济，居家理财。（他做事经常会用一些恰到好处的言语来办事）比如：刚开始想有一点积蓄时，他会说：'如果大家能凑一点也就够了。'资金稍微有了一点，他会说：'大家姑且再凑一点就可以了。'资金达到了需要的一定的数目时，他会又说：'暂且已差不多算是到位了。'"

13.9 【原文】

子适卫，冉有仆。子曰："庶矣哉！"冉有曰："既庶矣，又何加焉？"曰："富之。"曰："既富矣，又何加焉？"曰："教之。"

【注释】

（1）适：到。 （2）仆：驾驭车马。 （3）庶矣：庶，众多，这里指人口众多。矣，了。

【诠释】

一天孔子到卫国去,学生冉有为他驾车。孔子看到很多人说:"人口真多呀!"冉有说:"人口既然这么多了,要是我们该怎么做呢?"孔子胸有成竹地说:"想办法使百姓各尽所能,男耕女织,尽心劳动,富裕起来吗!"冉有接着问:"富了以后再做些什么呢?"孔子说:"再对他们进行仁德的教化大家不就欢喜了吗!"

【解析】

孔子具有丰富的科学的建国管理方针政策和富民教民意识经验,而且方法实用。提出:有民生产、富民、教仁德、导善良之风,是国之根本。

13.10 **【原文】**

子曰:"苟有用我者,期月而已可也,三年有成。"

【注释】

期月:一年。

【诠释】

孔子说:"如果有人用我来管理人民,一年半载便可以搞出个样子来,三年就一定会有个大成效的。"

13.11 **【原文】**

子曰:"善人为邦百年,亦可以胜残去杀矣。诚哉是言也!"

【注释】

(1) 邦：国家。 (2) 胜残：胜,消除。残,指残暴的刑罚和战争。(3) 去杀：指人心为己的一切杀戮行为,包括烧杀各种飞禽走兽。

【诠释】

孔子又说："一个善人来治理国家,在他为政的百十年里,是可以消除残酷的刑罚和战争及社会的一切杀戮行为,包括动乱、烧杀各种飞禽走兽等。说这种明显的效果绝不是虚言！如果善者有决心绝对是现实,假如全人类在一天的时间里,同时诚心反省去掉自己的不良行为,下决心去私存真,绝不再相互残害,那就是一天德治完成,而不是百年,绝对不是假话,就看大家愿意不愿意去做了。"

13.12 【原文】

子曰："如有王者,必世而后仁。"

【注释】

世：古人以三十年为一世的时间,今指一段时间内。

【译文】

孔子又说："即使有一个大德王者能够出现于世来治理国家,也一定会需要一段时间才能实现仁政的。"

13.13 【原文】

子曰："苟正其身矣,于从政乎何有？不能正其身,如正人何？"

【注释】

(1) 如正人何：怎么端正别人呢？

【诠释】

孔子说："如果端正了自身的行为，管理政事还有什么困难呢？如果不能端正自身的行为，又怎能教育他人，使别人端正自身呢？俗话说：'正人先正己。'是做人的重要根基，是助人成贤的灵丹妙药，是有深刻实际意义的啊！"

13.14 【原文】

冉子退朝。子曰："何晏也？"对曰："有政。"子曰："其事也？如有政，虽不吾以，吾其与闻之。"

【注释】

(1) 晏：晚也。　(2) 不吾以：不以我的，倒装句。以，用。
(3) 与：参与。

【诠释】

冉求退朝回来，孔子问："为什么回来得这么晚呀？"冉求说："朝中有政事商议了一下。"孔子说："可能只是一般的事务吧？如果有重大的政事，虽然国君不用我了，我也可能会听说的。"

13.15 【原文】

定公问："一言而可以兴邦，有诸？"孔子对曰："言不可以若是其几也。人之言曰:'为君难,为臣不易。'如知为君之难也,不几乎一言而兴邦乎?"曰:"一言而丧邦,有诸?"孔子对曰:"言不可以若是其几也。人之言曰:'予无乐乎为君,唯其言而莫予违也。'如其善而莫之违也,不亦善乎? 如不善而莫之违也,不几乎一言而丧邦乎?"

【注释】

(1) 定公:鲁国国君。三十二年,鲁昭公卒于乾侯。鲁人共立昭公弟宋为君,是为定公。 (2) 若是其几:如此简单。 (3) 几乎:近于。 (4) 莫予违:莫违予的倒装句,下文"莫之违"同此。

【诠释】

鲁国国君定公向孔子请教道:"一句话就可以使国家兴盛,有这样的事吗?"孔子答道:"这句话可不是这么说的。比如很多大臣都这么说:'做君难,做臣更不易。'如果每个大臣了解理解做国君的难处,多替国君考虑,不做违背国家利益的事情,不去谋反叛乱,这不就近乎一句话可以使国家兴盛吗?"鲁定公高兴地又问:"一句话可以亡国,有这样的事吗?"孔子回答说:"这句话也不是能简单概括的。有的人说:'我要是做君主可并没有什么高兴的事,只有一件事是因为我所说的话没有人敢于违抗。'假如说出的话对国家人民有益而没有人违抗,不是很好吗? 假如说得不对也没有人敢违抗,那不就接近于一句话可以灭掉国家吗?"

13.16 【原文】

叶公问政。子曰:"近者悦,远者来。"

【注释】

叶公:叶,音 shè。叶公姓沈名诸梁,楚国的大夫,封地在叶城(今河南叶县南),所以叫叶公。

【诠释】

楚国的大夫叶公向孔子请教怎样处理政务。孔子说:"善待身边所有接触过的人,他们都会感到你亲切无为,见了你心情愉悦,自然就会导致远方的贤德百姓前来与你交往归附。"

13.17 【原文】

子夏为莒父宰,问政。子曰:"无欲速,无见小利。欲速则不达,见小利则大事不成。"

【注释】

(1)莒父:鲁国的一个城邑,在今山东省莒县境内。 (2)小利:小,自己。利,利于自己的私心利益。 (3)达:达到目的。

【诠释】

子夏做了莒父城内的总管,向老师请教自己怎样尽职尽责。孔子说:"不要求快,不要贪求自私自利。求快反而达不到目的,贪求私利就做不成大事。从政做人都不能急功近利,否则就无法开展管理;不要贪求小利,否则就做不成圣贤。"

13.18 【原文】

叶公语孔子曰:"吾党有直躬者,其父攘羊,而子证之。"孔子曰:"吾党之直者异于是:父为子隐,子为父隐,直在其中矣。"

【注释】

(1)党:乡党,古代以五百户为一党,指家乡的父老乡亲们,乡党们。 (2)直躬者:正直的人。 (3)攘羊:偷羊。 (4)证:告发。 (5)直:本身的亲情真心。

【诠释】

楚国的大夫叶公这天告诉孔子说:"我住的那个村子里有个正直的人,他的父亲偷了人家的羊,儿子就作证告发了父亲。"孔子笑笑说:"我家乡正直的人和你讲的正直人做法不一样:假如做了这样的事,父亲为儿子隐瞒,儿子为父亲隐瞒,这才是人本身具备的人性之纯,之直,之孝悌。虽隐藏是不对的,还要劝其亲人去认错为要,不能用你说的'直'去做,那样叫不孝,会把亲人气死害死的,要委婉商量善巧善为才好。"

13.19 【原文】

樊迟问仁。子曰:"居处恭,执事敬,与人忠。虽之夷狄,不可弃也。"

【注释】

(1)之:到。 (2)夷狄:古称东方部落为夷。北方部落为狄,常用以除华夏族以外的各族。意指荒蛮之地。

【诠释】

樊迟恭敬地问老师怎样才能做到仁德呢？老师说："平常在家规规矩矩恭敬亲人,办事认真,待人忠心诚意。即使到了偏远的荒蛮之地,也不可背弃啊,时间久了那里的人也会被你所感化的,能做到这些就是仁的一部分了。"

13.20 【原文】

子贡问曰："何如斯可谓之士矣？"子曰："行己有耻,使于四方,不辱君命,可谓士矣。"曰："敢问其次。"曰："宗族称孝焉,乡党称弟焉。"曰："敢问其次。"曰："言必信,行必果,硁硁然小人哉！抑亦可以为次矣。"曰："今之从政者何如？"子曰："噫！斗筲之人,何足算也？"

【注释】

（1）士：士在周代贵族中位于最低层。此后,士成为古代社会知识分子的通称。 （2）果：果断、坚决。 （3）硁硁：象声词,敲击石头的声音。这里引申为像石块那样坚硬。 （4）斗筲之人：筲,竹器,容一斗二升。比喻器量狭小的人。

【诠释】

子贡恭敬地向老师请教道："怎样做才可以叫做'士'呢？"老师告诉他说："自己做错了事有知耻之心,被国家调配出使外国各方,能够完成国家交付的使命,可算叫做'士'了。"子贡又问："请问次一等的呢?"老师回答说:"宗族中的人称赞他孝顺父母,乡邻们称赞他尊敬兄长。"子贡又问:"请问再次一等的呢?"老师再次回答说:"对人讲诚信说到一定做到,做事一定要有成果。像石块那样坚硬固执己见的那是小人,也可以说是没法再次了。"子贡说:"现在的执政者您看怎么样?"老师说:"唉!这些器量狭小的人啊,哪能算得上'士'呢?"

【解析】

古之先人对自己要求很高,士作为最低级别还要有知耻之心,不辱君命,能够担负一定的国家使命。其次是孝敬父母、顺从兄长,"言必信,行必果"。

13.21 【原文】

子曰:"不得中行而与之,必也狂狷乎!狂者进取,狷者有所不为也。"

【注释】

(1) 中行:行为合乎中庸。 (2) 狂狷:狂,激进。狷,守节,拘谨,泛指偏激。胸襟狭窄,急躁,耿直。

【诠释】

孔子无奈地说:"我找不到奉行中庸之道的人和他交往,只能与狂者、狷者相交往了。狂者做事鲁莽,敢作敢为过于激进,狷者心胸狭小处处与人对立、遇事又不肯干处处挑毛病。狂与狷都是偏激行为,做事为人就像琴弦一样,紧了会断,松了弹不出声音,如能二者取长补短可为'中道'才恰到好处。"

13.22 【原文】

子曰:"南人有言曰:'人而无恒,不可以作巫医。'善夫!""不恒其德,或承之羞。"子曰:"不占而已矣。"

【注释】

(1)巫医:通灵的人,用卜筮之术为人治病服务的人。 (2)不恒其德:不能长期保存仁德之心。或承之羞:遭受羞辱。此二句引自《易经·恒卦·爻辞》。 (3)占:占卜,算命,预测吉凶祸福。

【诠释】

孔子说:"听说南方人有句话说:'人如果做事没有恒心,就不能当巫医。'这句话说得真好啊! 也就是说要想当一位巫医也得必须忍受各方面的言论,赞赏的讽刺的都得接受,如果没有恒心是受不了毁誉当不成的。那么要想当一个仁德的人,更得坚定信念不怕遭受羞辱才能长久地保存自己的仁德之心不受影响。"孔子又接着又说:"没有恒心的人就不用再去占卦求神了,没有恒心做任何事都会前功尽弃一事无成的!"

13.23 【原文】

子曰:"君子和而不同,小人同而不和。"

【注释】

(1)和:自己的心对任何人事物都会理解、感恩、包容、原谅。

(2) 同：志同道合。 (3) 小人：排斥仁德的人，不想成为有仁德的人。

【诠释】

孔子说："君子跟谁在一起外表都很和气，即使对于动植物等都无伤害之意。与众人不同的是：他自己没有利己的心，对谁都很仁慈，即使对方对自己不利，自己也会原谅对方，不会因此产生不义之举来伤害对方，而且跟大家在一起会分辨善恶，绝不会跟随那些不良者作出不良之举。所以能和一切人和事物在一起，不起矛盾，更能与万物和谐融洽的生活，所以和而不同。小人从外观上看跟君子长得基本一样，但没智慧的人是看不出来的，所以小人也和大家热热闹闹看似很友好、很和气，但内心不和的原因是：他有自己的'利'场，是有目的的在一起，或以阿谀奉承等手段言辞以求融洽友好，表面和人很客气、很团结，比亲人还亲，只是为了达到自己的目的而已。一旦达不到自己的欲望要求就会翻脸不认人，也不考虑对方的困难，直接抛开自己的缺点怨对方。接着暗地里就搞阴谋陷害对方，从不考虑自己的错，从不怨自己，所以一生痛苦，使得与所接触的人都有意见和矛盾。如不先让自己心态仁慈博爱，永远吃亏的是自己，不会找到真正的朋友，所以同而不和。"

13.24 【原文】

子贡问曰："乡人皆好之，何如？"子曰："未可也。""乡人皆恶之，何如？"子曰："未可也。不如乡人之善者好之，其不善者恶之。"

【诠释】

子贡拱手施礼问老师:"全乡的人都喜欢都赞扬他,这个人怎么样?"老师回答:"这还不能断定这个人是什么样的人。""那么,全乡人都厌恶、憎恨他,这个人怎么样?"老师平和地回答:"这也是不能断定的。最好的人是:'全乡的好人都喜欢他,全乡的坏人都厌恶他。'那才是一个廉洁奉公的人。"

【解析】

孔子对于一个人的正确评价及了解,不以众人的好恶为依据,而应以长久的善恶为标准。听取众人的意见绝不是唯一的依据。他的这个思想对于我们今天识别好人与坏人有重要意义。

13.25 【原文】

子曰:"君子易事而难说也。说之不以道,不说也;及其使人也,器之。小人难事而易说也。说之虽不以道,说也;及其使人也,求备焉。"

【注释】

(1)易事:容易相处共事。 (2)难说:难于取得他的欢喜。(3)器之:量才使用他,重用,推荐要职。 (4)求备焉:为自己私利所备用的人。

【诠释】

孔子说:"跟君子在一起容易相处共事,但很难取得他的欢喜。不按正道去为人处事,他是不会喜欢的。当他任用人才的时候,也是量才而重用并向国家推荐;为小人办事很难,但要使得他高兴就很容易了,不按正道去为他办事他会很喜欢的。但是等到他招聘人的时候,却是想着日后要为自己私利所备用的人才会被招来任用。做什么样的人,才能长久的更利于自己?"

13.26 【原文】

子曰:"君子泰而不骄,小人骄而不泰。"

【诠释】

孔子说:"君子无论是从外表还是从内心看上去始终是一身威严正气、清静不拘、潇洒自如、正气十足,但从不傲慢无礼。小人似乎看上去更精神、更有气派、气势也很张扬,但再看一眼都是故意装腔作势,心神不宁,计谋乖舛,话语连篇,根本没有道德仁义的底气,所以内心从不安宁坦荡。因为君子的内心是忠恕,无我。小人反倒是先己不仁,所以永远没有那种威严的气度。"

13.27 【原文】

子曰:"刚、毅、木、讷,近仁。"

【诠释】

孔子说:"办事有决心为刚,处事果断为毅,做事行动朴实谨慎为木,说话不急不躁为讷,这四种品德就接近于仁了。"

13.28 【原文】

子路问曰:"何如斯可谓之士矣?"子曰:"切切偲偲,怡怡如也,可谓士矣。朋友切切偲偲,兄弟怡怡。"

【注释】

(1)切切偲偲:互相勉励、督促、诚恳的样子。 (2)怡怡:和气、亲切、顺从的样子。

【诠释】

子路彬彬有礼地问老师:"怎样才可以称为士呢?"老师说:"在人生的道路上相互诚恳勉励,和和气气,亲切地帮助需要帮助的人,就可以称得上士了。朋友之间也应该互相督促勉励,兄弟之间相处也要和气顺从。"

13.29 【原文】

子曰:"善人教民七年,亦可以即戎矣。"

【注释】

即戎:去作战。

【诠释】

孔子说:"一个国家是需要设置军队的,如让心存仁德,心系国家的善人来教授训练军队的防范仪式,大概也得六七年的时间,就可以使得他们具备自卫作战本领了。"

13.30 【原文】

子曰:"以不教民战,是谓弃之。"

【诠释】

孔子又说:"如果在其他国家设立军队的情况下,如果自己的国家再不设立军队,再不提前训练军队的作战防范意识,就会招致外国侵犯,使得他们藐视善良的国家,就等于自己抛弃了自己的亲人和国家,后悔就晚了。"

宪问篇第十四

【引语】

　　本篇共计 44 篇。其中著名文句有:"见危授命,见利思义";"君子上达,小人下达";"古之学者为己,今之学者为人";"不在其位,不谋其政";"君子思不出其位";"君子耻其言而过其行";"修己以安百姓";"仁者不忧,智者不惑,勇者不惧"。这一篇中所包括的主要内容有:作为君子必须具备的某些品德;孔子对当时社会上的各种现象所发表的评论;孔子提出"见利思义"的义利观等。

14.1 【原文】

　　宪问耻。子曰:"邦有道,谷;邦无道,谷,耻也。""克、伐、怨、欲不行焉,可以为仁矣?"子曰:"可以为难矣,仁则吾不知也。"

【注释】

　　(1) 宪:姓原名宪,孔子的学生原宪(前515—?),春秋末年鲁国人,一说宋国人。字子思,亦称原思,原思仲。他为人清正,不贪财,不求仕,在孔子弟子中以安贫乐道著称。孔子为鲁司寇时,曾任孔子的家宰。孔子死后,遂隐居于草泽之中。 (2)有道:重用贤德的人,任人唯贤之时。 (3)谷:这里指做官者的俸禄。(4)无道:不重用贤德人才,不任人唯贤。 (5)克:好胜。(6)伐:自夸。 (7)难:难得。

【诠释】

孔子的学生原宪问老师什么才是可耻的行为?老师告诉他:"比如我,当国家重用人才,任人唯贤繁荣昌盛时,我出来做官拿俸禄还感到荣幸;当国家当政者淫秽腐败,不任人唯贤时我再做官拿俸禄,这就是耻辱啊!"原宪又问:"好胜、自夸、怨恨、贪欲都没有的人,可以算做到仁了吧?"老师回答说:"这可以说是很难得的,但至于是不是做到了仁,那我就不知道了。"

【解析】

在《述而篇》第13章里,孔子谈到过有关"耻"的问题,本章又提到"耻"的问题。仁的标准是建立在与人无我利他的基础上,非单一的去掉自身不良嗜好。

14.2 【原文】

子曰:"士而怀居,不足以为士矣。"

【注释】

怀居:怀,思念,留恋。居,家居。指留恋家居的安逸生活。

【诠释】

孔子说:"如果像士一等的人还留恋自己小家庭的安逸生活,不出去为官为民,就不配士的名号,不是士的作为了。"

14.3 【原文】

子曰:"邦有道,危言危行;邦无道,危行言孙。"

【注释】

(1)危:直,正直。 (2)孙:同"逊"。

【诠释】

孔子说:"当国家重用有道德具仁慈的人时,就要大胆地进谏善良公正的主意,做表率带领大家替国家分忧做善事;当国家不任人唯贤时,就要自己谨慎,尽己所能地去做,言语更要小心,以免还没作出善为就被革职了,反而没有益处。之所以'留得青山在不怕没柴烧'保住性命,一旦兴仁时再为国为民,这也是一种为政之道啊。"

14.4 【原文】

子曰:"有德者必有言,有言者不必有德。仁者必有勇,勇者不必有仁。"

【诠释】

孔子说:"一个有德者,必定在他的心中始终固守着一种无私的道义,此念使得他的内心和言语永远有正气。能说会道,说话也很坚定者不一定是有德者,那是因为他自己只知道固守着自己的想法而去说的。仁德的人因为自心无私,所以无惧,必定勇敢,所以只要是勇,只能是建立在有仁的基础上。看着勇敢的人不一定是有仁德之心的人,装饰的勇敢只是一时的冲动,冲则心动,动则散,散则既心中有私,既有私便心中无根,既无根人必倒邪,倒邪必无正念,哪有勇呢?"

14.5 【原文】

南宫适问于孔子曰:"羿善射,奡荡舟,俱不得其死然。禹稷躬稼而有天下。"夫子不答。南宫适出。子曰:"君子哉若人!尚德哉若人!"

【注释】

(1)南宫适:春秋时鲁国人,孔子学生。复姓南宫,名适,字子容,通常称其为南容。后人考证,南宫适,就是南宫阅,是孟僖子的儿子,孟懿子(仲孙何忌)的兄弟。孟僖子临终时,遗命"说与何忌于夫子",以事仲尼,从此说就以南宫为姓,称南宫说。 (2)羿:后羿,又称"夷羿""羿",夏朝东夷族有穷氏首领,生于今山东省济宁市。是一个射术高超的英雄。夏王仲康死后,其子相继位。不久,后羿驱逐了相,自己当了国王,是为夏朝第六任君主,后被家臣寒浞所杀。 (3)奡:传说中寒浞的儿子,相传是个大力士,后来为夏少康所杀。 (4)荡舟:用手推船。传说中奡力大,善于水战。 (5)禹稷:禹,夏朝的开国之君,善于治水,注重发展农业。稷,传说是周朝的祖先,又为谷神,教民种植庄稼。

【诠释】

　　学生南容恭敬地问老师:"当年夏朝的后羿善于射箭,奡善于水战,最后都不得好死。而禹和稷都亲自种植庄稼,却得到了天下,真是不一样啊。"孔子没有回答,南容看老师一时不语待了一会出去了。孔子说:"这个人真是个君子呀!他能发现敬仰仁德,发现仁德的根很重要啊!他能从古籍经典中看到做人的典范精髓,我就不用再说什么了!"

14.6 　【原文】

　　子曰:"君子而不仁者有矣夫,未有小人而仁者也。"

【诠释】

　　这一天孔子说:"想做君子的人里面,为人处事还达不到仁德状态的多多少少是有的。而小人之中达到仁者的程度好像还没有。所以我们就要下决心做君子,以身作则慢慢来影响小人变成君子。"

14.7 　【原文】

　　子曰:"爱之,能勿劳乎?忠焉,能勿诲乎?"

【注释】

　　诲:劝告。

【诠释】

　　孔子说:"一般的情况下孝悌关爱一个人,能不为他操心担心,劳神费力,甚至尽心教他做人道理吗?忠于他,能不对他诚恳善意的劝告,能不为他以后的生活担心,为他所做的事情出现的结果担忧吗?这是我们本有的亲情啊!但是还是要看透,适度的去对待,每个人都有各自的姻缘,不是外人用爱硬管所能改变的。即是好心也要淡然处之,以免伤害了对方,悔之晚矣。"

14.8 【原文】

子曰:"为命,裨谌草创之,世叔讨论之,行人子羽修饰之,东里子产润色之。"

【注释】

(1)为:发表,做的这件事。命,指国家的政令。 (2)裨谌:人名,郑国的大夫。 (3)世叔:《左传》里的子太叔,名游吉,郑国的大夫。子产死后,继子产为郑国宰相。 (4)行人:外交官,掌管朝觐聘问,即外交事务。 (5)子羽:公孙挥字子羽,郑国大夫。 (6)东里:地名,郑国大夫子产居住的地方。 (7)润色:调整或整理。

【诠释】

孔子说:"每个国家都会有很多有才能的人,比如郑国发表的公文,都是由郑国的裨谌大夫起草的,世叔提出意见,外交官子羽加以修饰,最后由子产作最后修改润色整理的,郑国这几个人都很不简单哪。"

14.9 【原文】

或问子产。子曰:"惠人也。"问子西。曰:"彼哉!彼哉!"问管仲。曰:"人也。夺伯氏骈邑三百,饭疏食,没齿无怨言。"

【注释】

(1) 子产:名侨(？——前522),又字子美,郑国贵族,郑国国都(今河南郑州新郑)人,与孔子同时期。因他一贯廉洁奉公,家中没有积蓄为他办丧事,儿子和家人只得用筐子背土在新郑西南陉山顶上埋葬他的尸体。消息传到郑国的臣民耳中,大家纷纷捐献珠宝玉器,帮助他的家人办理丧事。等到子产逝世,孔子听说了,哭泣道:"他具有古人仁爱的遗风啊。" (2) 子西:(？——前479年):芈姓,斗氏,名宜申,字子西,若敖氏后裔。官位"令尹"是楚国在春秋战国时代的最高官衔,官位略高于"司马"。楚平王之庶子,楚昭王兄长。前479年,子西被白公胜所杀。 (3) 管仲:(公元前719——公元前645年)春秋早期齐国的大夫。(今安徽省颍上县)人,周穆王的后代。比孔子时期早。 (4) 人也:即此人也。 (5) 伯氏:齐国的大夫。 (6) 骈邑:地名(今山东潍坊市临朐县境称骈邑)伯氏的采邑当时属于齐国。 (7) 没齿:到老死。

【诠释】

有人问孔子,那个郑国人子产是个什么样的人啊？孔子说:"是个有恩惠与人的人。"又问楚国的子西呢？孔子说:"他呀！他呀！不说了吧。"又问齐国的管仲？孔子说:"他是个有才干的人,他为了执行法规把伯氏在骈邑的三百之地收管,削去伯氏官位贬为庶民,使之以后终生吃粗茶淡饭。通过这样伯氏也认识到自己的不足,所以直到老死也没有怨言,看来管仲办事还是深得民心的。"

【伯氏资料】

伯氏为齐国的大夫，因治理骈邑这个地方不利，所以在周庄王十二年（公元前 685 年），齐桓公立管仲为丞相，之后，根据《周礼·地官司徒》所载的"三年大比，则以考群吏而以诏废置"的规定来对整个齐国进行全面治理，凡属齐国官员有政绩者加官晋爵，有过失者削其职权，褫夺封地，"以驭其贫"（《周礼·天官冢宰》）。由于伯氏治理骈邑不恤民情，两修骈邑，劳民伤财而致民怨沸腾，遂被管仲褫夺"骈邑三百之地"。如此政治体制，陟罚臧否，赏罚分明，令人佩服而艳羡。

14.10 【原文】

子曰："贫而无怨难，富而无骄易。"

【诠释】

孔子说："一个人在生活暂时贫穷的时候，能不急着动用不良手段来牟取暴利，能不在家暴躁、惹是生非、怨恨亲人，更不偷鸡摸狗贪赃枉法去危害国家，也不消极惰世，这种行为太难得了。本身又富余又有官位的人，不欺人霸市高傲自大，救济了穷人也不满天炫耀，相比可能某些人还能容易做到一点点吧。"

14.11 【原文】

子曰："孟公绰为赵魏老则优，不可以为滕薛大夫。"

【注释】

（1）孟公绰：鲁国大夫，属于孟孙氏家族，做人忠厚仁德。

(2) 赵魏老：赵魏，指赵国魏国。老，这里指当时大夫的家臣。
(3) 优：有余。即游刃有余。 (4) 滕薛：滕国和薛国，腾国，诸侯国家，在今山东滕县。薛，诸侯国家，在今山东滕县东南一带。

【诠释】

孔子说："当时晋国和赵国、魏国相比曾经是大国，而赵国和魏国皆是晋国的下属国，称赵氏魏氏。而鲁国大夫孟公绰曾经做过赵国、魏国的家臣，当时人品廉洁，克制自律，作事亦有条理，也在此二国施展了才华，能力得到发挥。但如果做了滕国、薛国这样小国的大夫，是大材小用施展不开的！所以不能当滕、薛的大夫。"

14.12 【原文】

子路问成人。子曰："若臧武仲之知，公绰之不欲，卞庄子之勇，冉求之艺，文之以礼乐，亦可以为成人矣。"曰："今之成人者何必然？见利思义，见危授命，久要不忘平生之言，亦可以为成人矣。"

【注释】

(1) 成人：品德高尚完备的人。 (2) 臧武仲：鲁国大夫臧孙纥，中国春秋时期鲁国人，其父臧宣叔，他辅佐鲁成公、鲁襄公，德才兼备，对季孙氏专权表示不满。臧文仲之孙。矮小多智，号称"圣人"。 (3) 卞庄子：鲁国卞邑大夫，勇士，孝子，他的母亲在世时，他随军作战，三战三败，朋友看不起他，国君羞辱他。及其母死三年，鲁国兴师伐齐，他请求从战，三战三获敌人甲首。 (4) 久要：长久处于穷困中。 （5）授命：交出生命。

【诠释】

　　子路问老师，怎样做才能成为一个德才兼备的人呢？孔子意味深长地说："如果具有臧武仲的智慧，孟公绰的克制，卞庄子的勇敢，冉求那样多才多艺，再用礼乐加以修饰，也就可以算是一个完备的人了。"孔子又说："今天想成为完备的人何必一定要这样呢！如果见到财利马上就会思考到忠义的道理，遇到他人危险马上挺身相救，原来一直贫困今天富裕些了，还不会忘记原来的救世之言，这样也可以成为一位完备的人哪！"

14.13 【原文】

　　子问公叔文子于公明贾曰："信乎，夫子不言，不笑，不取乎？"公明贾对曰："以告者过也。夫子时然后言，人不厌其言；乐然后笑，人不厌其笑；义然后取，人不厌其取。"子曰："其然？岂其然乎？"

【注释】

　　（1）公叔文子：卫国大夫公孙拔，卫献公之子。谥号"文"。（2）公明贾：姓公明字贾。卫国人。 （3）夫子：文中指公叔文子。 （4）以：此处是"这个"的意思。 （5）不取：不取钱财。（6）其然：原来这样。岂其然乎：难道这是真的吗？

【诠释】

　　孔子就卫国大夫公叔文子的事向卫国公明贾打听，孔子说：

"我听说公叔文子他平时不说、不笑、不赚钱财,是真的吗?"公明贾回答道:"这是传话的人理解错了。先生他到该说话的时候才说,这样别人就不会厌烦他多说话了;快乐的时候才笑,这样别人才不误会他的笑;合于仁义的财利他才取,因此别人不厌恶他得到。"孔子说:"哦!原来是这样,难道真是这样吗!"

14.14 【原文】

子曰:"臧武仲以防求为后于鲁,虽曰不要君,吾不信也。"

【注释】

(1)以防:防城,臧武仲之封地。 (2)要:要挟。

【诠释】

孔子说:"鲁国大夫臧武仲因得罪孟孙氏逃离了鲁国,后来回到防邑重整军队向鲁君要求,以立他的儿孙永远做这个地方的官大夫为条件,自己才答应离开防邑。"孔子又说:"我看他就是想以自己的封地为据点,想要要挟君主达到官位得到富贵目的,不然就犯上作乱。虽然有人说他只是要要挟君主立后,我倒是不太相信哪!"

14.15 【原文】

子曰:"晋文公谲而不正,齐桓公正而不谲。"

【注释】

(1)晋文公:姓姬名重耳,著名的春秋五霸之一,当时有作为的政治家,公元前 636——前 628 年在位。 (2)谲:欺诈,玩弄手段。 (3)齐桓公:姓姜名小白,著名的春秋五霸之一,公元前 685——前 643 年在位。

【诠释】

孔子说:晋文公诡诈而不正派,而齐桓公相比正派而不诡诈。"

【详细解释资料】

在诸侯争霸中,各诸侯都打着"尊王"仁义的旗号来相互侵占以达到霸主的目的。晋文公在城濮打败楚国后,于践土(今河南省原阳县西南,武涉县东南)故意会盟诸侯以提高自己的威望,把已衰微的周襄王也请来故意让其接受承认自己的身份,后又效仿齐桓公尊王。

在齐桓公做霸主时,当时周王室已不安定,所以他想以"尊王"安定周王室来达到自己目的。鲁僖公五年,齐桓公邀诸侯和太子郑在首止结盟。接着,鲁僖公七年,周惠王去世,太子郑害怕他弟弟作乱,向齐国乞援。鲁僖公八年,齐桓公邀诸侯与周王室在洮结盟,拥立太子郑即位,是为周襄王。这样,周王室又稍稍安定,等于顺利完成了第一步。接着是葵丘之会,鲁僖公九年,齐桓公邀鲁、宋、卫、许、郑、曹等国在葵丘修好,周王派宰孔赐齐侯胙,对齐桓公说:"以伯舅耋老,加劳,赐一级,无下拜。"而齐桓公却答道:"天威不违颜咫尺,小白余敢贪天子之命无下拜?恐陨越于下,以遗天子羞。敢不下拜。"于是齐桓公先跪拜,再接受王赐。齐桓公的这一行动,正是以身作则,使诸侯注重君臣间的礼制,这正是他的"尊王"权术。同年秋天,齐桓公又与诸侯在葵丘结盟,宣言道:"凡我同盟之人,既盟之后,言归于好。"而后,又重申周王禁令:"不可壅塞泉水,不可多藏谷物,不可改换世子,不可以妾为妻,不可使妇人参政。"这样一来,周王室的权威似乎又煊赫了一些,而且中原内部也稍稍地团结了一些。自从周在缥葛之战中败后,似乎预告着周王室即将覆灭,然而,正是齐桓公的创霸,正是他的"尊王"政策,使得周天子还能继续保持他的虚位至数百年之久。倘若没有齐桓公,以当时的情况,周王室不免于灭亡。所以我说晋文公诡诈而不正派,而齐桓公正派而不诡诈。

14.16 【原文】

子路曰:"桓公杀公子纠,召忽死之,管仲不死。"曰:"未仁乎?"子曰:"桓公九合诸侯,不以兵车,管仲之力也。如其仁,如其仁。"

【注释】

(1)公子纠:齐桓公的哥哥。齐桓公与哥争位,杀掉了亲哥哥。 (2)召忽:管仲和召忽都是公子纠的家臣。公子纠被杀后,召忽自杀,管仲归服于齐桓公,并当上了齐国的宰相。 (3)九合诸侯:九合,多次会盟。指齐桓公多次召集诸侯盟会。 (4)不以,即不用。兵车,武力。 (5)如其仁:这就是他的仁德。 (6)死之:为之死,即殉难。

【诠释】

子路疑惑地问老师:"齐国齐桓公父亲死后,齐桓公为了和哥哥公子纠争国君之位杀死了哥哥,公子纠的师傅召忽和管仲一直想把公子纠扶上君位,今公子纠被弟所杀,召忽自杀以殉职,但管仲却没有自杀。管仲不能算是仁人吧?"孔子说:"管仲扶持齐国长子继位是正确的,没有自杀是因为想开了,并不是随着君主自杀就是仁者。再者管仲当时为了保护他哥哥曾箭射他弟弟齐桓公,现在公子纠死了,齐桓公不记管仲射己之仇,拜为重臣,后管仲出策多次召集各诸侯国盟会,不用武力,都是管仲的力量啊,百姓免于多少战争性命的伤亡啊!这就算是他的仁德吧!这就算是他的仁德吧!"

14.17 【原文】

子贡曰:"管仲非仁者与?桓公杀公子纠,不能死,又相之。"子曰:"管仲相桓公,霸诸侯,一匡天下,民到于今受其赐。微管仲,吾其被发左衽矣。岂若匹夫匹妇之为谅也,自经于沟渎而莫之知也。"

【注释】

(1) 微:无,没有。 (2) 被发左衽:被,同"披"。衽,衣襟。是当时的夷狄之俗。 (3) 谅:遵守信用。这里指小节小信。(4) 自经:上吊自杀。 (5) 渎:小沟渠。

【诠释】

子贡诚恳地问老师:"管仲还达不到仁者吧?管仲本来是公子纠的臣子,而桓公杀了自己的哥哥公子纠,管仲现在不但没有为自己的主人公子纠殉死,反而做了他弟弟的宰相,这不太仁义吧。"孔子说:"管仲虽没殉职,一面不得已辅佐桓公,一面也是为了黎民百姓少受灾殃,到了今天老百姓其实还在享受他当时的建国功绩,如果没有当时的管仲,恐怕我们也要披散着头发,衣襟向左开着,成了流民。管仲哪能像普通老百姓那样,一遇到不如意的事就感情用事,或找个没人的荒郊沟渠去自杀,或投河自尽呢,即使那样别人也不会知道自己是谁,有多大的贡献和节操,又有什么益处呢?"

【解析】

　　本章和上一章都是评价管仲。他肯定了管仲有仁德。根本原因就在于管仲"尊王攘夷",反对使用暴力,而且阻止了齐鲁之地被"夷化"的可能。孔子认为,像管仲这样有仁德的人,不必像匹夫、匹妇那样,斤斤计较他的节操与信用。

14.18 【原文】

　　公叔文子之臣大夫僎与文子同升诸公。子闻之,曰:"可以为文矣。"

【注释】

　　(1) 公叔文子,春秋时卫(都城在濮阳西南)大夫,即公叔发,卫献公之孙,名拔,谥号"文",故称公叔文子。卫灵公三十一年(公元前504年),鲁定公侵郑,占取匡(今长垣县北),去时不向卫借路,回时阳虎却要让鲁军过卫都中,卫灵公怒,派弥子瑕追鲁军。当时公叔文子已告老退休,坐车去见灵公,劝灵公不要效法阳虎,让阳虎作恶增多自行灭亡。灵公乃止。其家臣分居异僎有贤才,他推荐僎和他做同等的官,受到孔子的赞赏。　(2) 僎:公叔文子的家臣。　(3) 为文:谥号为"文"。　(4) 升诸公:公,公室。这是说僎由家臣升为大夫,与公叔文子同位。

【诠释】

卫国大夫公叔文子的家臣僎虽然是贫民但很有才干,公叔文子就推荐家臣僎当上了和自己一样的卫国大夫。孔子知道了这件事说:"可见公叔文子真是个贤德的人哪,给他'文'的谥号是很配得上的。"

14.19 【原文】

子言卫灵公之无道也,康子曰:"夫如是,奚而不丧?"孔子曰:"仲叔圉治宾客,祝鮀治宗庙,王孙贾治军旅,夫如是,奚其丧?"

【注释】

(1)仲叔圉:即孔文子,名圉,是卫国的大夫。他聪明好学,又非常谦虚,因而死后,卫国国君赐予他"文公"的称号,后人称他为"孔文子"。 (2)王孙贾:卫国的大夫,以有智谋被任用。(3)祝鮀:字子鱼,卫国大夫,有仁德,有口才,以能言善辩受到卫灵公重用。

【诠释】

孔子跟鲁国的正卿季康子在谈卫灵公时说:"有人说卫灵公治理朝纲混乱,也不重用人才,是吗?"季康子说:"我也听说是这样的,既然如此,他为什么没有败亡呢?"孔子说:"因为他任用了仲叔圉接待宾客,祝鮀管理宗庙祭祀,王孙贾统率军队,他有这样三个有才能的人,目前怎么会败亡呢?"

14.20 【原文】

子曰:"其言之不怍,则为之也难。"

【注释】

怍:惭愧的意思。

【诠释】

孔子说:"有的人做人说大话经常毫不感到惭愧,越是这样自己越糟糕,即使你真的有一次想去实干一些事了也是很困难的,因为大家都知道你爱说大话,不负责任,所以没人信你,帮你,和你交往共事。"

14.21 【原文】

陈成子弑简公。孔子沐浴而朝,告于哀公曰:"陈恒弑其君,请讨之。"公曰:"告夫三子。"孔子曰:"以吾从大夫之后,不敢不告也。君曰'告夫三子'者。"之三子告,不可。孔子曰:"以吾从大夫之后,不敢不告也。"

【注释】

(1)陈成子:即陈恒,齐国大夫,又叫田成子。他以大斗借出,小斗收进的方法受到百姓拥护。公元前481年,他杀死齐简公,夺取了政权。 (2)简公:齐简公,姓姜名壬。公元前484——前481年在位。 (3)三子:指季孙、孟孙、叔孙。这三家分别是鲁桓公的四儿子季友的儿子、大儿子庆父的儿子、三儿子叔牙的儿子所建立的家族。　（4）从大夫之后：孔子曾任过大夫职,但此时已经去官家居,所以说从大夫之后。　（5）之：动词,往。

【诠释】

　　（齐国大夫陈恒其祖上是齐桓公,是时因内乱奔齐的陈国公子陈完之后。前485年,陈成子唆使齐国大夫鲍息弑杀齐悼公,立齐简公。陈成子和监止（字子我）任齐国的左右相。前481年,陈成子发动政变,杀死了阚止和齐简公,拥立齐简公的弟弟为国君,就是齐平公。）齐国大夫陈恒杀了齐简公。孔子听说了马上就斋戒沐浴上朝去见鲁哀公,禀报说:"陈恒把他的君主杀了,为了大局,你应该责罚他。"鲁哀公说:"你是知道的,我没有实权,希望你去通报那三位大夫,他们要是愿意去讨伐,我可以跟随前往。"孔子退朝后说:"因为我曾经做过大夫,所以不敢不负责任不告诉国君。君主却说'要我告诉那三位大夫去'！我去通报那三位大夫,那三位大夫不愿讨伐,他们都不顾大局盟约,我也没办法呀!"孔子又说:"因为我曾经做过大夫,我要尽到职责,不能不去通报呀！因为齐国陈恒杀了他自己的国君,这叫'谋反',按照盟约,鲁国和其他盟国应该派兵讨伐陈恒,这叫'正名',这是为了使各国不再有以臣犯上的霍乱行为,也会使各国平稳,这叫'维护正义'。即使你们不去,我也算是尽到职责了。"

14.22　【原文】

　　子路问事君。子曰:"勿欺也,而犯之。"

【注释】

(1) 君：古代的诸侯国最高执政者，称皇帝、天子、国君等。
(2) 犯：冒犯，触犯，即犯颜谏诤。

【诠释】

子路恭敬地施礼来问老师，怎样为国尽忠及对待国君？老师告诉他："首先要把国内的问题如实反映给国君，对于任何事情不能欺骗他。如果他哪里做得不恰当了，你可以推心置腹地忠言婉转相告，帮扶朝政以稳固朝纲，不要以功自傲、妄自为大、目无君上及对待一切事物。"

14.23 【原文】

子曰："君子上达，小人下达。"

【诠释】

孔子说："做同样的事情用心不同，天地悬殊。君子做事往往先考虑道义，以不损伤万物为前提再满足大家，这样符合自然、符合天意，就叫'做事上达'，所以自己快乐大家幸福。小人做事往往只考虑自己眼前的一小步，根本不考虑适不适合大家，自己下一步怎样处世为人？等到了咎由自取无法挽回的地步才内心恐慌不能自保，这时痛苦烦闷甚至命不保夕为时已晚，这就是小人'下达所为'，所以他的每一天都很痛苦。"

14.24 【原文】

子曰："古之学者为己，今之学者为人。"

【诠释】

孔子担忧地说:"以前的人学习是为了提高自己的能力知识和仁德修养,先管好自己再养家糊口,苦读寒窗谋取官位,至于长大志有所成。而现在的人,生活学习根本没有目标,还没学点知识就嘴开空话,心高气躁为名图利,啥也敢干,甚至私自办教育赚钱,口号都是为了他人,就是不看自己一直向外所求狂妄的心,从不为自己修心考虑,增长仁道。所以社会才会混乱,伦常才会颠倒,自己邪恶的思想刚一出来想干一番作为马上就出事故、削弱败了下来,所以什么事也难干,也干不成,这就是原因。"

14.25 【原文】

蘧伯玉使人于孔子,孔子与之坐而问焉。曰:"夫子何为?"对曰:"夫子欲寡其过而未能也。"使者出,子曰:"使乎!使乎!"

【注释】

蘧伯玉:人名,卫国的大夫,名瑗,约生于公元前585年左右,卒于公元前484年以后,是位年逾百岁的寿星。他自幼聪明过人,饱读经书,能言善辩,外宽内直,生性忠恕,虔诚坦荡。他主张以德治国,执政者以自己的模范行为去感化、教育、影响人民。孔子到卫国时曾住在他的家里。

【诠释】

卫国的大夫蘧伯玉派使者去看望孔子。孔子寒暄后让使者入座,然后诚恳地问道:"先生最近在忙什么呢?"使者回答说:"先生想要减少自己的错误,但还未能做到。"聊了一会使者告退了。孔子说:"好一位使者啊,好一位使者啊! 一位手下的使者都能说出如此有涵养的话可见主人是多么的有修养啊!"

14.26 【原文】

子曰:"不在其位,不谋其政。"曾子曰:"君子思不出其位。"

【诠释】

孔子说:"作为在位或退位的官员,一生一定要管好自己,只需要自己一心一意地,把自己的本职事情负责好、管理好才是要道,千万不要插手干涉自己职务范围外的、其他君臣大夫的管辖事物,这样就会相互影响大局的稳定,最容易出现各种矛盾,造成不公平的伤害,使百姓国家混乱。"曾子也说:"是啊老师,君子考虑问题及做事应该从来不超出自己的能力范围才对啊!"

14.27 【原文】

子曰:"君子耻其言而过其行。"

【诠释】

孔子说:"一个谋求上进的人,内心时刻有一种谦虚的心态,会约束自己的思想,言语从不越轨,认为自己嘴巴说得多而实际做得少是可耻丢人的。也经常观察自己的心来指导自己的行为,生怕犯了什么过错,时常的觉醒检点自己就能避免一生的过错,能把短寿转成长寿,能把不好的命运转变成好的命运。"

14.28 【原文】

子曰:"君子道者三,我无能焉:仁者不忧,知者不惑,勇者不惧。"子贡曰:"夫子自道也。"

【诠释】

孔子说:"一个普通的人通过平时长时间的善为来修行,就会成为有道德的君子,这样就会具备比别人超长的三种优点,但我还未能做到:也就是自身具备了仁德心以后自己就不会遇到任何事物再去忧愁了。身心思维有智慧了,做事遇事就会先未雨而绸缪、知其先后自然就不会再迷惑了。具备了上述两点才可称得上真正勇敢的人,这种勇敢不是凭着一腔热血和感情用事的勇气向前去闯,而是以内心强大的仁德和灵活的智慧合二为一才能真正勇敢起来,才能不畏惧一切不符合正义不符合自然之道的事情。"子贡听后感慨地说:"我感觉这些都是老师您已经做到的自我的表述啊!"

14.29 【原文】

子贡方人。子曰:"赐也贤乎哉?夫我则不暇。"

【注释】

(1)方人:评论、诽谤别人。 (2)赐也贤乎哉:疑问语气,批评子贡不贤。

【诠释】

一天,子贡在议论别人的长短。孔子听见了说:"赐啊,你真的就那么贤良吗,就那么完美吗?我可没有闲工夫去评论别人,平时不要听、看、议、传别人是非,严管自己多好,要不自己也会招惹是非的。"

14.30 【原文】

子曰:"不患人之不己知,患其不能也。"

【诠释】

孔子说:"不要忧虑别人不了解自己,那是没有用的,应该把精力用于当下学习积累知识和才能上,一旦达到了丰盈的地步,自会有你施展的空间。关键就是看你'是否有利人的本领,而不是人人都有的自私的本领'。自私自利人人都会,所以众人才都难以达到理想。而利人之举没有对手,所以天地都给你施展才华的机会,才能成功。古今有很多人在抱怨没好命运,朝里没人难做官等,全不找自己的原因。有没有德行?没有。做事、任职上去了,搞不了几天灾难降临了,怨谁呀?凡事要有真本领才行。"

14.31 【原文】

子曰:"不逆诈,不亿不信,抑亦先觉者,是贤乎!"

【注释】

(1)逆:迎。预先猜测。 (2)亿:同"臆",猜测的意思。(3)抑:抑制;阻止,不动声色。

【诠释】

孔子说:"只要你怀着一颗善良的心去处世,即使遇到别人来欺诈,自己也会知道,也不用当面揭穿他,等他把谎话说完了就知道他的把戏了,再坦然处置。平时也不要妄加猜测和不信任谁,遇事先冷静,就能事先觉察别人的欺诈和不诚实,这就是自心善良的原因,可算得上贤人了。"

14.32 【原文】

微生亩谓孔子曰:"丘,何为是栖栖者与?无乃为佞乎?"孔子曰:"非敢为佞也,疾固也。"

【注释】

(1)微生亩:鲁国的隐士。 (2)是:如此。 (3)栖栖:忙碌不安、不安定的样子。 (4)佞:善辩;口才好,花言巧语。(5)疾固:疾,恨。固,固执。

【诠释】

一天鲁国的隐士微生亩见到孔子问道:"孔丘啊!你整天这样忙忙碌碌、到处奔波游说为了什么呢?谁又会听你的呢?无非你是花言巧语费口舌罢了。"孔子回敬说:"我并非愿意花言巧语来到处游说,只是为了那些顽固不化的人,您劝我的好心我理解,这种事总得有人去做吧。"

14.33 【原文】

子曰:"骥不称其力,称其德也。"

【注释】

骥:千里马。古代称善跑的马为骥。

【诠释】

孔子说:"大家称赞千里马的好,不是夸奖它的气力大小,而是它当时付出的任劳任怨的品德。"

14.34 【原文】

或曰:"以德报怨,何如?"子曰:"何以报德? 以直报怨,以德报德。"

【诠释】

有人问孔子:"你对一个人本来有恩,现在他反倒恩将仇报,我怎么办呢? 我想用自己以前有恩于对方的事来提醒他,以劝他不要因现在的事怨恨我,怎么样?"孔子说:"你那样说,他现在能停止并报答你以前的恩德吗?"孔子接着说:"你应真诚地当面问清,是自己错了还是误会了,错了抓紧道歉,误会了没关系。并再告诉他以前自己对他的恩惠,让他明白对人要宽容,要知道人家对自己一滴好处都要一生记住来报恩,要用感恩的心挡住怨恨的心。所以做人要以德报德才能长远,如以怨报德就会越加严重使危害无法挽回。"

14.35 【原文】

子曰:"莫我知也夫!"子贡曰:"何为其莫知子也?"子曰:"不怨天,不尤人。下学而上达,知我者其天乎!"

【注释】

(1) 尤:责怪、怨恨。 (2) 下学上达:下学,学处世为人。上达,该做的做了,不求什么,顺其自然谓达天命。

【诠释】

　　一天孔子感叹地说:"没有人了解我呀!"子贡在一旁听到说:"为什么说没有人了解您呢?"孔子说:"哎!我这一生到处推广仁德礼仪及参政办学等,走到哪里都遭人非议,受到阻隔,不是大家不理解我吗?但我自己呢,从小吃苦受贫看到百姓社会如此困苦,灾难不断,就想学习礼乐仁德来效法祖先之为,以想达到天下和乐之目的,才一直走到今天。不管大家怎样认识我的做法,我也不埋怨天也不责备人。通过普通的世间学问可以达到高深的境界,了解我的大概只有天吧!"

14.36 【原文】

　　公伯寮愬子路于季孙。子服景伯以告,曰:"夫子固有惑志于公伯寮,吾力犹能肆诸市朝。"子曰:"道之将行也与,命也;道之将废也与,命也。公伯寮其如命何!"

【注释】

　　(1)公伯寮:姓公伯名寮,字子周,春秋末年鲁国人,与子路同做季氏的家臣。曾做过孔子的学生。　(2)愬:音 sù,同"诉",告发,诽谤。　(3)子服景伯:鲁国大夫,姓子服名伯,景是他的谥号。　(4)夫子:指季氏。　(5)肆诸市朝:古时处死罪人后陈尸示众。

【诠释】

　　一天鲁国的公伯寮在季孙面前挑拨是非诽谤子路。鲁国大夫子服景伯听说了就告诉给孔子说:"公伯寮在不断地挑拨是非还会对夫子您也不利,可能很危险。并且说季孙氏已经被公伯寮的花言巧语迷惑了,他这样不仁不义会早晚陷害人的,以我现在的权力和力量能够把公伯寮杀了,把他陈尸于市。"孔子平和地说:"没事的,不管他,我推广的是仁德大道,能够在天下得到推行,是天决定的,道不能得到推行,也是天命决定的。公伯寮这样的人又能把天命怎么样呢?"

【解析】

老师谈的天命,是自然宇宙的公平,百姓的和谐心愿,所以谋事在人,事物的成败不在一时;成事在天,要看岁月对这件事的洗礼,到底是利是弊。

14.37 【原文】

子曰:"贤者辟世,其次辟地,其次辟色,其次辟言。"子曰:"作者七人矣。"

【注释】

(1)辟:同"避",逃避,躲避。 (2)七人:古代记录的七位贤人隐士:即伯夷、叔齐、虞仲、夷逸、朱张、柳下惠、少连。

【诠释】

孔子说:"现在的社会贤人其实不少,只是有些贤人愿意逃避动荡的社会而隐居起来,思想稍微次一点的逃避到另外一个地方去,再次一点的逃避别人难看的脸色,再次一点的回避别人难听的话。"孔子又说:"这样做的已经有七个人了。人不能总是处于一帆风顺的环境里,承受能力不同想法不同,这样做不能说是对与不对,也是他们愿意做的事情啊!"

14.38 【原文】

子路宿于石门。晨门曰:"奚自?"子路曰:"自孔氏。"曰:"是知其不可而为之者与?"

【注释】

（1）石门:地名。鲁国都城的外门。 （2）晨门:早上看守城门的人。

【诠释】

子路这天夜里住在鲁国都城的外门处,看门的人问:"从哪里来的?"子路说:"从孔子那里来。"看门的人说:"是那个明知做不到却还要去做的那个人吗?"

【解析】

"知其不可而为之",好像这句话是定义,但不是,是比喻警示在某种环境或时间段不是轻而易举就容易做成的事情。然只要锲而不舍地去做善事自古没有不成功的,只是时间的问题。

14.39 【原文】

子击磬于卫,有荷蒉而过孔氏之门者,曰:"有心哉,击磬乎!"既而曰:"鄙哉! 硁硁乎! 莫己知也,斯己而已矣。深则厉,浅则揭。"子曰:"果哉! 末之难矣。"

【注释】

(1) 磬：音 qìng，一种打击乐器的名称。 (2) 荷蒉：荷，肩扛。蒉，草筐，肩背着草筐。 (3) 鄙：谦辞。硁硁：击磬的声音。 (4) 深则厉：穿着衣服涉水过河。 (5) 浅则揭：提起衣襟涉水过河。"深则厉，浅出揭"是《诗经·卫风·匏有苦叶》的诗句。 (6) 末：无。 (7) 难：难不住。

【诠释】

孔子在卫国居住，一天心情郁闷，就敲击磬抒发情感。街上一位背草筐的人从门前经过，听到乐声停了下来，听了听说："这个击磬的人是个有远大抱负之心的人，像是有很多思虑!"一会又说："可惜啊，声音硁硁的，听得出来没有人了解他。既然感觉没人帮你，就像遇到水深一样，自己就穿着衣服趟过去，水浅自己就撩起衣服趟过去，这有什么可悲伤的呢？说完走了。"孔子听到说："哎呀，这个人从音乐中就能感受到我的想法，在现实中应该没有什么问题可以难得住他了。"

14.40 【原文】

子张曰："《书》云：'高宗谅阴，三年不言。'何谓也？"子曰："何必高宗？古之人皆然。君薨，百官总己以听于冢宰三年。"

【注释】

(1) 书：指《尚书》，是中国汉民族第一部古典散文集和最早的历史文献，内容大多是臣下对"君上"言论的记载，记言为主。相传为孔子整理编定。 (2) 高宗：高宗是古代帝王的一个赞誉较高的庙号。第一个使用此庙号的帝王是商高宗武丁也叫殷高宗，商朝国君(公元前 1259——1200 年在位),军事统帅。姓子,名昭。商王小乙之子,商王盘庚的侄子。相传少年时期遵父命行役于外,与平民一同劳作,得以了解民众疾苦和稼穑艰辛。继位后,勤于政事,任用工匠出身的傅说及甘盘、祖己等贤能之人辅政,励精图治,使商朝政治、经济、军事、文化得到空前发展。使商朝成为西起甘肃,东至海滨,北及大漠,南逾江、汉流域,包含众多部族的泱泱大国,史称"武丁中兴"。在位 59 年而卒,被追谥为高宗。　　(3)谅阴:古时天子守丧所住房子之称。　　(4)薨:周代时国君和诸侯死亡了称为薨。　　(5)总己:个统己职。　　(6)冢宰:大宰,周代官名,相当于后世的宰相。

【诠释】

　　学生子张施礼来向老师请教:"《尚书》上说,'高宗守丧,三年不谈政事。'这是什么意思呢?"孔子说:"不仅是商朝高宗这样,古人的父母死了都要守丧三年,以报养育之恩。国君为父母守丧时,朝廷百官就从那天开始各尽己职一般不再见君,有大事了听命于国家的冢宰,三年后国君再上朝理政。国君带头这样可想全国的孝悌之风该是多么纯朴啊!"

14.41 【原文】

　　子曰:"上好礼,则民易使也。"

【注释】

　　好礼:遵循礼仪修养。使:管理。

【诠释】

　　孔子说:"要想建立好一个国家,要先在上位的君臣重视遵循礼仪修养才能使上层官员具备自身素质,下面的官员才能效仿,官员受益了就会在全国推广,社会大众老百姓就会学习受益,再管理百姓就容易了。"

14.42 【原文】

子路问君子。子曰:"修己以敬。"曰:"如斯而已乎?"曰:"修己以安人。"曰:"如斯而已乎?"曰:"修己以安百姓。修己以安百姓,尧舜其犹病诸?"

【注释】

(1) 修己:管好自己。 (2) 安人:用智慧安慰照顾他人的身心,使之幸福快乐。 (3) 安百姓:使老百姓安乐。

【诠释】

子路问老师究竟怎样做才合乎成为君子呢?老师对他说:"时常提醒自己,管好自己的思想行为不逊人,恭敬地对待他人,不扰乱不约束别人。"子路说:"仅这样就可以了吗?"老师又回答:"管好自己,做事不跟对方产生矛盾了,对方也就心情安闲愉快不就愿意接纳你了吗!"子路又说:"仅这样就够了吗?"老师接着说:"随时修习管好自己的心使身边的人安闲舒适,连尧舜当年为了安抚天下百姓还忧虑得不思茶饭经常生病呢,难道这是小事吗?"

14.43 【原文】

原壤夷俟。子曰:"幼而不孙弟,长而无述焉,老而不死,是为贼。"以杖叩其胫。

【注释】

（1）原壤：鲁国人，孔子的旧友。他母亲死了，他还大声歌唱，孔子认为这是大逆不道。　（2）夷俟：夷，箕踞，双腿分开而坐。俟，等待。　（3）孙弟：同"逊悌"，恭敬，从小顽皮不孝父母。（4）贼：有害。　（5）胫：腿的下半部分，小腿。

【诠释】

鲁国的原壤是孔子的老乡，他来找孔子，双腿叉开晃悠着坐在那里等待孔子。孔子迎上前去，气愤地说："你这个人哪，幼年的时候就不孝敬父母也不恭敬别人，长大了也没干点正经的事，这么大年纪了还没一点作为，你还不如死了呢，你从小到现在一点贡献也没有，真是有害于人啊。你看你坐也没个坐相。"说着，用手杖蹦蹦地敲了几下他的小腿。

14.44　**【原文】**

阙党童子将命。或问之曰："益者与？"子曰："吾其居于位也，见其与先生并行也。非求益者也，欲速成者也。"

【注释】

（1）阙党：即阙里，地名。孔子曾居住过的地方。　（2）将命：传达宾主的话。　（3）居于位：坐在成人的位子上，不合礼制。

【诠释】

（居住在阙党这个地方的一个人想请教孔子一些问题，头两天来时没见到孔子，)今天就派了一个童子来给孔子传话。童子走后，别人便问孔子："这个童子，是个求上进的孩子吗？"孔子说："我看见他进来就坐在了成年人的位子上，又见他和长辈并肩而行，好像不像是个想学习求上进的人，好像是个想求得功名急于求成的人。"

【解析】

　　从一个人的言行举止上就能看得出一个人真正的人品道德来，包括他的内心想法、善恶等思想行为，能表现出他自己平时修养的结晶，瞒不了自己也瞒不了别人，它直接关乎着自己的前途和命运，即使对眼前不认识的人也要以谦卑仁德对人，才能改变自己的命运，否则自己还不知道自己已经在走人生的下坡路了。

卫灵公篇第十五

【引语】

本篇包括 42 章,其中著名文句有:"无为而治";"志士仁人,无求生以害仁,有杀身以成仁";"人无远虑,必有近忧";"躬自厚而薄责于人";"君子求诸己,小人求诸人";"己所不欲,勿施于人";"小不忍则乱大谋";"人能弘道,非道弘人";"当仁不让于师";"有教无类";"道不同,不相为谋"。本篇内容涉及孔子的"君子小人"观的若干方面、孔子的教育思想和政治思想,以及孔子在其他方面的言行。

15.1 【原文】

卫灵公问陈于孔子。孔子对曰:"俎豆之事,则尝闻之矣;军旅之事,未之学也。"明日遂行。

【注释】

(1)陈:同"阵",军队作战时,布列的阵势。 (2)俎豆:俎,俎是置肉的几,豆是盛干肉的器皿,俎豆是古代盛食物,被用作祭祀时的礼器。 (3)明日:第二天。

【译文】

　　一天卫灵公招见孔子,请教军队步阵之法。孔子看了看卫灵公回答说:"要是祭祀礼仪方面的事情,我还听说过;用兵打仗的事,我从来没有学过。"第二天,孔子带领着学生便离开了卫国。

15.2 【原文】

　　在陈绝粮,从者病,莫能兴。子路愠见曰:"君子亦有穷乎?"子曰:"君子固穷,小人穷斯滥矣。"

【注释】

　　(1)愠:音 yùn,怒,怨恨。　(2)固穷:在这指固,固然。穷,困难。　(3)滥:越轨,做出不符合大众利益之事。

【诠释】

　　(楚昭王聘孔子到楚国去做官,孔子答应前去。行至陈、蔡边境,陈蔡两国大夫商讨说:"平时孔子对各国弊病清楚明了,如被楚用,我两国则危已。"于是兵困孔子。)一连围困多日断了食粮,随从的人都饿得病了,好像都不能支撑了。子路带着怨气来见老师,说道:"君子也有困难得毫无办法的时候吗?"孔子说:"君子在困难的时候一般都固守着仁德不愿意轻举妄动作出伤天害理的事来;小人一旦遇到困难的时候就会无所顾忌为非作歹了。"

15.3 【原文】

　　子曰:"赐也!汝以予为多学而识之者与?"对曰:"然,非与?"曰:"非也。予一以贯之。"

【注释】

(1) 识：记住。 (2) 然：对。 (3) 一以贯之：一个最根本的道理贯彻始终。

【诠释】

老师这天说："赐啊！你以为我是学习得多了才——记住的吗？"子贡答道："是啊老师，难道不是这样吗？"老师说："不是的。我是掌握了一个最根本的忠恕之道才把它们掌握住的，学做一切知识事物都以它做基础就会能抓住重点记忆深刻了。"

15.4 【原文】

子曰："由！知德者鲜矣。"

【诠释】

孔子对子路说："由啊！知道仁德好处的人太少了，咱们是幸运的！"

15.5 【原文】

子曰："无为而治者，其舜也与？夫何为哉？恭己正南面而已矣。"

【注释】

(1) 无为而治：没有想着自己的名利得失去做事情反而让自己他人感到愉快容易接受，倒把事情办好了。 (2) 夫：代词，他。

【诠释】

孔子说:"没有任何自私的目的,没有想着自己的名利得失去做事情,大概只有舜吧?他做了些什么呢?只是端正了自己的身心,摆正了自己的位置,尽心无私地以身作则,庄严端正地坐在君王的座位上罢了。其实一个在上位者自己端正了,天下自然效仿谁还敢乱作乱为啊!"

15.6 【原文】

子张问行。子曰:"言忠信,行笃敬,虽蛮貊之邦,行矣。言不忠信,行不笃敬,虽州里,行乎哉?立则见其参于前也,在舆则见其倚于衡也,夫然后行。"子张书诸绅。

【注释】

(1)行笃敬:行,通达的意思。笃,实在,敬,恭敬。 (2)蛮貊:古人对少数野蛮民族的贬称,蛮,在南方偏僻的野蛮部落。貊,在西北方。 (3)州里:五家为邻,五邻为里。五党为州,二千五百家。州里指近处。 (4)参:列,显现。 (5)衡:车辕前面的横木。 (6)绅:贵族系在腰间的大带。

【诠释】

子张向老师请教,问老师如何才能使自己到哪儿都能有良好的声誉,能受到众人的欢喜和接受啊?老师说:"说话要忠信,行事要诚实恭敬,即使到了蛮貊地区,也可以行得通。说话不忠信,行事不诚实恭敬,就是在本乡本土,能行得通吗?站着,就仿佛看到忠信笃敬这几个字显现在面前;坐车,就好像看到这几个字刻在车辕前的横木上,这样才能时常警醒自己,能做到这些才能行得通啊。"子张于是就把这些话记在自己腰间的大带子上了。

15.7 【原文】

子曰:"直哉史鱼! 邦有道,如矢;邦无道,如矢。君子哉蘧伯玉! 邦有道,则仕;邦无道,则可卷而怀之。"

【注释】

(1)史鱼:春秋时卫国(都于濮阳西南)大夫。名佗,字子鱼,也称史鰌。卫灵公时任祝史,负责卫国对社稷神的祭祀,故称祝佗。吴国的延陵季子经过卫国时,赞史鱼为卫国君子,柱石之臣。卫灵三十八年(公元前497年),卫国的公叔子曾设家宴招待灵公。告诫他说:"子富而君贫,必将遭祸。免祸的办法,只有富而不骄,谨守臣道。"他多次向卫灵公推荐蘧伯玉。临死嘱家人不要"治丧正室",以劝诫卫灵公进贤(蘧伯玉)去佞(弥子瑕)。史称"尸谏"。孔丘称他为"直哉史鱼,邦有道如矢,邦无道如矢"。 (2)蘧瑗,字伯玉,谥成子。春秋卫国人。蘧伯玉于卫献公初即已入仕,在献公中期已为卫国举世皆知的贤大夫。蘧伯玉一生,侍奉卫国献公、殇公、灵公三代国君。他主张以德治国。 (3)如矢:矢,箭,形容其直。 (4)卷:同"捲"。

【诠释】

孔子说:"卫国大夫史鱼这个人真是正直啊! 国家有道时,他为了尽忠,说话办事一丝不苟像箭一样直;国家无道时,他照样临死还举荐贤臣忠贞不二,也像箭一样直。卫国蘧伯玉也真是一位君子,国家有道时就出来做官一生主张以德治国,国家无道就时就把自己的主张收藏于心底,史鱼与伯玉都是尽了自己该做的事情啊!"

15.8 【原文】

子曰:"可与言而不与之言,失人;不可与言而与言,失言。知者不失人,亦不失言。"

【诠释】

孔子意味深长地说:"在遇到志同道合、对方需要自己帮助的人而不去尽心商谈,就会毁了、害了、失去这位朋友;如果遇到的是一位虚伪者而实际不通情达理,他内心一定高傲自满,听不进忠言警醒的话,就不如善巧地躲开。若与他真诚进言,他不但不听,还会背后诽谤侮辱你。有智慧的人既不会失去机会,又不会看错对方浪费口舌。"

15.9 【原文】

子曰:"志士仁人,无求生以害仁,有杀身以成仁。"

【注释】

杀身:愿意舍去身体,牺牲生命。成,救护成全别人。

【诠释】

孔子提高了声音说:"志士仁人,没有贪生怕死而损害'仁'的,只有牺牲自己的性命来成全'仁'的,相反的就不是仁人志士了。"

(生命对于每个人来讲都是十分宝贵的,但还有比生命更宝贵的,那就是"仁"。"杀身成仁",就是要人们在生死关头宁可舍弃自己的生命也要保全"仁"的气节。自古以来,它激励着多少仁人志士为了国家和民族的命运及生死存亡而抛头颅洒热血,谱写了一首首可歌可泣的壮丽诗篇。)

15.10 【原文】

子贡问为仁。子曰:"工欲善其事,必先利其器。居是邦也,事其大夫之贤者,友其士之仁者。"

【注释】

(1)工:工匠。 (2)利其器:使用的工具锋利,或好用。(3)事:侍奉,好好对待。大夫,也代指今天你身边的。

【诠释】

子贡再次拱手问怎样学到仁德,老师说:"做工的人想把活儿做好,必须首先有一套得心应手的锋利工具。对于自己的心也一样,到哪里都要宁静,才能善用其心。比如住在一个国家,就要好好地观察,诚实地对待你身边的那些贤德者,亲近身边的仁者和他们交往学习,这就是自身利其器,不但要学习书本上的知识还要学习善知识的心、言、行,才能真正学到仁者的风范!"

15.11 【原文】

颜渊问为邦。子曰:"行夏之时,乘殷之辂,服周之冕,乐则韶舞。放郑声,远佞人。郑声淫,佞人殆。"

【注释】

(1) 夏之时：夏代的历法，便于农业生产。 (2) 殷之辂：辂，天子所乘的车。殷代的车子是木制成的。 (3) 周之冕：周代的帽子。 (4) 韶舞：是舜时的舞乐，孔子认为是尽善尽美的。 (5) 放郑声：放，禁绝、排斥、抛弃的意思。郑声：郑国的乐曲，有淫靡之音。 (6) 佞人殆：佞，巧言善变，殆，危险。

【诠释】

颜渊施礼请教老师怎样治理国家，老师说："就像沿用夏代的历法有利于农业生产，比如乘殷代的车子，它朴实适用，戴周代的礼帽，华美庄严，奏《韶》乐，让人敬畏仁德。禁止传播郑国的乐曲，疏远能言善辩的人。郑国的乐曲因为让人听着淫靡不正派，能言善辩的人狡诈太危险以免学得浮华。穿得都要端庄，而非裸体暴露。要德音雅乐，而不是狂暴乐淫语舞，人民才不会受到伤害，才能真正复礼成德社会安宁。"

15.12 【原文】

子曰："人无远虑，必有近忧。"

【诠释】

孔子说："人没有长远的考虑和计划，就会有眼前的忧患与困难。"

【解析】

要做事先考虑周密，做好思想准备，到时候就不困难不发愁了。一切的事情都是这样的，比如生、死、烦、恼、病，是我们最常见的,最恐惧可怕的,人人难摆脱的,除此其他还好一些。这些事才是重中之重,谜中之谜,怕之可怕。如果我们想解开它,想超脱它,想把握住自己没有这些烦恼,只要我们提前静下心来,认真反省自身的缺陷,是否孝悌仁德等所作所为,把这些细微的不良之举改了,或下功夫参究起来,定会揭开它们的谜底,就会得到解脱!

15.13 【原文】

子曰:"已矣乎!吾未见好德如好色者也。"

【诠释】

孔子说:"哎呀,完了!我几乎还从来没有看见过喜好仁德的人像喜好美色那样去贪求的。要是把这种精神用在自身修养上,准能成为高尚的仁德者。"

15.14 【原文】

子曰:"臧文仲其窃位者与!知柳下惠之贤而不与立也。"

【注释】

(1)臧文仲:鲁国大夫臧孙辰。(?——公元前 617 年)臧文仲历事鲁庄公、闵公、僖公、文公四君。曾废除关卡,以利经商,于国于民,尽职尽责。其博学广知而不拘常礼,思想开明进步,军事及外交方面才能卓有。对鲁国的发展起过积极的作用。 (2)柳下惠:春秋中期鲁国大夫,(前 720——前 621)姓展名获,又名禽,他受封的地名是柳下,惠是他的私谥,所以,死后人称其为柳下惠。他是制作周礼周乐的周公的后裔,其父展无骇是鲁国的司空。柳下惠分析国政,谈论兵法,执掌刑狱,多谋善断,才能出众。柳下惠为人正直,指斥朝政,得罪了臧文仲,三次被免官。他在鲁国虽然遭到冷遇,却拒绝了别国的高官厚禄,仍留鲁国。有人问他为什么拒绝了别国的高官相聘,仍留在倍受冷遇的鲁国?他回答说:我因为正直,不愿趋炎附势,难免要三次被免官。如果我想做官,只要放弃正直为人的信条,在鲁国马上可以得到高官,又何必离开生我养我的父母之邦,到别国去呢? (3)立:通位、官职。

【诠释】

孔子说:"鲁国的臧文仲是一个窃居官位的人吧!他明知道鲁国的柳下惠是个贤人,却不举荐他一起做官,如果一起为官,鲁国不就更强大了吗!"

15.15 【原文】

子曰:"躬自厚而薄责于人,则远怨矣。"

【注释】

躬自:自己,独自。

【诠释】

孔子耐心地说:"在平时多检查责备自己的不足,少观察挑剔责备别人,那就可以避免别人的怨恨了。因为人与人是有差异的,只要自己去理解、包容,生活会是很幸福的。"

15.16 【原文】

子曰:"不曰'如之何,如之何'者,吾末如之何也已矣。"

【注释】

（1）如之何：怎么办的意思。 （2）末：这里指没有办法。

【诠释】

孔子说:"上至国君诸侯下至平民百姓,有一些人遇到困难的事就会自己私下忧愁,甚至怕失面子,也不问怎么办,也不找人请教,他如果不说让人怎么帮他？我也没办法帮他,我也不知道对他这样的人怎么办好。要是他明确需求别人帮助,我也好尽心帮助他呀！"

15.17 【原文】

子曰:"群居终日,言不及义,好行小慧,难矣哉！"

【注释】

（1）义：义理,正经事。 （2）行小慧：耍小聪明。

【诠释】

孔子说:"如整天聚在一块,谈论的话题不是关于做人的正经事,而是专爱卖弄些是非和小聪明,贪图小恩小惠之事,这些人以后很难成其大事啊！"

15.18 【原文】

子曰:"君子义以为质,礼以行之,孙以出之,信以成之。君子哉!"

【注释】

(1) 质:本质,根本。 (2) 孙:逊。

【诠释】

孔子说:"君子把本身的忠义早已作为本身该做的事,处事为人常以礼仪来对人,用谦逊的态度和语言来与人交谈,用诚信的态度来办理一切事物,这就是君子啊!"

15.19 【原文】

子曰:"君子病无能焉,不病人之不己知也。"

【注释】

病:担心。

【诠释】

孔子说:"君子常常只担心自己没有才能,从不担忧别人不知道自己。因为自己没有才能,即使别人想请自己,虚名在外也是没有用的,实力有了,即使别人不知道不推荐自己,自己也会知道自己该做什么,能做什么,去做什么,所以贵在自知。"

15.20 【原文】

子曰:"君子疾没世而名不称焉。"

【注释】

(1) 疾：疾恨。 (2) 没世：死亡之后。

【诠释】

孔子说："活着一生,做一生的事,遇人无数,是愉快还是苦闷呢？是被人称赞还是被人唾骂呢？是让人提起后就增加信心、鼓起勇气、信心倍增地去受益、让子孙蒙福呢？还是等让人当面厌恶背后唾弃或死后不敢发怒的朝着自己发怒了,骂自己没有道德坑人害人,子孙也蒙羞呢？所以君子担心死亡以后他的名字不为人们所称颂,至于现在起心动念才不敢妄为。此非是胆小,而是勇者。"

15.21 【原文】

子曰："君子求诸己,小人求诸人。"

【诠释】

孔子说："君子常常是遇到困难的时候就找自己的原因,努力地克服困难,改正调整自我,以善心对人,从来不怨他人。小人时常遇到困难时就找别人的差错,怨天尤人,求天告地就是不找自己的原因,自己就是不走正路,不努力学习改正、不听父母善知识的话。非得迷信崇拜他人,自己图轻快,不实干,心老是向外找、向外求,甚至心想只有鬼、神、佛才能帮自己,岂不知万事只是一念之转,还得靠自己踏实做人、身体力行,才能解决。"

15.22 【原文】

子曰："君子矜而不争,群而不党。"

【注释】

(1) 矜:庄重的意思。 (2) 党:在这指搞帮派。

【诠释】

孔子说:"只要是一个君子,内心一定很真诚友好,身心庄重,从不与别人争执利益之事,即使跟再多的人在一起也会和睦相处,不会拉帮结派结党营私。结党营私的最后下场只能是深陷泥潭不能自拔,伤己害他。"

15.23 【原文】

子曰:"君子不以言举人,不以人废言。"

【诠释】

孔子说:"君子做事不是凭对方一个人说的话就来推举他,赞成他,要了解他日常的为人处事及利己利他的作为才能判定是否值得推荐。也不只是听到别人说他的不好就是不好,就不采纳他的见解,不与此人交往,那也要了解此人真实的情况后才能重新做出论断。"

15.24 【原文】

子贡问曰:"有一言而可以终身行之者乎?"子曰:"其恕乎!己所不欲,勿施于人。"

【诠释】

子贡问老师:"老师啊,有没有只记住一句话就能供自己使用,终身奉行受益的呢?"孔子回答说:"有,那不就是'恕'这个字嘛!时常约束自己浮躁的心,不要使它像脱缰的野马,任性任为,伤己害人。自己感觉不好的、不愿意做的任何事情,不要强加给别人。自己认为好的也不见得适合事宜,所以还是不要强迫别人按自己的意愿行事,这样会失去人心,出现矛盾,酿成意想不到的祸乱,不得不慎重啊!"

【解析】

"忠恕之道"对后人影响很大。可以消除自我他人的怨恨,缓和人际关系,安定人心和谐社会。

15.25 【原文】

子曰:"吾之于人也,谁毁谁誉?如有所誉者,其有所试矣。斯民也,三代之所以直道而行也。"

【注释】

其有所试矣:试过的。

【诠释】

孔子说:"我对待别人的态度从来没有用感情作出过过激的言行,从没盲目地诋毁过谁也没赞美过谁,如果有赞美过的,也是我曾经考验过他们再说的。从古时百姓立君主开始,尧舜禹三代都是这样经过他人实际考察的,在位者和百姓再实际来考察继位的接班人,所以那时,君廉民洁,国家百姓很是兴盛。"

15.26 【原文】

子曰:"吾犹及史之阙文也,有马者借人乘之,今亡矣夫。"

【注释】

(1) 阙文:史官记史,遇到有疑问的地方不记或遗漏之文。(2) 有马者借人乘之:有马的人借给没马的人骑。 (3) 亡:无法。

【诠释】

孔子说:"虽然我今天看到这些残缺不全的史料或有存疑的地方很是遗憾,但也已经很知足了! 就好比人家有马,自己没有,人家能借给自己用已经很不容易了。如果当年的史官一点也不记录,包括这些残缺的史料也没有,那今天就再也无法考究历史了,所以我还得感谢祖辈恩德。"

15.27 【原文】

子曰:"巧言乱德。小不忍则乱大谋。"

【诠释】

孔子说:"有些人学了点皮毛就巧言雌黄,认为天南地北都懂了,空话多、实事少,影响误导了想上进的人,使人错认学了德行修养的人原来还是这个样子,便不想学了,扰乱了仁德的形象。还有的故意用巧言来迷惑来影响正在督查重要案件的官员的注意力,怕查出自己贪赃枉法的隐私及背后的勾当。还有些人口头承诺的很好,一遇事就不忍耐,稍有不如意就大动肝火,心急火燎,不为自己以后着想。不知老天此时正在考验自己、锻炼自己、成就自己,所以不任劳任怨就会影响前途和命运,甚至国家的重大计划,从而造成遗憾。"

15.28 【原文】

子曰:"众恶之,必察焉;众好之,必察焉。"

【注释】

察:亲自去接近交谈了解。

【诠释】

孔子教导我们说:"假如大家都厌恶他,我们也不要跟着去指责,如果有必要考察,我们必须亲自去了解以后再作出判断;大家都喜欢他,我们也一定要亲自去了解一下,再作出判断,这样即适宜自己又适宜对方,我们不必跟着议论是非,人云亦云,莫以众人之是非标准来判断自己不了解的人和事物。要经过自己客观地去考察再作出结论,以免造成恶因。"

15.29 【原文】

子曰:"人能弘道,非道弘人。"

【注释】

道:利益人融于自然的方法。

【诠释】

孔子说:"人本身的生活就是一种丰富的、自然的、道义的最好的呈现载体。人丰富的感知功能产生了各种思想、矛盾痛苦欢乐等,自然会找解决的方法。方法找到了就要修身养性来力行,自己得利益了自然传播助人,这就是人能弘道。"

比如,要孝悌忠信礼义廉耻仁义礼智信,这些行为道理可能有人反对,不愿意接受。但父母都愿意让子女孝敬,弟弟都愿意让兄长关爱,孩子都愿意让父母疼爱,相互都愿意让人敬仰关怀照顾,用礼仪来对待自己,这就能反映出对错,人人都受益的就叫人道,受益的人知道好了就传播,就叫人能弘道。所以要人来分辨善恶而避恶扬善。反之没有人来感受传播当载体,这些感受的内涵也呈现不出来,也就是"非道能弘人"。反之谁也不希望别人对自己无礼,打骂强暴等。不利于万物的不是道。利人利万物的就是道。

15.30 【原文】

子曰:"过而不改,是谓过矣。"

【诠释】

孔子说:"有了过错而不想改正,不想使自己低下来认错,不想把自己高傲的虚荣心放下,那才叫真错了呢。会一生后悔的!"

15.31 【原文】

子曰:"吾尝终日不食,终夜不寝,以思,无益,不如学也。"

【诠释】

孔子说:"我曾经也尝试过整天不吃饭,彻夜不睡觉去左思右想,结果劳神费心没什么大的益处。还不如缓下心来,博览群书,慢慢就有了答案。"

15.32 【原文】

子曰:"君子谋道不谋食。耕也,馁在其中矣;学也,禄在其中矣。君子忧道不忧贫。"

【注释】

(1)馁:饥饿。 (2)禄:做官的俸禄。

【诠释】

孔子说:"君子每天应该把重点放在修行仁德上,不要先贪求奢华富贵。如农耕一样,如果眼下不深耕土地,施肥播种,以后就不会壮苗丰硕,只会挨饿。如眼下用功学习,苦乏其身、锻炼心志、增加德行,将来必能施展才华,福禄双收。所以君子先要考虑自己有没有德行,不用担心以后的生活状况。"

15.33 【原文】

子曰:"知及之,仁不能守之;虽得之,必失之;知及之,仁能守之,不庄以涖之,则民不敬。知及之,仁能守之,庄以涖之,动之不以礼,未善也。"

【注释】

(1)知及之:知,知道、了解。都知道了。 (2)涖:到,指内心没有真正的尊敬到位。 (3)动:具体去做时。 (4)未善:

还没有达到百姓满意。

【诠释】

　　孔子说:"大家都知道用仁德来治理天下的好处了,一旦为人处事,自己的心还不能以仁德之心处之,虽然得到了一点赞誉,但是还是会失去人心的。大家都知道仁德的好处了,自己仁德之心好像也坚固了,到时候面对百姓时还是不能诚心庄重恭敬地真诚对待,百姓内心还是不听你的。大家都知道仁德的好处了,仁德之心也好像坚固了,也能用真心庄重恭敬地真诚对待了,在实施政令的时候,即使为百姓好的举措实施时也不谨慎了,忽视了行动。不商量、言语粗暴、行为傲慢不以礼节来实施,还是没有达到引领百姓向善,国家满意的程度。"

15.34 【原文】

　　子曰:"君子不可小知而可大受也,小人不可大受而可小知也。"

【注释】

　　(1) 小知:瞧不起,小事情。　(2) 大受:重视,承担大任。

【诠释】

　　孔子说:"对待君子,能力作为上不要不信任,赋予一点小事让其去做,既屈了人才又耽误了时间,应当赋予重任才是任人唯贤。而不要只看君子眼前的平庸与外表,要看他的作为思想言行品德。对于小人的安置不能赋予重任,他会私欲膨胀,还会叛道背离危害国家,只能谨慎地给他点小事做,不要大力赞赏他或看着一时显赫风光,就蒙蔽了自己,以免错误相信任用留下遗憾。"

15.35 【原文】

子曰:"民之于仁也,甚于水火。水火,吾见蹈而死者矣,未见蹈仁而死者也。"

【注释】

(1)火:物体产生的烈火。 (2)甚于:比什么。 (3)蹈:投入其中。

【诠释】

孔子说:"有些君臣百姓一听到仁德就好像遇见了水火之灾一样害怕,不理解、不赞成、不推广、不真做。其实大部分百姓渴求仁德真得像希望得到水火一样难求。水火既能利人又能害人,但我只是见过有人跳到水火中而死的,却没有见过真心投入到仁德的行列而死的。"

15.36 【原文】

子曰:"当仁,不让于师。"

【注释】

(1)当仁:以仁德为重。 (2)师:亲人。

【诠释】

孔子说:"遇到事情始终要以仁德为本来处理事务,哪怕对包括自己的亲人也要讲述道理,使之明理,不能迁就任由作出伤天害理之事而不管,在违背仁德面前是不能让步的,那样早晚会害了对方。"

15.37 【原文】

子曰:"君子贞而不谅。"

【注释】

(1)贞:纯洁无私纯正,言行一致。 (2)谅:减低。

【诠释】

孔子说:"君子的心会纯正无私言行一致,即使在任何情况下也不会减低自己的道义和公正之心。"

15.38 【原文】

子曰:"事君,敬其事而后其食。"

【注释】

食:食禄,俸禄,报酬。

【诠释】

孔子说:"在为国帮助国君大臣等朝政事务上,应提前尽心尽力把一切能做的分内的事务做好,至于吃住俸禄自会有所安置。不用先考虑自身得失或做此工作能捞到多少暗利,一旦这样想就会思想偏移,做事莽撞,大意,轻率,急功近利,人心变态早晚易出大祸。"

15.39 【原文】

子曰:"有教无类。"

【诠释】

孔子说:"教育的本身就是一种天职,人人都有资格接受教化,不管是贫富贵贱、男女性别、年龄悬殊、何等种族等都有资格有义务来学习仁道,对于教育方法更是灵活多样因人因事而异。"

【解析】

教育本身的含义就是学万物育自己。不能对立人群,分别万物。教育的目的和作用只有一个,那就是无私和谐共存利他。孔子创办私学,为的是让君主、百姓懂礼、知礼、明理、有德,人类不再相互残杀。所以私学在官府在上层社会的局面得到改变。他广招门徒,不分对象,倡导仁德,开创了中国古今私学的先例,奠定了中国传统教育的重要思想。

15.40 【原文】

子曰:"道不同,不相为谋。"

【注释】

(1)道不同:思想想法主张不同。 (2)不相:不能。

【诠释】

孔子说:"想和大家一起为国尽忠,扶持朝政,做任何事都要找志同道合的人,与其想法、做法、志向一样才能共同携手为民。不一样的,是没办法在一起做事的,只能择其人而行其事。"

15.41 【原文】

子曰:"辞达而已矣。"

【注释】

辞达:言辞能表达。

【诠释】

孔子说:"论述事物时言辞能表达清楚意思就行了,不必话语太多,啰唆没完。"

15.42 【原文】

师冕见,及阶,子曰:"阶也。"及席,子曰:"席也。"皆坐,子告之曰:"某在斯,某在斯。"师冕出,子张问曰:"与师言之道与?"子曰:"然,固相师之道也。"

【注释】

(1)师冕:乐师,这位乐师的名字叫"冕",是位盲人。
(2)相:帮助。 (3)道:方法、途径。 (4)固:本来。

【诠释】

一位盲人是位乐师,他叫"冕",一天来见孔子,走到台阶沿,孔子殷切地说:"这儿是台阶。"走到座席旁,孔子温和地说:"这里是座席,您坐下吧。"等大家都坐下了,孔子又耐心细致地告诉他:"某某在这里,某某在那里。"乐师冕走了以后,子张就问老师:"这就是我们应该对待乐师的方法吗?"老师说:"是的,这本来就是以跟随盲人助手的做法去做,让盲人能够明白身外的事物以便安心,帮助乐师的方法啊!"

季氏篇第十六

【引语】

本篇包括14章,其中著名的文句有:"不患寡而患不均,不患贫而患不安";"生而知之";"君子有三戒:少之时,血气未定,戒之在色;及其壮也,血气方刚,戒之在斗;及其老也,血气既衰,戒之在得";"君子有三畏:畏天命,畏大人,畏圣人之言"。本篇主要学习内容包括孔子及其学生的政治活动、与人相处和结交时注意的原则、君子的三戒、三畏和九思等。

16.1 【原文】

季氏将伐颛臾。冉有、季路见于孔子曰:"季氏将有事于颛臾。"孔子曰:"求!无乃尔是过与?夫颛臾,昔者先王以为东蒙主,且在城邦之中矣,是社稷之臣也。何以伐为?"冉有曰:"夫子欲之,吾二臣者皆不欲也。"孔子曰:"求!周任有言曰:'陈力就列,不能者止。'危而不持,颠而不扶,则将焉用彼相矣?且尔言过矣,虎兕出于柙,龟玉毁于椟中,是谁之过与?"冉有曰:"今夫颛臾,固而近于费。今不取,后世必为子孙忧。"孔子曰:"求!君子疾夫舍曰欲之而必为之辞。丘也闻有国有家者,不患寡而患不均,不患贫而患不安。盖均无贫,和无寡,安无倾。夫如是,故远人不服,则修文德以来之。既来之,则安之。今由与求也,相夫子,远人不服而不能来也,邦分崩离析而不能守也;而谋动干戈于邦内。吾恐季孙之忧,不在颛臾,而在萧墙之内也。"

【注释】

(1)季氏:这里指季康子,名肥。 (2)颛臾:鲁国的附属国,在今山东省费县西。见,谒见。 (3)有事:指有军事行动,用兵作战。 (4)无乃:恐怕要,过,责备。 (5)东蒙主:东蒙,蒙山。主祭东蒙山神的人。 (6)周任:人名,古代的一位史官。(7)陈力就列:陈力,发挥能力,按才力担任适当的职务。(8)相:搀扶盲人的助手叫相,这里是辅助的意思,助手,在这指冉有、子路。 (9)虎兕:虎,老虎。兕,雌性犀牛。 (10)柙:用以关押野兽的木笼。椟,匣子。 (11)疾夫舍:疾是"痛恨",夫是"那种"。舍,舍开,撇开。 (12)辞:说辞即借口。 (13)国:诸侯通知的地方称国。家,指卿大夫统治的地方。 (14)不患寡:人口少,经济条件差。 (15)费:季氏的采邑。 (16)无贫、无寡:没有贫困,没有人口少的现象。 (17)安无倾:国家安定就没有倾倒的危险。 (18)离析:四分五裂。 (19)萧墙:是国君宫门内挡门的小墙,又叫照壁、屏风。在这指鲁国宫廷内部。

【诠释】

鲁国的季康子将要讨伐鲁国附近的一个小国颛臾。冉有、子路急忙去告诉老师说:"季氏准备要攻打颛臾了。"

孔子说："冉求啊！这件事我恐怕要责备你们俩的过失了，这是谁的过错呢？原来颛臾这个地方，周天子从前是让它主持东蒙山的祭祀的，而且已经在鲁国的疆域之内了，已是本国的臣属了，为什么还要讨伐它呢？"冉有说："夫子不要责怪我们，我们两个做臣子的也不愿意攻打，是季孙大夫想去攻打。"

孔子说："求啊，古代的一位史官周任曾经说过：'尽自己最大的能力去帮助人民，实在不能尽职或阻止不了危害人民的事就辞职。'人民遇到了危险不去解救，别人跌倒了不去搀扶，那还用辅助的人（或臣子）干什么呢？而且你刚才说的话很不负责任！老虎、犀牛从笼子里跑出来，龟甲、玉器在匣子里毁坏了，是谁没把老虎管好，这又是谁的过错呢？"

冉有固执地说："现在颛臾城墙虽然坚固，而且离费邑很近。如果现在不把它夺取过来，将来一定会成为下一步的忧患。"孔子说："求啊，君子最痛恨那种不肯实说自己想要那样做，反而要找出理由推脱别人想要的做法来为自己狡辩。我也曾经听说过：对于国家和诸侯大夫们，不担心人口少而担心经济不足，不担忧百姓贫困而担心国家内部不稳定，如果因贪欲再起战争，这样更会加剧人心恐慌身心惧怕不安定。就不会有大量的生命死亡，人都流离失所了哪还有国家？至于财富还好说，均匀了就不会贫穷了，大家和睦了就不会感到孤独和恐慌了，自然就会安定没有覆国的危险了。执掌权势的诸侯国君们如果这样做，远方的人还不归服，那就再加强修正自身的仁德来完善自身的礼、义、乐的修养，来感动他们，如果已经来了，就让他们安心住下来。"

"今天仲由和冉求你们两个人辅助季氏，远方的人不尊敬，还不能使他们自动来归服；国内民心离散，反倒用武力战争使大小国家之间四分五裂，使各国百姓在家不能安居乐业，而你们又想谋划战争于邻邦之间。我只怕季孙的忧患不在颛臾之小国,而是在于你们自己的身心欲望和自己政权内部的野心啊!"

【解析】

每一章都反映出孔子的反战思想。他不主张通过军事手段解决邻国之间的问题,而是希望采用礼、义、仁、乐的方式解决,这是孔子的一贯思想。此外还提出了"不患贫而患不均,不患寡而患不安"。"均,同利同惠。谓各得其分;安,谓上下相安。"这种思想对后代人的身心健康尤为重要。

16.2 【原文】

孔子曰:"天下有道,则礼乐征伐自天子出;天下无道,则礼乐征伐自诸侯出。自诸侯出,盖十世希不失矣;自大夫出,五世希不失矣;陪臣执国命,三世希不失矣。天下有道,则政不在大夫。天下有道,则庶人不议。"

【注释】

(1)世希:世间稀少。 (2)失:失传即灭亡。

【诠释】

孔子说:"天下得民心的时候,像这些礼、乐和征讨蛮陌之地的事都由天子作主决定;天下动乱的时候,国君就失去了权利,这些礼乐和出兵打仗,已由诸侯篡权代替了。而由诸侯篡权的,很少能富到十代就垮台了;由大夫篡权的,富不了五代就垮台了。大夫的家臣篡权的,很少能维持到三代就垮台了。天下有道时,国家政权就不会落在大夫手中,天下有道的时候呢,老百姓也就不会因为生活困苦而再起暴乱了。"

【解析】

"天下无道"指什么?孔子这里讲,一是周天子的仁德之风变成了诸侯争权之风,二是诸侯的权力落入大夫和家臣手中,三是老百姓困苦。对于这种情况,孔子极感不满,认为这种政权很快就会垮台。他希望回到"天下有道"的那种时代去,政权就会稳定,百姓也相安无事。

16.3 【原文】

孔子曰:"禄之去公室五世矣,政逮于大夫四世矣,故夫三桓之子孙微矣。"

【注释】

(1)禄之去:政权和财利离开了。 (2)五世:指鲁国宣公、成公、襄公、昭公、定公五世。 (3)逮:及。 (4)四世:指季孙氏文子、武子、平子、桓子四世。 (5)孙微:衰微。 (6)三桓:鲁国伸孙、叔孙、季孙都出于鲁桓公,所以叫三桓。

【诠释】

孔子悲叹地说:"鲁国国君失去国家政权已经有五代了,政权落在大夫之手已经四代了,所以三桓的子孙也衰微了。"

16.4 【原文】

孔子曰:"益者三友,损者三友。友直,友谅,友多闻,益矣。友便辟,友善柔,友便佞,损矣。"

【注释】

(1)谅:诚信。 (2)便辟:惯于走邪道或谄媚。 (3)善柔:善于和颜悦色,两面三刀骗人。 (4)便佞:惯于花言巧语。

【诠释】

孔子说:"有益于大家交友的有三种人,有害于大家交友的有三种人。同正直的人,同诚信的人,同见闻广博的人交友,这是永远有益于自己的。同经常动邪点子走邪道的人,同爱阿谀奉承别人的人,同惯于花言巧语的人交朋友,这些都是永远有害于自己的。"

16.5 **【原文】**

孔子曰:"益者三乐,损者三乐。乐节礼乐,乐道人之善,乐多贤友,益矣。乐骄乐,乐佚游,乐晏乐,损矣。"

【注释】

(1)节礼乐:用礼乐来调节排泄抒发人的情感。 (2)骄乐:放纵自己的欲望不知节制地去寻乐。 (3)佚:同"逸"。(4)晏乐:沉溺于宴饮取乐。

【诠释】

孔子说:"有益于身心喜好的有三种,有害于身心喜好的也有三种。以礼乐调节自己;经常称道别人的好处;以喜欢多向贤德之友请教为喜好的,这些都是有益的三种。而放纵自己的欲望不知节制地去寻乐,夸夸其谈高傲自大;喜好游手好闲到处闲逛惹是生非;喜欢酒肉朋友大吃大喝,沉溺于宴饮取乐,这些就是有害的三种,早晚会损害自己身败名裂。"

16.6 【原文】

孔子曰:"侍于君子有三愆:言未及之而言谓之躁,言及之而不言谓之隐,未见颜色而言谓之瞽。"

【注释】

(1)愆:过失。 (2)瞽:盲人。

【诠释】

孔子说:"侍奉在君子身边想跟他学习,学生要自身注意三种冒失行为:老师在与人交谈,还没有问到你的时候就急于慌张插嘴说话,或打断主题,或人家讲东而你道西,这都是没有礼貌不尊敬他人,心里急躁的表现。会让人感到你不稳重,毛毛糙糙的;已经问到你的时候你却不说,吞吞吐吐遮遮掩掩,不说心里话,这叫隐瞒不恭,会让别人误会跟大家心里有隔阂;与大家说话时不看对方的脸色而贸然说话,那就好比盲人一样容易碰壁,不知情况的、不了解的、不是时候的乱讲一通,会给他人自己带来不良影响。"

16.7 【原文】

孔子曰:"君子有三戒:少之时,血气未定,戒之在色;

及其壮也,血气方刚,戒之在斗;及其老也,血气既衰,戒之在得。"

【注释】

(1) 血气:指人的精、气、血,年轻气盛容易冲动。 (2) 方刚:指年轻精气神正旺盛之时,性格强硬。 (3) 得:贪求获取。

【诠释】

孔子说:"作为仁人君子,有三种事情应以引起最大重视,应视为戒律:(1)青少年时期,精、气、血正在生长,身体性格还不成熟坚固,要戒除对各种欲望和女色的迷恋,迷恋动心则会导致精、气、血散失,会变得软弱无力多病焦脆早亡。 (2)等到中年身体、血气、脾气正旺盛之时,定要提前注意戒除与人比试高低,稍微放纵大意就会爆发怒火,伤己害人引起祸患,断送生命及前程。(3)到了老年,精气血正渐渐衰弱,一定要注意戒除贪财,贪管人,贪财贪管会变成自己的棺材。忌讳执着自己的见解和一切不满足的心,保持心平气和,对内外事物管理操心话语上,不要当主人,会搞得大家鸡犬不宁,上下怨恨,四分五裂,灾难降临。不如老了放权不管,子孙自有子孙福,外人自有外人道,不攀比不争理,不训斥,不怨人。多理解宽容不多说话,慈悲安住身心,把自己当小孩,整天装聋装瞎,乐呵呵,自会安享快乐晚年。"

16.8 **【原文】**

孔子曰:"君子有三畏:畏天命,畏大人,畏圣人之言。小人不知天命而不畏也,狎大人,侮圣人之言。"

【注释】

(1) 畏：敬畏。畏，要产生畏惧，不要违背自然。敬，尊敬感恩。 (2) 天命：自然赋予呈现每种物质的规律，各种物质自己的自然之道，方式呈现的状态，即不同又相同，既矛盾又统一，也叫道。 (3) 狎：轻视。 (4) 圣人：已看明白自然之道，已身心没有烦恼，有大慈大悲的愿力，超出普通人思维局限的人。

【诠释】

孔子说："作为我们人之本身，有三件必须敬畏的事情不得不知：(1) 敬畏天命：要首先敬畏感恩大自然，理解自己的生命来源，不要违背自然规律去破坏伤害它，顺从自然赋予自己的命理。否则自己随着欲望的发展过分地贪求迷恋爱好世间的一切，会困苦一生。(2) 敬畏地位高贵的人：比如国君、功臣、英雄等为人民服务的所有人。即使很亲近的人，自己也未必了解人家有很多长处、仁德、才能，必定比自己强，所以要学会尊敬理解，会对自己身心有益。勿嫉妒、恼恨、诽谤、造谣生事，这样会影响子孙变得高傲、自大，让他人对你产生反感，使自己走向痛苦。(3) 敬畏圣人的话：圣人是平凡的人，经历了无数次痛苦后才总结出的真实经验教训，用于帮助我们的话，我们听了才会受益。小人不懂得天命，因而也不敬畏，不尊重地位高贵的人，还会轻侮圣人之言，到头来会潦倒一生，无法弥补。"

16.9 【原文】

孔子曰："生而知之者，上也；学而知之者，次也；困而学之，又其次也；困而不学，民斯为下矣。"

【诠释】

孔子开导说:"一个人在小时候就对于事物本末能够去了解、体会、理解又知孝敬父母的人,是上等人;有积极学习的愿望,学习后才知道的,是稍微次一等的人;因遇到困难了再去努力学习实践的,又是次一等的人;遇到困难了还不励志向他人请教学习解决的人,这种人大家就叫他下等人了。"

16.10 **【原文】**

孔子曰:"君子有九思:视思明,听思聪,色思温,貌思恭,言思忠,事思敬,疑思问,忿思难,见得思义。"

【诠释】

孔子接着说:"大家在日常生活中有九种要注意思考的事,如不注意则会引起争端:1. 遇到处理任何事物的时候,应该多看多思考了解才会把疑虑解开。眼前看到的这种现象,是否真实可信要慎重思考,到底搞清楚明白了没有? 2. 要谦虚地多听多思考才能增加智慧。听的时候,要思考对事物本身的真实说法是否存在假象或人为诱导? 3. 通过别人的态度及脸色要思考自己的态度是否对人真诚温和? 4. 看到对方及对于眼前所发生的事物,自己是否马上想到去谦恭地对待? 5. 与人谈话时是否脱离了自己自私的心,用没用忠实来对待对方还是对人弄虚作假了? 6. 为人办事、做事时是否以谨慎严谨的态度来尊敬对方? 7. 自己有疑问,是否自身下功夫思考过,打算没打算向仁德之人而非找小人来请教? 8. 愤怒焦虑的时候能否马上清醒地控制自己,是否考虑到后果的严重性,会杜绝不良事态发生。9. 获取恩惠财利时,要思考是否符合道义,感受对方的不容易了吗?"

16.11 【原文】

子曰:"见善如不及,见不善如探汤。吾见其人矣,吾闻其语矣。隐居以求其志,行义以达其道。吾闻其语矣,未见其人也。"

【注释】

(1)不及:怕赶不上,没有做到。 (2)其:这样的。(3)隐居:使自己避开嘈杂的环境到深山或寂静的远处居住。使自己的心宁静平静下来,不管外界怎样都不被其所影响,就是真隐居。 (4)行义:依照表面的义理行事。 (5)其语:这样的谈论。 (6)其道:实际的生活中。

【诠释】

孔子说:"看到善良的行为,就担心自己怕赶不上,看到不善良的行动,就好像手触到了滚烫的开水赶快躲避,我见到过这样有智慧的人,也听到过这样有智慧的话;以隐居避世来躲避保全自己的志向,依照表面的义理就能贯彻实行到生活中,我听到过这种谈论,却没有见到过这样的人。"

16.12 【原文】

齐景公有马千驷,死之日,民无德而称焉。伯夷叔齐饿死于首阳之下,民到于今称之。其斯之谓与?

【注释】

(1)齐景公：原名姜杵臼,齐庄公的异母弟,在位时有名相晏婴辅政。史书记载他"好治宫室,聚狗马,奢侈,厚赋重刑"。

【诠释】

齐景公有马四千匹,死的时候,百姓们找不到他仁德的品行,没有值得让百姓称颂的。伯夷、叔齐饿死在首阳山上,百姓们到现在还在称颂他们,这样的事情说明什么道理呢?

16.13 【原文】

陈亢问于伯鱼曰："子亦有异闻乎？"对曰："未也。尝独立,鲤趋而过庭。曰：'学诗乎？'对曰：'未也'。'不学诗,无以言。'鲤退而学诗。他日又独立,鲤趋而过庭。曰：'学礼乎？'对曰：'未也'。'不学礼,无以立。'鲤退而学礼。闻斯二者。"陈亢退而喜曰："问一得三。闻诗,闻礼,又闻君子之远其子也。"

【注释】

(1)陈亢：(前511——?)字子元,即陈子禽,又名原亢,孔子学生,比老师小40岁。蒙人(今安徽蒙城)。齐大夫陈子车弟。在77位弟子中名列第68位。曾做过单父(山东单县南)宰。陈亢为宰时,施德政于民,颇受后人好评。其兄死,反对家人殉葬。(2)伯鱼：孔子的儿子孔鲤,字伯鱼。　(3)尝独立：孔子曾经独自站立在庭院中。　(4)趋：快步走,特指礼貌性地快走,小心翼翼。　(5)异闻：这里指不同于对其他学生所讲的内容。

(6) 远：不溺爱，不偏爱。

【诠释】

一天，学生陈子禽来拜见老师的儿子孔鲤，寒暄后入座问道："你在老师那里听到过什么特别的教诲吗？"伯鱼回答说："没有呀，有一次我父亲独自站在庭院中，我谨慎得快步迎了过去躬身施礼。他问我：'你这段时间学《诗》了吗？'我回答说：'还没有。'他说：'不学《诗》，就不懂得怎样与人表达想说的话。'我回去就开始学《诗》了。又有一天，他又独自站在家里，我又快步走向前去问候，他说：'你这段在学什么？学礼了吗？'我回答说：'还没有。'父亲说：'以后不学礼仪就不懂得仁德不能立身处世，先去学习一下关于'礼'的知识吧。'我躬身退下回去就开始学习礼了，我就听到过这两次教诲。"陈亢高兴地说："我提了一个问题，得到了三方面的收获，听了关于《诗》的道理，听了关于礼的道理，又听到了君子不偏爱自己儿子的道理。我只有多学多问才能多学知识多明理啊，真是幸运哪！"

16.14 【原文】

邦君之妻，君称之曰夫人，夫人自称曰小童；邦人称之曰君夫人，称诸异邦曰寡小君；异邦人称之亦曰君夫人。

【诠释】

国君的妻子，国君称她为夫人，夫人自称为小童，国人称她为君夫人；其他诸侯国的国君则称她为寡小君，其他诸侯国的国民也称她为君夫人。

阳货篇第十七

【引语】

本篇 26 章,其中十七章"巧言令色"是重的。著名的文句有:"性相近也,习相远也";"唯上知与下愚不移";"君子有勇而无义为乱,小人有勇而无义为盗";"唯女子与小人为难养也"。这一篇中,介绍了孔子的道德教育思想,孔子对仁的进一步解释,还有关于为父母守丧三年的问题,也谈到君子与小人的区别等。

17.1 【原文】

阳货欲见孔子,孔子不见,归孔子豚。孔子时其亡也,而往拜之,遇诸涂。谓孔子曰:"来!予与尔言。"曰:"怀其宝而迷其邦,可谓仁乎?"曰:"不可。""好从事而亟失时,可谓知乎?"曰:"不可。""日月逝矣,岁不我与。"孔子曰:"诺,吾将仕矣。"

【注释】

(1)阳货:又叫阳虎,鲁国季氏最有权势的家臣。 (2)欲见:见,同"现"。想拜见孔子。 (3)归孔子豚:赠送。豚,小猪。

赠给孔子一只熟小猪。　　(4) 时其亡：时，等待时机。亡，不在家。等他外出的时候。　　(5) 遇诸涂：涂，同"途"，道路。在路上遇到了他。　　(6) 迷其邦：迷，迷惑，糊涂，听任国家迷乱。　　(7) 好从事：好，想要。从事，即参与。　　(8) 亟：屡次。　　(9) 岁不我与：岁月是不等我的。　　(10) 诺：好吧，答应的意思。

【诠释】

　　一天鲁国季氏家里最有权势的家臣阳虎想篡权执政，想请孔子为他卖命，孔子不想见他，阳虎便想出一个用礼仪让孔子推辞不掉的办法，赠送给孔子一只熟小猪，想要孔子接受礼物后为了回馈去拜谢他。孔子为了不失礼，打听到阳虎不在家时前往阳虎家拜谢，却在半路上遇见了。阳虎高傲地对孔子说："孔夫子，来，我有话要跟你说。"孔子迎上前去，阳虎说："把自己的本领藏起来而听任国家迷乱，这样可叫仁吗？"孔子回答说："不可以。"阳虎说："想要参与政事而又屡次错过机会，这可以说是智吗？"孔子回答说："不可以说是有智慧。"阳虎说："时间一天天过去了，岁月是不等人的。"孔子说："好吧，我打算去任职。"

17.2　【原文】

　　子曰："性相近也，习相远也。"

【注释】

　　(1) 性：在这讲的本性，是人在未出生时所带有的一种自然善性。无私无公，没有分别对立。　　(2) 习：习气，随着生活习惯等由外界影响到自身的不良嗜好。比如：贪欲、脾气等。

【诠释】

孔子说:"人从未出生时本性都是一样的,都是无私善良、慈爱温柔的。只是由于后来受到了大众的影响,才使得自己有了后天的习气、习惯,首先变得自私、接着无理、粗暴起来。人与人之间就开始从生活知见上、习惯上、喜好上有了差别,人际关系就开始产生矛盾了,思想越来越疏远了,行为就越来越围着自己自私服务了。"

17.3 【原文】

子曰:"唯上知与下愚不移。"

【诠释】

孔子说:"唯有从出生以来就带有的聪明才智与出生以来就愚痴的人是没办法改变的,其余的人是都可以通过学习来改变知识技能及人生观念的,是能达到成圣成贤的目的的。"

17.4 【原文】

子之武城,闻弦歌之声。夫子莞尔而笑,曰:"割鸡焉用牛刀?"子游对曰:"昔者偃也闻诸夫子曰:'君子学道则爱人,小人学道则易使也。'"子曰:"二三子!偃之言是也。前言戏之耳。"

【注释】

(1)偃:言偃,字子游。 (2)武城:鲁国的一个小城,当时子游是武城宰。 (3)莞尔:禁不住微笑。 (4)焉用:何必用。

(5)弦歌：弦，指琴瑟。以琴瑟伴奏歌唱。　(6)偃：指的言偃自己。　(7)易使：容易听从指导。

【诠释】

这天子游邀请老师到武城来参观，因为子游做了武城这个地方的行政官，由于是鲁国边境的小城，经常防御打仗，子游到任后，为了利于大家，用礼乐充实城内民众士兵生活，时间长了感觉很好，特地让老师前来观摩。老师一到武城城门，到处弹琴唱歌之声。老师禁不住一笑，对子游说："杀鸡何必用宰牛的刀啊？"子游回答说："以前我也经常听夫子对我们大家说：'君子学习了礼乐就能爱人，小人学习了礼乐就容易被管理，难道我做错了吗？'"老师笑着说："言偃做的说的是对的。我刚才说的话，是开个玩笑而已。"

17.5 【原文】

公山弗扰以费畔，召，子欲往。子路不悦，曰："末之也已，何必公山氏之之也。"子曰："夫召我者，而岂徒哉？如有用我者，吾其为东周乎？"

【注释】

(1)公山弗扰：人名，又称公山不狃，字子洩，鲁国季氏的家臣。　(2)费畔：通"叛"，即谋反。　(3)末之也已：末，无。之，到、往。末之，无处去。已，算了。　(4)之之也：去到那里的意思。　(5)徒：徒然，白白地失掉。　(6)如有用我者：如果我有机会。　(7)吾其为东周乎：为东周，建造一个东方的周王朝，在东方复兴周礼。

【诠释】

鲁国季氏的家臣公山弗扰在费邑这个地方想反叛,请孔子任职,孔子准备前往。子路很不高兴,建议说:"真的没有地方可以去了吗!为什么一定要去公山弗扰那里呢?"老师回答说:"他如果真的用我,不去就会使他更放纵,会把这个机会徒然浪费掉的!不管谁用我,我不就有机会在东方再建设一个当年的周朝,来复兴周礼光大仁德了吗?"

17.6 【原文】

子张问仁于孔子。孔子曰:"能行五者于天下为仁矣。""请问之。"曰:"恭、宽、信、敏、惠。恭则不侮,宽则得众,信则人任焉,敏则有功,惠则足以使人。"

【诠释】

学生子张向老师请教怎样做到仁。孔子说:"能够实实在在做到并推行这五种品德于天下的人,就是仁人了。"子张说:"请问哪五种啊?"孔子回答说:"恭谨、宽厚、信实、勤敏、慈惠。恭敬他人就不会遭受他人辱骂,待人宽厚就会得到众人的喜爱,与人交往有诚信就能得到别人的信用和任用,做事勤敏就会提高自身价值,取得成功,教人、对人慈惠就能使他人尊敬,能够很好的和谐民众,就达到仁了。"子张欢喜拜谢。

17.7 【原文】

佛肸召,子欲往。子路曰:"昔者由也闻诸夫子曰:'亲于其身为不善者,君子不入也。'佛肸以中牟畔,子之往也,如之何?"子曰:"然,有是言也。不曰坚乎,磨而不磷;不曰白乎,涅而不缁。吾岂匏瓜也哉?焉能系而不食?"

【注释】

（1）佛肸:晋国大夫范氏(范中行)的家臣,"中牟"城里的地方官。 （2）中牟:地名,在晋国,约在今河北邢台与邯郸之间。畔:叛。 （3）磷:损伤。 （4）涅:一种矿物质,可用作颜料染衣服。 （5）缁:音 zī,黑色。 （6）匏瓜:葫芦中的一种,味苦不能吃。 （7）系:结,扣。

【诠释】

晋国大夫范中行的家臣"佛肸"想请孔子前去,孔子打算前往,子路说:"从前学生我也经常听老师说:'亲近那些身边行为不好的人,君子是不去的。'佛肸居住在'中牟'这个地方想反叛,你明知道还要前去,这是什么道理呢?"孔子说:"你说得对,我是说过这样的话。我不是还说过要是真坚硬的东西即使再磨也磨不薄吗?不是说过只要是洁白纯正的心即使再用黑色的燃料染也染不黑吗?我难道只是个苦味的葫芦吗?怎好只能挂在那里而不让人吃呢?"

17.8 【原文】

子曰:"由也,汝闻六言六蔽矣乎?"对曰:"未也。""居,吾语汝。好仁不好学,其蔽也愚;好知不好学,其蔽也荡;好信不好学,其蔽也贼;好直不好学,其蔽也绞;好勇不好学,其蔽也乱;好刚不好学,其蔽也狂。"

【注释】

(1)居:坐下。 (2)好:表面喜欢。 (3)其蔽也愚:之所以也是愚痴的。 (4)荡:放荡。好高骛远不务实。 (5)贼:害。 (6)绞:说话尖刻。

【诠释】

孔子对仲由说:"由呀,你听说过六种品德和六种弊病了吗?"子路回答说:"没有!"孔子说:"坐下,我告诉你。表面喜好仁德而不去力行的人,它的弊病是使人愚痴;想要自己有智慧而自己不踏实地去学习,它的弊病会行为放荡;表面对诚信很赞成,见了就说好而自己从来不诚实待人,它的弊病会使其他人受到危害;表面喜好直爽而自己经常花言巧语拐弯动心思,它的弊病会扰乱人心;表面喜好勇敢而自己从不见义勇为,经常会说些冠冕堂皇的话,会使大家对这种观念很凌乱导致犯上作乱;自身经常议论、爱好刚强,劝导别人要不为邪恶势力所吓倒,自己却经常不去反对这些邪恶之徒,他的这种行为也会影响大家狂妄无理。"

17.9 【原文】

子曰:"小子何莫学夫《诗》。《诗》,可以兴,可以观,可以群,可以怨。迩之事父,远之事君;多识于鸟兽草木之名。"

【注释】

(1)小子:在这指大家(学生们)。 (2)兴:抒发情感的意思。 (3)观:启发。 (4)群:团结。 (5)怨:直抒自己的情怀愿望。　（6）迩之：迩音ěr,近处。之：可以。　（7）事君：尽心忠于君主服务国家。

【诠释】

孔子说："学生们为什么不开始学习《诗》呢？学《诗》可以抒发情感、激发志气，可以启发观察大自然及人间的各种情感，可以启发我们在一起生活的快乐，可以直抒自己美好的愿望。通过学习，近处可以用来更好地侍奉父母，稍长远些看还可以很好地忠于君主及国家；还可以多认识一些鸟兽草木的名字，既丰富了思想，又了解了很多自然知识。"

17.10 【原文】

子谓伯鱼曰："汝为《周南》、《召南》矣乎？人而不为《周南》、《召南》，其犹正墙面而立也与？"

【注释】

（1）《周南》、《召南》，《诗经·国风》中的第一、二两部分篇名。周南和召南都是地名，这是当地的民歌。　（2）正墙面而立：面向墙壁站立着，意思是说：这个人固执、见识短浅、为人呆板、孤陋寡闻。

【诠释】

孔子对儿子伯鱼说："你学习《周南》、《召南》了吗？一个人如果不了解《周南》、《召南》，那就像一个人永远面对着墙壁站立着，只见到面前的一点墙，会见识短浅、为人呆板、孤陋寡闻的!"

17.11 【原文】

子曰:"礼云礼云,玉帛云乎哉? 乐云乐云,钟鼓云乎哉?"

【诠释】

孔子感叹着说:"大家都说'礼呀礼呀,礼好',难道指的只是人与人之间为了友好相互曾送的玉帛和其他礼器吗? 不是的! 真正的礼是人与人之间,人与万物之间内心真诚的恭敬,以此之心体现出的作为才是行礼啊! 乐呀乐呀,难道指的就是钟鼓等乐器之声吗? 不是的,乐是大自然中给予我们的天籁之音,鸟语花香万籁俱寂,水流风雨,他教给我们要像宇宙一样包容、接纳、和谐每一种事物,才能在身心里由衷地产生出自发的美好、由内到外的喜悦之音来,这才是天籁真乐啊! 只有善乐德音才能启发良知,通过感受真理才能去助长善风、善行,才是利乐啊! 所以我才感叹世人执迷不悟,不能相互爱戴尊敬,何时才能享受真礼、真乐啊!"

17.12 【原文】

子曰:"色厉而内荏,譬诸小人,其犹穿窬之盗也与?"

【注释】

(1)色厉而内荏:厉,威严。荏,虚弱。外表严厉而内心虚弱。 (2)其犹:就好像。 (3)穿窬:穿,挖。窬,洞。穿窬:挖墙洞穿墙而过。

【诠释】

孔子说:"做人不要故意脸色严肃而内里虚伪不实,表面一套、背地一套。在政务面前看似外表公正严厉而背后干些伤天害理之事,假仁假义,经常像挖墙洞的小偷一样内心始终惶恐不安,人生多苦啊!做人要内外如一,德行表里如一才能受人尊敬爱戴啊。"

17.13 【原文】

子曰:"乡原,德之贼也。"

【诠释】

孔子说:"人人都厌弃那些到处招摇撞骗,口头仁慈的好好先生。满口的道德仁义为他人好,实际自己不但不孝敬自己的爹娘,做事还披着善人的外衣欺诈他人,故弄玄虚,堂而皇之地自我炫耀,暗地里为自己的名利打算,这就是披着仁德外衣的沽名钓誉的道德之贼,是破坏人心、破坏道德的伪君子。"

17.14 【原文】

子曰:"道听而涂说,德之弃也。"

【诠释】

孔子说:"人不应该在生活中听到各种传言就到处去传播、扩大,这是人人所厌恶的,道德所唾弃的。"

17.15 【原文】

子曰:"鄙夫可与事君也与哉?其未得之也,患得之。既得之,患失之。苟患失之,无所不至矣。"

【注释】

(1)与:共同。 (2)鄙:粗俗,低下,低。 (3)患:害怕,忧虑,担心。 (4)苟患:经常害怕。 (5)无所不至矣:什么手段和事情都做得出来。

【诠释】

孔子说:"怎么可以和一个粗俗低下的伪君子一起共同侍奉君主呢?在他没有得到官位时,总是担心得不到,已经得到官位了,又怕失去官位。如果他整天考虑担心失掉官职或失去其他利益的事,以后就会为怕失掉官位而动许多心思,从而就会不择手段、心计来做事情,可想而知是多么的可怕。到最后真的会因'自己的努力'而使自己快乐吗?为此,不择手段的去做任何事情,以至于不惜危害任何事物,这种人自古以来是不会有什么好结局的!"

17.16 【原文】

子曰:"古者民有三疾,今也或是之亡也。古之狂也肆,今之狂也荡;古之矜也廉,今之矜也忿戾;古之愚也直,今之愚也诈而已矣。"

【注释】

(1)亡:灭,没了。 (2)狂:狂妄自大,愿望太高。

(3)肆：放肆，不拘礼节，随意。 (4)荡：放荡过分，不守礼。 (5)矜：自尊，自大，自夸。 (6)廉本意是器物菱角，指人的行为方正有威，不可触犯。 (7)忿戾：火气太大，蛮横不讲理。

【诠释】

孔子说："在古代的人有三种弊病，今天恐怕连这三种毛病也不是原来的样子了。古代的狂者不过是愿望太高，而现在的狂妄者却是放荡不羁；古代骄傲的人不过是难以接近，现在那些骄傲的人却是凶恶蛮横；古代愚笨的人不过是直率一些，现在的愚笨者却是装出来的，经常地欺诈别人。"

17.17 【原文】

子曰："巧言令色鲜矣仁。"

【诠释】

孔子再次重申："不注重自己的修行与学问，把脑子用在动用心计上，整天靠嘴混日子，花言巧语阿谀奉承，没有实际的人品德行是维持不了多久的，根本不是实际的生活，即达不到自己的目标，又会空过一生，难以成人、成仁，害己害人。"

17.18 【原文】

子曰："恶紫之夺朱也，恶郑声之乱雅乐也，恶利口之覆邦家者。"

【注释】

夺：取代。

【诠释】

孔子说:"人们其实都看得很清楚,很痛恨那些身在权位,有经济能力,有一时地位,有野心的扰民害国之徒,表面装腔作势,强作镇静,暗地里私心太重。自己本想达到的不说还掩盖自己的嘴脸。犹如想要穿上红色的君袍,掌握最高的权力,却故意自己做了件紫色的布袍。说郑国的音乐好听其实是自己喜爱淫乐,扰乱了利于国民的善乐。他们利用伶牙俐齿来惑乱百姓,诽谤有德之人,造谣学习仁德会危害自己国家和社会,像这样的人自身真的是难以逃脱厄运的惩罚啊!"

17.19 【原文】

子曰:"予欲无言。"子贡曰:"子如不言,则小子何述焉?"子曰:"天何言哉？四时行焉,百物生焉,天何言哉?"

【诠释】

孔子说:"自从我小时到现在,看到很多人不识道德,又被自己的愚昧所控制,搞得家庭破裂,亲人离散,士大夫和君主又荒淫无度,自身难保,我好心相劝不听,到了灾难时才来找我,又有什么用呢？我真的不想再多说什么了。"子贡说:"老师,你如果不说话了,那么我们这些学生还怎么学习、怎样记录传述这种知识再来教育后代呢?"孔子娓娓道来:"天何尝说过话呢？四季照常运行,万物照样生长,天何尝说过话呢!"

【解析】

一直以来：孔子的身心从不停息地在为仁德发展，在为大家、国家的繁荣平安而倡导、力行、教育、劝诸侯国君等，身心疲惫，而世人好像并未改变多少，所以孔子感叹。天无言而养育万物让其各得其所，地无语而承载万物还井然有序，是大自然无畏的力量让世人折服，人是无法超越的，不得不遵从道之法则。比如人为的破坏大自然，人与人相互的争斗都会有相互的返作用力来制约，让其自身得到应有的惩罚。善意的劝阻大家反而不听，非得受到了灾难，痛苦来临的时候才收敛一点，所以老师说了不听，迷者就任由自己自食恶果吧。

17.20 【原文】

孺悲欲见孔子，孔子辞以疾。将命者出户，取瑟而歌，使之闻之。

【注释】

（1）孺悲：鲁国人，鲁哀公曾派他向孔子学礼。 （2）见：谒见。 （3）辞：推辞。 （4）将命者：传达信息的人。

【诠释】

在鲁国本地有一个叫孺悲的人来拜见孔子，孔子知道和他谈话也不起作用，故推辞病了，孔子的学生就送孺悲出门，刚送到门外，孔子便取来瑟弹唱起来，好像有意让孺悲听到。老师说："对方不是真诚请教，我和他见了面也没用，我弹奏一曲也是在告诉他，求人不如求己啊！只有自己才能做到自己希望的啊！"

17.21 【原文】

宰我问:"三年之丧,期已久矣。君子三年不为礼,礼必坏;三年不为乐,乐必崩。旧谷既没,新谷既升,钻燧改火,期可已矣。"子曰:"食夫稻,衣夫锦,于汝安乎?"曰:"安。""汝安则为之。夫君子之居丧,食旨不甘,闻乐不乐,居处不安,故不为也。今汝安,则为之!"宰我出,子曰:"予之不仁也!子生三年,然后免于父母之怀,夫三年之丧,天下之通丧也。予也有三年之爱于其父母乎?"

【注释】

(1)钻燧改火:古人钻木取火,四季所用木头不同,每年轮一遍,叫改火。 (2)期:音jī,一周年。 (3)食夫稻:古代北方少种稻米,故大米很珍贵。这里是说吃好的。 (4)衣夫锦:衣即穿,锦是有彩色花纹的丝织品。 (5)旨:甜美,指吃好的食物。(6)予:宰我之名。

【诠释】

一天学生宰我向老师请教说:"对于服丧三年的话,时间是不是太长了。如果君子都这样三年不出门,在外就看不到谁在行礼了,那礼仪必然就会绝灭的;三年再不演奏音乐,音乐也会荒废被人遗忘的。旧谷吃完,新谷又收来了,钻燧取火的木头轮过了一遍,服丧有一年的时间也就可以了!"老师说:"父母才去世一年的时间你就算没事了,吃起了米饭,穿起了锦缎衣,你心安吗?"宰我说:"我心安。"老师说:"你心安,你就那样去做吧!"宰我出去了。老师说:"宰我这个孩子真是不知道什么叫做仁德啊!我们出生后,都会一直吃母亲三年的母乳,拉着自己学走路,将近三年时间基本才能离开父母的怀抱。现在做孩子的服丧三年难道还算多吗？这也是天下都通行的丧礼啊,难道宰我在他父母的怀抱里没有得到过三年的母爱吗？"

17.22 【原文】

子曰："饱食终日,无所用心,难矣哉！不有博弈者乎？为之,犹贤乎已。"

【注释】

（1）博弈：指下围棋。 （2）犹贤乎已：犹,为什么。贤,隐居之人。

【诠释】

孔子说："这些天来我每天吃饱了饭,也没什么事可做,度日是有些难啊！不是还有博弈方面的游戏吗？我也可以下下棋嘛,为什么自己不能像贤人一样悠闲自得地度日呢？"

17.23 【原文】

子路曰："君子尚勇乎？"子曰："君子义以为上。君子有勇而无义为乱,小人有勇而无义为盗。"

【诠释】

子路拱手向老师请教："君子崇尚勇敢吗？"老师答道："君子以道义作为最高尚的思想,如果君子只崇敬勇敢而心里没有仁义的概念就会作乱,小人也有勇敢但没有忠义才会偷盗。"

17.24 【原文】

子贡曰:"君子亦有恶乎?"子曰:"有恶。恶称人之恶者,恶居下流而讪上者,恶勇而无礼者,恶果敢而窒者。"曰:"赐也亦有恶乎?""恶徼以为知者,恶不孙以为勇者,恶讦以为直者。"

【注释】

(1)恶:厌恶。 (2)下流:下等的,在下的。 (3)讪:诽谤。 (4)窒:阻塞,不通事理,顽固不化。 (5)徼:窃取,抄袭。 (6)知:同"智"。 (7)孙:同"逊"。 (8)讦:攻击、揭发别人。

【诠释】

子贡施礼请教老师:"君子也有厌恶的事吗?"老师说:"有厌恶的事。厌恶那些整天不干自己的事,嘴里爱整天议论别人短处的人,还厌恶身居下位而嫉妒诽谤在上位的人,还厌恶自身认为勇敢而实际是粗鲁而不懂礼节的人,更厌恶自身本来就已经家庭不幸还固执己见不通事理,执意不听别人教化的人。"这时老师反过来问子贡:"赐啊!你也有厌恶的事吗?"子贡说:"我厌恶那些明摆着抄袭别人的成绩而作为自己成绩的人,厌恶那些自己本不谦虚反而叫嚷着自己谦虚的人,厌恶那些本来爱当小人爱好揭发别人的隐私而在大众面前炫耀自己,自以为直率的人。"

17.25 【原文】

子曰:"唯女子与小人为难养也,近之则不孙,远之则怨。"

【诠释】

孔子说:"在某些方面,部分女子和小人是一样的难以教养,劝谏她们,她们会无理不恭,稍不注意就会无意之中得罪了她们,她们就会哭闹和用坏点子来报复。有的未成家很温顺,对人恭敬有礼,一旦成家就变成了女霸,不忠不孝,毒辣傲慢无礼,严厉束缚着丈夫的一切,连丈夫孝敬自己父母的权利都不给。小人也是一样,常爱怨恨他人,始终野心勃勃。当政有权了更容易毁坏国家危害人民,疏远他们,就会痛苦不堪、恼羞成怒、陷害造谣、抱怨等。所以要很好地教导他们。"

17.26 【原文】

子曰:"年四十而见恶焉,其终也已。"

【诠释】

孔子说:"如果人四十多岁所做的事还被人所厌恶,那他这一生可能就是自己做错了,大概也就这样了。"

微子篇第十八

【引语】

本篇共计11章。其中著名的文句有:"四体不勤,五谷不分";"往者不可谏,来者犹可追。"这一篇中有如下内容:孔子的政治思想主张,弟子与老农谈孔子,孔子关于塑造独立人格的思想等。

18.1 【原文】

微子去之,箕子为之奴,比干谏而死。孔子曰:"殷有三仁焉。"

【注释】

(1)微子:商朝,殷纣王的同母兄长,名启,见纣王无道,劝他不听,随离开纣王。 (2)箕子:商朝,殷纣王的叔父。他去劝纣王,也不听,便披发装疯,被降为奴隶。 (3)比干:殷纣王的叔父,屡次强谏,激怒纣王而被剖心而死。

【诠释】

当年商朝时,微子离开了纣王,箕子做了他的奴隶,比干被杀死了。孔子感叹地说:"这是殷朝的三位仁人啊!是他们的忠心、惨痛的遭遇,换回了人们的良知,才使得我们今天的后人能够记住学习啊!"

18.2【原文】

柳下惠为士师,三黜。人曰:"子未可以去乎?"曰:"直道而事人,焉往而不三黜?枉道而事人,何必去父母之邦?"

【注释】

(1)士师:典狱官,掌管刑狱。 (2)黜:罢免不用。
(3)焉往:到哪里。 (4)枉道:不正直。

【诠释】

鲁国的柳下惠这个人掌管刑狱时,三次被罢免。有人说:"你难道不会离开鲁国吗?"柳下惠说:"我按正道侍奉君主,到哪里都会被罢官的!如果不按正道侍奉君主,到哪里都会让人喜欢的,我的这种做法何必再离开自己的父母之国,再去他乡异国呢!"

18.3【原文】

齐景公待孔子曰:"若季氏,则吾不能;以季、孟之间待之。"曰:"吾老矣,不能用也。"孔子行。

【注释】

待:假意热情款待。

【诠释】

　　齐国国君齐景公这天邀孔子到朝中赴宴,无奈地对孔子说:"我如果像鲁君对待季氏那样重用你,内部有意见我也做不到,我用介于季氏孟氏之间的待遇对待吧,又做不了主。哎!我老了,也支撑不起来了,也没办法任用你了,有些原因你是知道的,请你原谅我。"孔子第二天就告辞离开了齐国。

18.4 【原文】

　　齐人归女乐,季桓子受之,三日不朝。孔子行。

【注释】

　　(1)归女乐:归,同馈,赠送。女乐,女子歌舞队。 (2)季桓子:鲁国宰相季孙斯。

【诠释】

　　齐国人赠送了一些歌女给鲁国,季桓子和国君接受了,三天不上朝。孔子于是便离开了鲁国。

18.5 【原文】

　　楚狂接舆歌而过孔子,曰:"凤兮凤兮!何德之衰?往者不可谏,来者犹可追。已而已而!今之从政者殆而!"孔子下,欲与之言。趋而辟之,不得与之言。

【注释】

　　(1)楚狂接舆:楚国狂人,姓接名舆。 (2)歌而过:唱着歌经过。 (3)犹可追:赶得上,来得及。 (4)已而:算了吧。(5)殆:危险,停滞不前。 (6)辟:避开。

【诠释】

楚国的隐士接舆,装着左摆右晃疯疯癫癫,唱着歌故意从孔子的车旁走过,他唱道:"凤凰啊,凤凰啊,你的德运怎么这么衰弱呢?过去的已经无可挽回,未来的还来得及改正。算了吧,算了吧。今天的执政者危乎其危权力丧失,昏庸已听不进忠言了,你何必还要劝谏呐!"孔子马上下车,想向他请教,他却赶快避开了,孔子没能和他交谈上。

18.6 【原文】

长沮、桀溺耦而耕。孔子过之,使子路问津焉。长沮曰:"夫执舆者为谁?"子路曰:"为孔丘。"曰:"是鲁孔丘与?"曰:"是也。"曰:"是知津矣。"问于桀溺。桀溺曰:"子为谁?"曰:"为仲由。"曰:"是孔丘之徒与?"对曰:"然。"曰:"滔滔者天下皆是也,而谁以易之?且而与其从辟人之士也,岂若从辟世之士哉?"耰而不辍。子路行以告。夫子怃然曰:"鸟兽不可与同群,吾非斯人之徒与而谁与?天下有道,丘不与易也。"

【注释】

(1)长沮、桀溺:当时的两位隐士,真实姓名和身世不详。(2)耦而耕:古时两人同耕一尺之地,这种方法叫耦。 (3)问津:津,渡口。寻问渡口。 (4)执舆:即执辔,拿着缰绳。

(5) 之：与。 (6) 辟：同"避"。 (7) 耰而不辍：用土覆盖种子。辍，中断。 (8) 怃然：怅然，失意。 (9) 谁与：跟谁在一起。 (10) 易：变易（指改革）。

【诠释】

　　当时的两位隐士长沮、桀溺在一起耕种农田，孔子和学生一起游学路过此地，正好不远处有一条大河，便让子路去寻问渡口在哪里。子路躬身施礼刚想问两位长者，两位反倒先问子路道："那个拿着缰绳的是谁？"子路说："是孔丘。"长沮说："是鲁国的孔丘吗？"子路说："是的。"长沮说："那他应该早就知道渡口的位置了。"子路一听知道他话里有话，就不再问他了。又施礼再去问他身边的桀溺。桀溺说："你是谁？"子路说："我是仲由。"桀溺说："你是鲁国孔丘的门徒吗？"子路说："是的。"桀溺说："像洪水一般的坏东西到处都是，你们同谁去改变它呢？而且你与其跟着躲避人的人，为什么不跟着我们这些躲避社会的人呢？"说完，仍旧不停地做田里的农活。

　　子路回来后把情况报告给孔子。孔子很失望地说："人是不能与飞禽走兽合群共处的，我如果不同世上的人群打交道还能与谁打交道呢？如果天下太平了，孔丘我就不会领着大家到处奔波从事礼教了。"

【解析】

　　这章中，两位躲避时乱的贤人了解孔子想拯救社会的思想，孔子多年的劳苦使得两位很痛心，不忍教育他。而孔子意志坚强，做一位身体力行者，终生的社会责任感不能改变，正因天下无道，才与弟子四处呼吁，这是一种超脱常人可贵的忧患意识和历史责任感,无愧圣人乎!

18.7 【原文】

子路从而后,遇丈人,以杖荷蓧。子路问曰:"子见夫子乎?"丈人曰:"四体不勤,五谷不分,孰为夫子?"植其杖而芸。子路拱而立。止子路宿,杀鸡为黍而食之。见其二子焉。明日,子路行以告。子曰:"隐者也。"使子路反见之。至,则行矣。子路曰:"不仕无义。长幼之节,不可废也;君臣之义,如之何其废之?欲洁其身,而乱大伦。君子之仕也,行其义也。道之不行,已知之矣。"

【注释】

(1)以杖荷蓧:用拐杖扛着除草的工具,荷即扛,蓧指除草的工具。(2)四体不勤:身体不劳动。 (3)五谷不分:五谷(稻麦黍稷菽)杂粮分不清(不知道农民之苦)。 (4)植其杖而芸:植,倚,扶着。芸,通"耘",锄草。 (5)为黍:做小黄米饭。 (6)食:拿东西给人吃。 (7)见:现,使见。 (8)大伦:人伦,人与人之间的关系。大伦指君臣之义。

【诠释】

子路跟随孔子出行,落在了后面,急着向前赶,找老师,正好这时遇到一位老者,用拐杖挑着除草的工具下地。子路问道:"老人家,你看到我的老师了吗?"老者说:"我四肢不劳动,五谷也分不清,哪里知道你的老师啊?"说完,便扶着拐杖去除草。子路拱着手恭敬地站在一旁。老丈叹了口气让子路不要追了,留子路到他家住宿。杀了鸡,做了小米饭给他吃,又叫两个儿子出来与子路见面。第二天,子路赶上了老师,把这件事向他作了报告。孔子说:"这是个隐士啊。"叫子路回去再见见老者。子路到了那里,老者已经外出了。子路说:"大家不做官倒可以,但是国家需要时也不去是不对的。我们每个人要知道长幼之间的关系,是应该要尽到义务的,是不可能忘记和废弃的;包括君臣之间的义务关系怎么能够忘记废弃呢?想要自身清闲避世廉洁公正,也不能不顾自身仁义伦理关系。君子做官,也是为了尽义务。至于仁道的推广到底能使多少人受益,能不能弘扬开来,我早已不去注重它了。"

【解析】

老者所说"四体不勤,五谷不分",是在暗指孔子固执己见,认为孔子都倡导仁德几十年了,君主诸侯们还不听,很惋惜。子路认为,隐居山林也离不开父、子的关系,也就是社会的各种义务关系,所以作为人子,虽生活坎坷也要尽其道义。

18.8 【原文】

逸民:伯夷、叔齐、虞仲、夷逸、朱张、柳下惠、少连。子曰:"不降其志,不辱其身,伯夷、叔齐与?"谓柳下惠、少连,"降志辱身矣,言中伦,行中虑,其斯而已矣。"谓虞仲、夷逸,"隐居放言,身中清,废中权。""我则异于是,无可无不可。"

【注释】

(1)逸:同"佚",散失、遗弃。　(2)虞仲、夷逸、朱张、少连:

此四人身世无从考,从文中意思看,当是没落贵族。虞仲:人名,前人认为是吴太伯之弟仲雍。夷逸:人名,有人劝他做官不肯。少连:人名,孔子说他善守孝。中:符合。 (3)言中论:言语小心翼翼。 (4)行中虑:做事谨慎。 (5)放言:放置,不再谈论世事。 (6)身中清:身心清闲。 (7)废中权:离开官位也很开心。

【诠释】

孔子说:"古今被遗落的人有,伯夷、叔齐、虞仲、夷逸、朱张、柳下惠、少连。"孔子说:"能够不降低自己的志气,不辱没自己的节操,唯有伯夷和叔齐二人。"像柳下惠、少连这样的人,能降低自己的意志,忍辱负重,说话小心翼翼,作事小心谨慎,自己永远这样!像虞仲、夷逸二人过着隐居的生活,随便的言谈,身心不去关心权贵之事。我却同这些人不同,可以这样做,也可以那样做。

18.9 【原文】

大师挚适齐,亚饭干适楚,三饭缭适蔡,四饭缺适秦,鼓方叔入于河,播鼗武入于汉,少师阳、击磬襄入于海。

【注释】

(1)大师挚适:大,同"太"。太师是鲁国乐官之长,挚是人名。古代奏乐,由从演奏乐曲起,由太师演奏。师挚,是鲁国太师。适,到。 (2)亚饭:古代天子诸侯用饭时奏乐,故乐官有亚饭、三饭、四饭之名。 (3)干、缭、缺都是人名。 (4)鼓方叔:击鼓的乐师名方叔。 (5)入于河：河指黄河,到了黄河边。 (6)鼗：小鼓。少师：乐官名,副乐师。 (7)少师：乐官名,副乐师。 (8)击磬襄：击磬的乐师,名襄。

【诠释】

孔子又说:"鲁国的太师挚到齐国去了,亚饭干到楚国去了,三饭缭到蔡国去了,四饭缺到秦国去了,打鼓的方叔到了黄河边,敲小鼓的武到了汉水边,少师阳和击磬的襄到了海滨。"

18.10 【原文】

周公谓鲁公曰:"君子不施其亲,不使大臣怨乎不以。故旧无大故,则不弃也。无求备于一人。"

【注释】

(1)鲁公：指周公的儿子伯禽,封于鲁。 (2)施：同"弛",怠慢、疏远。 (3)以：用。 (4)大故：大罪过。同"弛",怠慢、疏远。

【诠释】

当年周公对儿子鲁公伯禽说:"作为君子要站在国家的立场上,不能以权谋私来照顾自己的亲属也不能故意疏远他们,当了国君后即使自己的大臣老了也不要抱怨他们,不信任不使用他们,也不要使大家怨恨自己。所以旧友老臣没有大的过失就不要抛弃他们,不要指望和要求在一个人身上具备所有的优点,这样才能和大家团结和睦使政权稳定,便于治理朝纲。"

18.11 【原文】

周有八士:"伯达、伯适、伯突、仲忽、叔夜、叔夏、季随、季騧。"

【注释】

八士:有八位"士"一级的人。本章中所说的八位已不可考。

【诠释】

周代时有八位士一级的人:伯达、伯适、伯突、仲忽、叔夜、叔夏、季随、季騧,他们都很有才能,很出色。

子张篇第十九

【引语】

本篇共计25章。其中著名的文句有:"见危致命,见得思义";"仕而优则学,学而优则仕";"君子之过,犹日月之食";"其生也荣,其死也哀"。本篇中包括的主要内容有:孔子学而不厌、不耻下问的精神;孔子对殷纣王的评价,孔子关于学与仕的关系,君子与小人在有过失时的不同表现,以及孔子与其学生和他人之间的对话。

19.1 **【原文】**

子张曰:"士见危致命,见得思义,祭思敬,丧思哀,其可已矣。"

【诠释】

子张跟老师学习后体会说:"我通过向老师学习总结出,作为士,应该看见别人遇见危险时能挺身而出置生命于不顾,自己得到'利'时会考虑这种'利'是否符合道义的索取。当遇到祭祀时内心是否会马上升起感恩恭敬之心。无论遇到哪儿治丧是否都会把它当成自己的亲人一样思念、哀痛。能够达到这样的心情再处人为事,自身生活,你的身心境界就发生质的转变了,身心细胞健康,充满能量,和别人就不一样了,就可能有智慧生出了。"

19.2 【原文】

子张曰:"执德不弘,信道不笃,焉能为有?焉能为亡?"

【注释】

弘:强。

【诠释】

接着子张又说:"知道仁德好而自身不学不推广,相信道义好而自己不去力行,这样的人怎么能够得到好处有所作为呢?又怎么能说他不用学习就有能力呢?"

19.3 【原文】

子夏之门人问交于子张。子张曰:"子夏云何?"对曰:"子夏曰:'可者与之,其不可者拒之。'"子张曰:"异乎吾所闻:君子尊贤而容众,嘉善而矜不能。我之大贤与,于人何所不容?我之不贤与,人将拒我,如之何其拒人也?"

【注释】

(1)门人:学生。 (2)交:交往交友。 (3)嘉:鼓励。(4)矜:同情。同"弛",怠慢、疏远。

【诠释】

子夏的学生向师伯子张寻问怎样结交朋友。子张说:"你老师是怎么说的?"学生答道:"老师说,'看着人品好能和他相交的就和他交朋友,品行上看着不行的就拒绝和他交朋友。'"子张说:"我听老师讲的和你老师讲的不太一样,君子既能尊重结交贤人又能容纳不同的众人;能够跟随赞美善良的人又能同情能力差的人。如果我的心胸十分宽广贤良,对任何人有什么不能容纳的呢?我如果心胸狭隘自私,即使再到处结交朋友人家也会拒绝我的,又怎么能谈得上拒绝别人呢?"

19.4 【原文】

子夏曰;"虽小道,必有可观者焉,致远恐泥,是以君子不为也。"

【注释】

(1)小道:对大道而言,大道就是弘扬祖先的仁德之道。小道指各种农工商医卜之类的技能。因为人首先要具备仁德才能谋生,故曰大道。 (2)致远:远大志向。恐泥,恐怕要阻滞,不通,妨碍。 (3)不为:即无为、不妄为。

【诠释】

子夏跟老师学习后体会说:"虽然都是些养家糊口的小技艺,也一定有它的可贵之处;但如果想要达到君子的远大志向,想达到理想长久的利于人类,干这些恐怕不是长久之计,像走在泥路里会困住你,这不是君子想要做的。"

19.5 【原文】

子夏曰:"日知其所亡,月无忘其所能,可谓好学也已矣。"

【诠释】

子夏又说:"如果每天能学到一些新的,过去所不知道的知识,每月都不要忘记已经学会了的知识,这样的人就算得上是精进爱学的人了!"

19.6 【原文】

子夏曰:"博学而笃志,切问而近思,仁在其中矣。"

【注释】

(1)博学:广泛地学习。 (2)笃志:力行于生活,坚定志趣。 (3)切问:恳切的产生疑问。 (4)近思:才能深入思考。(5)其中矣:内心里。

【诠释】

子夏接着说:"广泛地学习还要时常地力行才能达到自己的志向,产生疑问才能在内心产生思考,才能恳切地渴求才会得到真理,自然仁德的道理就显现在内心了。"

19.7 【原文】

子夏曰:"百工居肆以成其事,君子学以致其道。"

【注释】

(1) 百工居肆：百工，各行各业的工匠。 (2) 肆，古代社会制作物品的作坊。 (3) 致其道：在生活中运用。

【诠释】

子夏说："之所以社会上有了各行各业的工匠在自己的作坊里制作出了各种人们所需要的器物，大家才能相互地利用其器皿利于自己，来完成各自的各种工作需求，君子也是先要通过仁道才能达到学以致用的目的，来完善人生的生活需要的。"

19.8 【原文】

子夏说："小人之过也必文。"

【注释】

文：文饰，掩饰。

【诠释】

子夏接着体会说："小人犯了过错也会有羞耻之心，也会通过一些言辞去掩饰一下。所以我们都要理解、帮助他人，宽对方的心，使之变成仁人志士。"

19.9 【原文】

子夏曰："君子有三变：望之俨然，即之也温，听其言也厉。"

【注释】

俨然：庄重严肃的样子。

【诠释】

子夏跟老师学习后体会到："君子有三变，外表庄严认真，与之接近才知道温和可亲，听他说话时严厉不苟。因为他平时为大家考虑事情，有正事于心，所以外表庄严。当有事需要他时他热情亲切尽心努力。当与其谈论事物时，他会一丝不苟公正严厉，不会分远近来偏护。始终把大家当做亲人，直心对待，没有故意花言巧语地迎合奉承。"

19.10 【原文】

子夏曰："君子信而后劳其民；未信，则以为厉己也，信而后谏；未信，则以为谤己也。"

【注释】

（1）劳：劝勉，动员。 （2）未信：如果君子的行为不能让百姓信服的话。 （3）厉：折磨，欺骗。 （4）未信：如果还不信。（5）谤己：诽谤自己，自己哪里不对。

【诠释】

子夏说："君子也好，朝臣国君也好，就要提前做到让百姓信服的事，到时你再去拜托老百姓做事，大家才愿意劳动。如果君子的行为不能让百姓信服的话，百姓就会认为你是在欺骗陷害他们。只有自己的行为感动了他们，再去劝解建议利于百姓的，百姓才能采纳认可；如果还不信你，那肯定还有其他地方伤害了他们，找原因补救了就好了。"

19.11 【原文】

子夏曰："大德不逾闲，小德出入可也。"

【注释】

（1）大德、小德：大的信念，小的信念。 （2）逾闲：逾，超过，越过。闲，闲话，防御，木栅栏，这里指界限，引申为道德规范。

【诠释】

子夏说："到了一定程度，具备了身心修养的仁德之人，他做起事来是不会超越道德规范的，对于有些还没有达到仁德地步的人，他的行为有些出入也是情有可原的，怎能一步就能到达理想的彼岸呢！"

19.12 【原文】

子游曰："子夏之门人小子，当洒扫应对进退，则可矣，抑末也。本之则无，如之何？"子夏闻之，曰："噫，言游过矣！君子之道，孰先传焉？孰后倦焉？譬诸草木，区以别矣。君子之道，焉可诬也？有始有卒者，其惟圣人乎？"

【注释】

（1）门人小子：自己的学生。 （2）抑末：抑，但是，不过。转折的意思。末，引申为小节。 （3）本：树的主干，引申为根本，基础。 （4）倦：诲人不倦。 （5）区：藏匿，藏的地方有一定的区域,引申为隔开区分。 (6)诬:欺骗。 (7)卒:终。

【诠释】

子游向其他同学说:"子夏教的学生,从一开始学习就重视日常的打扫、应对、待人接物等,这些在我看来是可以做,但是这些只不过是人生不重要的末节小事,人生应掌握的重点知识不是这些,这样下去怎么能行呢?"子夏听了说:"唉!子游说的话错了!作为君子想立身成事必须先以此为重才是做人根基。老师先让学生学习哪一条,后学习哪一条,是有主次的!譬如地球上这么多草木,虽千奇百怪各有形状,但都可以划分类别,生长都少不了根源。从小事细心做起才是大事之基础。学习君子的方法和路线,怎么可以随意歪曲更改、误导学生呢?要让大家明白做事细致有始有终的道理,这就是圣人教诲了!"

19.13 【原文】

子夏曰:"仕而优则学,学而优则仕。"

【诠释】

子夏体会说:"对于已经做了官的人,有了精力和时间还是应该要精进学习的,为的是增加修养、检点自身、以免堕落。对于正在学习想谋官的士民而言,更应该加深学习圣贤思想,把忠信仁德放在首位,才能学业有成更好地应招做官从政,立于自身不败之地。"

19.14 【原文】

子游曰:"丧致乎哀,而止。"

【注释】

致：极致、竭尽。

【诠释】

子游说："为了避免因丧失亲人而悲痛欲绝的现象发生，对于丧事的哀思能竭尽其情也就算可以了，以免不知节制悲伤过度，也是亲人不愿看到的。"

19.15 【原文】

子游曰："吾友张也为难能也，然而未仁。"

【注释】

难能：难，不容易做到，能，能做到，即难做的事他做到了。

【诠释】

子游说："我的同学子张在修学道德的道路上可以说是不错了，在难以解决的事务上也是很尽力了，但是还达不到仁的程度。"

19.16 【原文】

曾子曰："堂堂乎张也，难与并为仁矣。"

【注释】

堂堂：有气魄、清高，有点高高在上的意思。

【诠释】

曾子感受到:"我们大家跟子张看着差不多,修养很高,器宇不凡。但外表给人的印象还是高不可攀好像很清高的样子,大家其实很难和这样的人在一起交流学习、共事,很难共同成为仁德之人啊!"

19.17 【原文】

曾子曰:"吾闻诸夫子,人未有自致者也,必也亲丧乎。"

【注释】

(1)致:表达感情。有余力。 (2)亲丧:亲指接近,丧指葬礼。

【诠释】

曾子说:"我听老师说过,人还没有完全控制自己感情的能力,尤其是到了自己亲人去世的时候,会猛然跑过去,依附在亲人身旁,会撕心裂肺地难受,叫地地不语哭天天不应。不相信自己眼前的亲人会死,抱着亲人痛苦,希望替亲人死,希望亲人活过来。"

19.18 【原文】

曾子曰:"吾闻诸夫子,孟庄子之孝也,其他可能也;其不改父之臣与父之政,是难能也。"

【注释】

(1)孟庄子:鲁国大夫孟孙速。 (2)其他可能:其他,别的事,可能,可以做到。

【诠释】

曾子说:"我听老师说过,鲁国大夫孟孙速以孝闻名,这种孝其他人也可以做到,但他做官后在朝中大臣清正廉洁的基础上不更换父亲的旧臣,不改变父亲的政治主张,这些都是难能可贵和别人难以做到的啊!良臣聚集上下一心何愁国家不富强呢。"

19.19 【原文】

孟氏使阳肤为士师,问于曾子。曾子曰:"上失其道,民散久矣。如得其情,则哀矜而勿喜。"

【注释】

(1)阳肤:曾子的学生。 (2)士师:典狱官。 (3)民散:民心涣散。 (4)矜:怜悯。

【诠释】

鲁国大夫孟孙速任命曾子的学生阳肤做监狱长,阳肤向曾子请教。曾子说:"在上位的人如果离开了正道,不再礼朝兴国为百姓了,百姓早就离心离德了,所以才有那么多人锒铛入狱。如果你能尽心了解他们的冤屈,同情他们,能为他们的家庭解决些实际困难,是再好不过了,但不要因做了好事而高傲自大,那样会毁了自己的。反之则会深得民心,官位高升!"

19.20 【原文】

子贡曰:"纣之不善,不如是之甚也。是以君子恶居下流,天下之恶皆归焉。"

【注释】

(1)纣:商代最后一个君主,名辛,纣是他的谥号,传说是一个暴君(公元前1046年)。 (2)下流:即地形低洼各处来水向下汇集的地方。 (3)归焉:指纣。

【诠释】

子贡思索着说:"纣王的不善,不像传说的那样厉害。是因为人都憎恨祸国殃民的原因,越说越传越厉害越加剧罪责,像低洼之地一样,一旦下雨各处之水都会汇聚下流,使天下一切坏名声都归到他的身上了。"

19.21 【原文】

子贡曰:"君子之过也,如日月之食焉。过也,人皆见之;更也,人皆仰之。"

【注释】

(1)食:日蚀,中国俗称天狗食日,是一种天文现象,只在月球运行至太阳与地球之间时发生。这时,对地球上的部分地区来说,月球位于太阳前方,因此来自太阳的部分或全部光线被挡住,看起来好像是太阳的一部分或全部消失了。日食只在朔:日食一定发生在(朔),即农历初一当日,此时月球位于地球和太阳之间时,但因地球轨道(黄道)与月球轨道(白道)成 5°9′交角,故并非每次朔日皆有日食发生,而日食发生时,日月两者皆一定在"黄白交点"(升交点或降交点)附近。即月球与太阳呈现合的状态时发生。
(2)更:更改。

【诠释】

子贡深刻体会到:"君子犯过错了,包括(受人屈辱陷害误解了等)就好比太阳日蚀一样明显,大家会清晰地看到黑暗遮挡了光明。君子去掉了毛病改正了,如日蚀已过,大家也会马上看到他还是那样光明,大家还会那样敬仰他。"

19.22 【原文】

卫公孙朝问于子贡曰:"仲尼焉学?"子贡曰:"文武之道,未坠于地,在人。贤者识其大者,不贤者识其小者,莫不有文武之道焉。夫子焉不学?而亦何常师之有?"

【注释】

(1)卫公孙朝:卫国的大夫公孙朝。 (2)文武之道:周文王、周武王,当年践行的礼仪、孝悌、仁德之道。 (3)仲尼:孔子,字仲尼。

【诠释】

卫国大夫公孙朝问子贡说:"听说你老师仲尼的学问很渊博高深,是怎么学来的呢?"子贡说:"自古天下的文武之道,并没有失传,还在世间,只是在于自己想不想学到手而已,有志气的人会追逐不放弃这样的大道。一般的自私自利之徒,只会注重眼前的小恩小惠,他怎么会识得它的重要、认识天下之大道呢？无论何时何地都有仁德之大善道,像老师这样有心的人此生怎么能够不去寻找、不去学习掌握他呢？这样的人怎么会有固定的老师来传授教导他呢？"

【解析】

孔子的知识从何处而来？孔子不但在古典记载中了解学习了尧舜禹汤文武周公之道,还身体力行以人人为师以万物为师的精神,力行于生活中,只要人人想学,即可达到。

19.23 【原文】

叔孙武叔语大夫于朝曰:"子贡贤于仲尼。"子服景伯以告子贡。子贡曰:"譬之宫墙,赐之墙也及肩,窥见室家之好。夫子之墙数仞,不得其门而入,不见宗庙之类,百官之富。得其门者或寡矣。夫子之云,不亦宜乎!"

【注释】

(1)叔孙武叔:鲁国大夫,名州仇,三桓之一。 (2)子服景伯:鲁国大夫。 (3)譬之宫墙:譬之,如果,比如。宫,墙、围墙,主房外的围墙。 (4)赐:子贡(端木赐)。 (5)窥见室家之好:窥见,偷着看。室家,屋内。之好,还不错。 (6)仞:古时七尺为仞,一说八尺为仞,一说五尺六寸为仞。 (7)百官:官,本意是房舍,引申为官职,此处指众房舍。 (8)福:指多,即应有尽有。 (9)宗庙:专门供奉祖先的屋子。 (10)夫子:指叔孙武叔。

(11) 宜：指合适，相称。

【诠释】

鲁国大夫叔孙武叔在朝廷上对大夫们说："子贡比他的老师仲尼还贤达。"子服景伯听到后把这一番话告诉了子贡。子贡不满地说："此人怎么能这样说呢，如果拿围墙来作比喻的话，我家的围墙只有齐肩高，所以从外面偷着向我家屋里看东西还不少；老师家的围墙却有几仞高，如果找不到门进去，你就看不到里面宗庙的富丽堂皇和房屋里的绚丽多彩。能够找到门进去的人可能并不多。叔孙武叔那么讲，不也是很自然吗？"

19.24 【原文】

叔孙武叔毁仲尼。子贡曰："无以为也！仲尼不可毁也。他人之贤者，丘陵也，犹可逾也；仲尼，日月也，无得而逾焉。人虽欲自绝，其何伤于日月乎？多见其不知量也。"

【注释】

(1) 毁：诽谤，陷害。 (2) 无以为：不要这样做。 (3) 逾：超越。 (4) 多：用作副词，只是的意思。

【诠释】

鲁国大夫叔孙武叔对仲尼不满诽谤仲尼。子贡说："他这样做是没有用的！他是伤害不了老师的。有些贤德之人，好比丘陵那么高，还是可以超越过去的；老师啊！他的智慧好比太阳和月亮，是无法超越的。虽然有人故意说不需要日月，但何时会损害能离得开日月呢？只是让人家看到他自不量力而已！"

19.25 【原文】

陈子禽谓子贡曰："子为恭也，仲尼岂贤于子乎？"子贡曰："君子一言以为知，一言以为不知，言不可不慎也。夫子之不可及也，犹天之不可阶而升也。夫子之得邦家者，所谓立之斯立，道之斯行，绥之斯来，动之斯和。其生也荣，其死也哀，如之何其可及也？"

【注释】

（1）之：于……来说。 （2）斯：皆，尽。 （3）道：导，引导。 （4）绥：安抚。 （5）和：齐心。

【诠释】

陈子禽对学长子贡说："你一直为人很谦虚有礼、恭敬谨慎，仲尼的贤良怎么比得上你子贡呢？"子贡看了一眼陈子禽，平静地说："一般君子的一句话就可以显现出他的智识，一句话也可以显示出他的无知，尤其你说话评价不可以随便，要慎重啊。夫子的知识修养高不可及，犹如我想上天，根本不能用梯子一样一阶一阶地向上攀。夫子之所以得到了大家和国家的尊重，是因为他自己已达到仁德又想让百姓仁德。如让他来安邦定国的话，就能在百姓中倡导仁德做到仁德，用礼仪仁德大道来使百姓受益，百姓自然得到安抚，他的一举一动都是为了国家，人民、百姓都喜欢。所以他的一生非常光辉荣耀，如果哪一天他真的走了，人民会为之悲哀的，我无论怎么做也做不到他那样的心胸行为啊！"

尧曰篇第二十

【引语】

本篇共3章,但段落都比较长。本篇中著名的文句有:"君子惠而不费,劳而不怨,欲而不贪,泰而不骄,威而不猛";"宽则得众,信则民任";"兴灭国,继绝世,举逸民"等。这一篇中,主要谈到尧禅让帝位给舜,舜禅让帝位给禹,即所谓三代的善政和孔子关于治理国家事务的基本要求。

20.1 【原文】

尧曰:"咨!尔舜!天之历数在尔躬,允执其中。四海困穷,天禄永终。"舜亦以命禹。曰:"予小子履,敢用玄牡,敢昭告于皇皇后帝:有罪不敢赦。帝臣不蔽,简在帝心。朕躬有罪,无以万方;万方有罪,罪在朕躬。"周有大赉,善人是富。"虽有周亲,不如仁人。百姓有过,在予一人。"谨权量,审法度,修废官,四方之政行焉。兴灭国,继绝世,举逸民,天下之民归心焉。所重:民、食、丧、祭。宽则得众,信则民任焉。敏则有功,公则说。

【注释】

(1) 尧曰：下面引号内的话是尧在禅让帝位时给舜说的话。(2) 咨：动词，感叹，哎呀，表示赞誉欢喜。 (3) 天之历数在尔躬：天，代词，指所有人的愿望、想法、旨意、派遣。历数，指朝代更替的次序。躬，身体。本指天的旨意轮到你身上了。 (4) 允执其中：允，真诚、诚信。用真诚诚实的心为人处事。 (5) 天禄：天赐的福禄。 (6) 履：相传汤又名履，这是商汤的名字，此为商汤诰天下之辞。 (7) 敢用玄牡：敢，岂敢、谨慎。玄，黑色谓玄。牡，公牛，黑色公牛。 (8) 蔽：遮盖隐蔽。 (9) 简：阅，这里是知道的意思，实情。 (10) 万方：四方、普天下。 (11) 朕：我。从秦始皇起，专用作帝王自称。 (12) 赉：赏赐。下面几句是说周武王。 (13) 周亲：至亲。 (14) 权量：权，秤锤。指量轻重的标准。量，斗斛。指量容积的标准。 (15) 法度：丈量的尺子，量长度的标准，统一的标准。 (16) 修废官：修为整治，废官指有职位而无实权的退下来的官员。 (17) 任：信任。

【诠释】

孔子跟大家讲祖先尧让位的过程："当年尧说：'哎呀！舜哪！上天的旨意已经轮落在你的身上了。用你诚实的为人和仁德的心去为天下百姓做事吧！假如百姓的生活以后都陷于困苦之中，那么上天赐给你的禄位也就会随之终止了。'"

舜以后也是这样来告诫禹的。(商汤)说："我小子履谨慎地将黑色的公牛来祭祀天地，内心小心翼翼，鼓起勇气向祖先及天帝祷告：有罪的人我不敢擅自赦免，天帝的臣仆若有罪我也不敢隐藏，一切都由天帝来做主分辨善恶吧。我个人如若有罪，请不要连累天下百姓；天下百姓若犯罪了，都是因为我教育的不周，请归罪于我,让我一人来承担吧!"

孔子接着说:"周朝赏赐大封诸侯,使很多人都崇善扬仁富贵起来。周武王说:'我虽然有很多大臣宗亲,但不如多有仁德之人在其身边。如若百姓有了过错,那肯定是因为我的仁德品行还不到位,所以罪责都在于我一人,让我一人来承担吧!'

谨慎地规划日常百姓用的度量衡器等使那些不法之徒难以存心坑害百姓,周密细致地审制国家法规政策,用心整治那些在位不谋正、腐败、民之蛀虫贪官,才能使政令始于四方,全国民众清廉效仿而'德行天下'。要影响帮助腐败僵硬残暴的或将要灭亡的可怜国家,重新恢复以前种种断绝了的家族关系和世代宗亲及邦交礼仪。举贤用良,体察百姓疾苦,提拔重用被遗落埋没的贤德之人,天下的百姓就会真心佩服移民归顺了。

作为君王,所重视的莫过于四件事:人民、粮食、丧葬和祭祀。(人民,要永远和百姓同心同德,共同一心抵御各种强暴。粮食,要永远重视国民生产是维持生命的必备食粮。丧葬,是人类亲骨肉分离,比天下任何事都最难受痛苦的一环,在于让人觉醒生命的宝贵和不要践踏生命的重要意义。祭祀,是感恩怀念祖先的美好品德,以便使子孙念念不忘继承和发扬。)所以宽厚仁德就能得到百姓的拥护,诚信守礼就会得到大家的任用,勤政敏捷实干就能取得功绩,公正公平无私就会使百姓心悦诚服。

【解析】

孔子叙述了从尧帝以来历代先圣先王的遗训,可以说是对《论语》全书中有关修身、齐家、治国、平天下的具体描述,使后代能够学习效仿。

20.2 【原文】

子张问孔子曰:"何如斯可以从政矣?"子曰:"尊五美,屏四恶,斯可以从政矣。"子张曰:"何谓五美?"子曰:"君子惠而不费,劳而不怨,欲而不贪,泰而不骄,威而不猛。"

子张曰:"何谓惠而不费?"子曰:"因民之所利而利之,斯不亦惠而不费乎?择可劳而劳之,又谁怨?欲仁而得仁,又焉贪?君子无众寡,无大小,无敢慢,斯不亦泰而不骄乎?君子正其衣冠,尊其瞻视,俨然人望而畏之,斯不亦威而不猛乎?"

子张曰:"何谓四恶?"子曰:"不教而杀谓之虐;不戒视成谓之暴;慢令致期谓之贼;犹之与人也,出纳之吝谓之有司。"

【注释】

(1)屏:除掉。 (2)费:在这指没有取舍之意。劳,劳苦。(3)猛:凶猛。 (4)无敢慢:不敢怠慢。 (5)尊其瞻视:目不斜视。 (6)不戒视成:戒,申戒。成,收成、成就。 (7)慢令之期:慢,怠慢。期,期限。 (8)出纳:管财物进出的人。(9)吝:吝啬小气。有司,古代设官分职,事各有专司,故称有司。

【诠释】

子张拱手施礼问老师道:"具备什么样的条件才可以当官从政呢?"老师说:"先尊重五种美德,然后挡住四种恶政不去做,这样就可以当官从政了。"

子张又问:"什么是五种美德呢?"老师说:"首先应该知道君子

所学的知识是用来健全自身的,而不是用来炫耀自己用于自私自利的。一、要施惠于百姓而自己没有损耗;二、让百姓劳作而没有怨言。三、让百姓有欲望但不会贪。四、让百姓安泰不傲慢。五、让百姓庄重自身而不粗暴。"

子张又问老师说:"怎么才能做到给百姓以恩惠而自己却无所耗费呢?"老师说:"一、因为百姓想得到利益,就提前告诉他们做什么才是自己应得的利益,让他们自己去做好了,这不就是给百姓实惠自己无损耗吗?二、告诉百姓哪些财产可以让自己通过劳作能够私有,哪些是国家公有物资不能私有,这又有谁会怨恨呢?三、大力选拔贤德、六艺和创造技术等劳作人才,给他们施展才能的机会,使那些想得到仁德和礼仪的人能得到了,谁又会贪求呢?四、君子对于人多人少,事大事小,都不敢怠慢粗心,这不就是心态安然还不高傲自满吗?五、自己内心善良无私正派,衣冠整齐严谨目光威严,使人见了就生敬畏之心,这不就是威严而不粗暴吗?"

子张接着再问老师:"什么叫四种恶政呢?"老师说:"国家在实施政令时没有提前教化百姓、哪些是该做的哪些是不该做的,哪些是善哪些是恶,没有明确犯罪的特点法规就加以严厉制裁的叫做虐待;没有提前告诫大家多少天完成就突然要求成功的叫做暴行;平时管理散慢而不加监督,突然限期完工叫做贼做;已答应奖赏百姓的到时候却不兑现还很吝啬小气叫做有司,这就是国家实施政令时四种不好的做法。"

【解析】

这是子张代表我们向老师请教为官从政的基本要领。老师随即讲了"五美四恶",叫我们为人"因民之所利而利之"、"择可劳而无怨",反对"不教而杀"、"不戒视成"的暴虐之政。从这里可以看出,老师始终对德治、礼治社会有自己独到的主张,永远有重要的实际意义。

20.3 【原文】

孔子曰:"不知命,无以为君子也;不知礼,无以立也;不知信,无以知人也。"

【诠释】

孔子说:"在日常的生活中如果不了解不觉悟自己的言行思想就会产生造成错误的行为,致使自己的大脑不能明白大自然本有的规律赋予人的命运,所以就不能成为一个完备的君子;在世不知道礼仪仁德的重要,不学习力行,在身心生活中,就不能在现实生活中立身处世;不知道诚信的重要,就不能赢得对方的信任,也会听不出言语的真实意义,就不能进一步了解对方的人品,怎么能和人交往共事立身成业呢?"

图书在版编目(CIP)数据

论语诠释/常谦和著. —上海：复旦大学出版社,2016.1(2017.9 重印)
ISBN 978-7-309-11631-1

Ⅰ. 论… Ⅱ. 常… Ⅲ. ①儒家②《论语》-注释③《论语》-译文 Ⅳ. B222.2

中国版本图书馆 CIP 数据核字(2015)第 159565 号

论语诠释
常谦和　著
责任编辑/张旭辉
复旦大学出版社有限公司出版发行
上海市国权路 579 号　邮编：200433
网址：fupnet@fudanpress.com　http://www.fudanpress.com
门市零售：86-21-65642857　团体订购：86-21-65118853
外埠邮购：86-21-65109143　出版部电话：86-21-65642845
江苏省句容市排印厂

开本 890×1240　1/32　印张 12.625　字数 279 千
2017 年 9 月第 1 版第 4 次印刷

ISBN 978-7-309-11631-1/B·555
定价：38.00 元

如有印装质量问题,请向复旦大学出版社有限公司出版部调换。
版权所有　侵权必究